thèmes et textes

collection dirigée par Jacques Demougin

parus dans la collection :

G. Durozoi
ARTAUD
l'aliénation et la folie

Jacques Dubois
L'ASSOMMOIR
société, discours, idéologie

P. Barbéris
BALZAC
une mythologie réaliste

Cl. G. Dubois
LE BAROQUE
profondeurs de l'apparence

A. Stegmann
LES CARACTÈRES DE LA BRUYÈRE
bible de l'honnête homme

R. Horville
DOM JUAN DE MOLIÈRE
une dramaturgie de rupture

A. Goulet
LES CAVES DU VATICAN D'ANDRÉ GIDE
étude méthodologique

J. Bessière
FITZGERALD
la vocation de l'échec

H. Béhar
JARRY
le monstre et la marionnette

H. Coulet et M. Gilot
MARIVAUX
un humanisme expérimental

G. Idt
LE MUR DE JEAN-PAUL SARTRE
techniques et contexte d'une provocation

Ph. Renard
PAVESE
prison de l'imaginaire, lieu de l'écriture

M. et M.-R. Le Guern
LES PENSÉES DE PASCAL
de l'anthropologie à la théologie

P. Barbéris
LE PÈRE GORIOT DE BALZAC
écriture, structures, significations

J.-M. Gardair
PIRANDELLO
fantasmes et logique du double

A. Niderst
LA PRINCESSE DE CLÈVES
le roman paradoxal

M. Butor et D. Hollier
RABELAIS
ou c'était pour rire

P. Barbéris
RENÉ DE CHATEAUBRIAND
un nouveau roman

G. Mouillaud
LE ROUGE ET LE NOIR DE STENDHAL
le roman possible

G. Durozoi et B. Lecherbonnier
LE SURRÉALISME
théories, thèmes, techniques

P. Demarolle
VILLON
un testament ambigu

NOMBREUX AUTRES TITRES EN PRÉPARATION

André Breton

l'écriture surréaliste

par

GÉRARD DUROZOI
Agrégé de Philosophie
Professeur au Lycée Léonard de Vinci d'Amboise

et

BERNARD LECHERBONNIER
Agrégé des Lettres
Professeur au Lycée Florent-Schmitt de Saint-Cloud

Librairie Larousse
17, rue du Montparnasse et 114, boulevard Raspail, Paris-VIe

ISBN 2-03-035025-7

Table des matières

Je n'attache aucune importance à la vie
Je n'épingle pas le moindre papillon de vie à l'importance
Je n'importe pas à la vie
Mais les rameaux du sel les rameaux blancs
Toutes les bulles d'ombre
Et les anémones de mer
Descendent et respirent à l'intérieur de ma pensée
Ils viennent des pleurs que je ne verse pas
Des pas que je ne fais pas qui sont deux fois des pas
Et dont le sable se souvient à la marée montante

les Attitudes spectrales,
in *le Revolver à cheveux blancs,* 1932

Avertissement

Ce livre ne prétend pas rendre compte de tous les ouvrages d'André Breton, ni même de tous les aspects de sa pensée. Le lecteur n'y trouvera, par exemple, aucune étude approfondie de l'humour noir, pas plus qu'une analyse des textes consacrés à la peinture. Il s'agissait non pas de procéder à un recensement exhaustif, mais, plus modestement peut-être (ou, au contraire, plus ambitieusement), de chercher à déceler comment fonctionne l'écriture d'André Breton.

Comment elle fonctionne, c'est-à-dire comment elle répond aux ambitions (et quelles) de son signataire, et comment peut se définir le type de lecture qu'elle appelle. On sait aujourd'hui que les textes surréalistes, et ceux de Breton en tout premier lieu, se veulent hors de la « littérature ». Le surréalisme a montré amplement que l'écrivain n'est pas un être d'exception, coupé du commun, à l'écart du quotidien. Le texte et la vie ne cessent de communiquer, de se féconder mutuellement; l'irrigation s'effectue en permanence dans les deux sens et actualise une dialectique inhabituelle aux yeux des écrivains (et des critiques) de profession. Mais, si écrire ne constitue pas de la sorte un rôle à part (au sens où la « personnologie » utilise ce mot depuis les travaux de G.H. Mead et R. Linton) ou, après tout, et ainsi que l'affirmait déjà Novalis, si « le métier d'écrire est une activité secondaire », la portée du texte s'en trouve symétriquement modifiée lorsqu'il parvient à son destinataire, en sorte que lire n'est pas non plus une activité coupée du réel. Dans cette optique, les textes de Breton ne sont pas hors de notre vie, sur les seules étagères des bibliothèques : produits comme des relais entre ce qui survenait de son existence et le sens qu'il en percevait, ils sont aussi des points sur lesquels le lecteur peut prendre appel vers un avenir qui le concerne en propre. Lire, relire Breton, c'est ainsi se condamner à une constante relance en avant.

Les commentateurs, plus ou moins bien intentionnés, ont fréquemment insisté sur ce qui, dans l'écriture de Breton, leur semble constituer une contradiction majeure, sinon insurmontable. Récemment encore, l'un d'eux ironisait à propos d'un prétendu « embarras [qui] se fait jour chez les jeunes surréalistes de la onzième heure lorsqu'il leur faut concilier les manques littéraires de l'écriture automatique et les proses très longuement travaillées par ce ciseleur merveilleux qu'était l'auteur de *Nadja* » (R. Held). Quitte à passer pour des « surréalistes de la onzième heure » dissidents, il nous semble qu'une telle conciliation ne pose en fait guère de problèmes, pour peu que l'on se donne la peine de lire les textes en question avec attention.

Il est clair que cette question de la complémentarité (ou non) de l'écriture automatique et du récit surréaliste déborde en tous sens le plan strictement littéraire : il y va en réalité du retentissement que les textes de Breton peuvent trouver chez un lecteur d'aujourd'hui. S'obstiner à séparer les textes automatiques des textes travaillés revient à réinstaurer les oppositions contre lesquelles toute l'œuvre de Breton ne cesse de se dresser avec la plus extrême vigueur : prose-vers, intuition-représentation, intérieur-extérieur, conscient-inconscient, etc. On voit où mène une telle démarche : à opérer dans l'ensemble des écrits un tri à la faveur duquel on pourrait distinguer ce qui est littéraire de ce qui ne l'est pas, autrement dit, ce qui demeure consommable esthétiquement de ce qui ne saurait être considéré que, au mieux, comme exercices d'école, au pire, comme déchets.

Précisons encore : si nous voulons démontrer à quelle cohérence interne obéit le projet bretonien dans son ensemble, ce n'est nullement pour le proposer en modèle définitif. Une telle intention serait particulièrement absurde : si l'on s'accorde aujourd'hui pour admettre qu'un modèle balzacien n'est plus guère admissible — n'a plus de sens — dans l'ordre de la narrativité strictement littéraire, que pourrait-on penser d'un tel modèle alors qu'il y va dans ce qu'écrit Breton d'un rapport extrêmement aigu avec la (sa) vie? Le temps, oui, passe, et l'angle sous lequel Breton aborde les problèmes idéologiques de son époque ne correspond plus nécessairement avec celui sous lequel des questions similaires peuvent être aujourd'hui examinées. Une preuve en est que les surréalistes contemporains eux-mêmes n'ont jamais dissimulé que leurs recherches, qu'il s'agisse de l'inconscient ou des théories révolutionnaires, n'ont pas été closes par la mort de Breton (*cf.* les ouvrages de Jean Schuster ou de Gérard Legrand aussi bien que, d'un autre côté, les numéros du *Bulletin de liaison surréaliste,* auquel collaborent Vincent Bounoure et Jean-Louis Bédouin).

Moins encore qu'ailleurs, on ne saurait, dans le cas de Breton, comprendre la lecture comme propédeutique à la répétition. Si nous prenons soin, par exemple, de rappeler quelles influences a pu subir Breton dans ses années de formation intellectuelle, c'est aussi pour montrer comment il lui arrive d'en prendre par la suite souverainement congé. Mais il ne saurait non plus être question de considérer *les Champs magnétiques* ou *les Vases communicants* d'un point de vue strictement historique, un tel point de vue anesthésiant tout texte en le refoulant dans la gangue d'un passé fossilisé. L'étude précise de la *poésie* telle que la redéfinit Breton et telle qu'il la pratique, aussi bien par l'écriture automatique que par des textes « ciselés », nous ne sommes pas près d'admettre qu'elle n'éveille en nous qu'un intérêt d'archivistes.

De l'instant où les mots sont appréciés sous un angle de plus en plus exclusivement affectif, où l'on prête à leur association, sous certaines formes, un pouvoir de liaison profonde, unique, d'un être à un autre, mieux même où l'on fait le rêve, par eux, de « saisir l'Essence », il est clair que le comportement en matière de langage tendra de plus en plus à se régler sur le comportement en amour. Je dis que, dans les deux cas, c'est le problème passionnel qui se pose dans toute sa rigueur. Le poète et l'amant se doivent, en présence de la forme qui les hante, à une conscience infiniment moins troublante que troublée.

Le merveilleux contre le mystère, 1936

1

Le langage et l'écriture

Une mystique du langage

Pourquoi partir du langage pour traiter d'André Breton? Ses textes répondent d'eux-mêmes : « Il est aujourd'hui de notoriété courante que le surréalisme, en tant que mouvement organisé, a pris naissance dans une opération de grande envergure portant sur le langage » (*Du surréalisme en ses œuvres vives,* 1953). Pour être tardive, cette déclaration n'en est pas moins justifiable par toute l'œuvre bretonienne. Dès *les Pas perdus* (1924) la réflexion linguistique précède la réflexion poétique. Dans le plan d'une bibliothèque idéale qu'ils établissent à la demande du couturier Jacques Doucet, en date de février 1922, Aragon et Breton [1] inscrivent l'*Essai de Sémantique* de Michel Bréal, *la Vie des mots* de Darmesteter, *la Logique de la contradiction* et *le Mensonge de l'art* de Frédéric Paulhan. Cette section [2] est située entre des ouvrages mystiques (« Il va de soi que dans votre bibliothèque une section philosophique ne saurait se passer complètement des auteurs mystiques, le mysticisme étant, après tout, la solution poétique des problèmes fonda-

1. D'après P.-O. Walzer *(André Breton,* La Baconnière) le projet serait l'œuvre du seul Breton.
2. Un grand manque : F. de Saussure. Rappelons que les trois cours de Saussure eurent lieu de 1906 à 1911 et qu'après sa mort, en 1913, Ch. Bally et A. Sechehaye durent recueillir les notes de ses étudiants pour diffuser son enseignement en reconstituant une synthèse qui fut publiée pour la première fois à Genève en 1915. Pour comparaison, signalons qu'on ne connaissait pratiquement pas le nom de Freud, en France, jusqu'en 1913.

mentaux [...]. *Le Grand Art* de Raymond Lulle, dont s'inspire toute la poétique d'Aloysius Bertrand et *la Nouvelle Jérusalem* de Swedenborg, auprès de laquelle l'œuvre de Maeterlinck n'est qu'un jeu ») et les travaux de Poincaré et Bergson. Situation moins étrange qu'il ne paraît : la Kabbale ne propose-t-elle pas comme Henri Poincaré (« la science est avant tout une classification, une façon de rapprocher des faits que les apparences séparaient, bien qu'ils fussent liés par quelque parenté naturelle et cachée ») un discours sur le monde à la fois hypothétique et exhaustif, autrement dit un discours poétique émanant des structures, des hypothèses, des possibilités connotatives de la langue qui lui est propre?

Son souci de la langue, Breton le porte jusque dans les détails techniques : lui qui veut « rechercher à apercevoir de plus en plus clairement ce qui se trame à l'insu de l'homme dans les profondeurs de son esprit » *(Manifeste)* n'ignore pas que la vieillerie littéraire est capable de réinvestir de la façon la plus sournoise celui qui croit jeter un regard neuf sur les phénomènes du langage. Ce n'est pas par fantaisie qu'il exclut certains de ses compagnons pour cause de littérature ou d'esthétisme. Ils se sont eux-mêmes détournés de cette *nouveauté* de l'expérience surréaliste qui consiste à « retrouver le secret d'un langage dont les éléments cessassent de se comporter en épaves à la surface d'une mer morte » *(Du surréalisme en ses œuvres vives)*, c'est-à-dire à les soustraire à leur usage utilitaire, à libérer leurs potentialités, à les rendre à leur nature de « matière première ». Breton s'assigne pour tâche de « se reporter d'un bond à la naissance du signifiant » *(ibid.)* [3].

Certains surréalistes ne comprendront jamais, ou ne voudront jamais comprendre, ces principes qu'avec une rare lucidité, Jacques Rivière avait en revanche décelés dès son fameux article d'août 1920 dans la *N.R.F.* :

> Même quand ils n'osent pas franchement l'avouer les Dadas continuent de tendre à ce *surréalisme,* qui fut

3. Dans ce texte de 1953 Breton rapproche, comme en 1922, cette opération sur le langage de la pensée occulte. Dans les deux cas, il s'agit de « créer le tambour de la raison raisonnante et en contempler le trou ». En effet quand la raison raisonne, elle ne fait que résonner. Elle n'informe ni sur la nature ni sur l'origine du son.

> l'ambition d'Apollinaire. Ils pensent que l'esprit est avant tout un lieu de passage et qu'en le désencombrant avec soin, des choses — il est impossible de dire lesquelles — portées par les mots doivent spontanément le traverser [4].

Paradoxalement, c'est cette volonté d'épuration absolue des mots qui autorisera l'emploi qu'en proposera Breton et légitimera l'attente quasi mystique [5] qu'il mettra en eux. En les libérant des référents collectifs, en leur restituant leur force d'invention, il les instaure maîtres du champ de la conscience. Comme l'écrit A. Gavillet : « Douter des mots, c'était douter de tout; mais inversement, douter de tout, c'était ne faire crédit qu'aux mots » *(la Littérature au défi).*

Ainsi parler *est* penser. L'homme ne parle pas sous la conduite de ses pensées, mais pense à travers la parole qu'il profère. Nous ne signifions quelque chose qu'à travers les structures verbales que nous employons : ces formes complexes, au réseau connotatif, magnétique, pratiquement inextricable, produisent du sens (et ce sens n'est traduisible en aucune autre forme).

Tels sont les rapports généraux que Breton établit entre langage et pensée. Une conséquence s'impose immédiatement : étendre, bouleverser le monde de la pensée suppose une révolution dans l'ordre du langage. Dans l'*Introduction au Discours sur le peu de réalité* qui précède de quelques mois le *Premier Manifeste,* Breton montre que la médiocrité, la petitesse de notre univers est liée à la faiblesse de notre pouvoir d'énonciation, que la *réalité* de l'image poétique n'est pas inférieure à celle du quotidien ou de l'universellement admis. Ainsi, s'il déclare qu'il dort sur un *lit de moelle de sureau,* ceci n'est pas plus faux ou plus vrai que s'il prétendait dormir sur un lit de plumes. « Je prétends que ceci est tout

---

4. André Gavillet *(la Littérature au défi : Aragon surréaliste, essai sur la fonction de la parole,* La Baconnière, 1957*)* considère que jamais Aragon ne suivit la pensée de Breton sur ce point. Aragon croit au rôle social du langage et à son contrôle personnel sur ce qu'il dit. Sa liberté d'invention est sa liberté de choix. Le divorce idéologique des années 30 n'est-il pas déjà entièrement inscrit dans cette divergence linguistique?
5. Rivière écrit encore : « [Pour eux] le langage... est un être. Le scepticisme en matière de syntaxe se double ici d'une sorte de mysticisme ». Encore le mysticisme...

autant que cela, c'est-à-dire ni plus ni moins que le reste ».

Cet exemple ne donne-t-il pas des arguments à ceux qui affirmeront qu'à ce compte les surréalistes pourront dire n'importe quoi d'absurde ou d'hermétique, sous prétexte d'étendre le champ de la pensée? *Légitime Défense* (1926) répond d'avance à ces attaques : jamais le travail sur les mots ne doit être abstrait, il doit avoir pour fonction de délivrer une substance, sans la présence de laquelle ils ne feraient que jouer gratuitement. Substance qu'il faut bien distinguer d'un quelconque message. Breton parle de *nécessité réalisée.*

Ces subtilités ont souvent paru confuses et contradictoires. Pourtant si l'on se reporte à *la Confession dédaigneuse* elle-même, on y retrouve des déclarations qui vont déjà dans le même sens : « On croit communément que le *sens* de ce que nous écrivons, mes amis et moi, a cessé de nous préoccuper [...]. Nous tentons peut-être de restituer le *fond* à la forme et pour cela il est naturel que nous nous efforcions de dépasser l'utilité pratique. » C'est une constante dans la pensée de Breton que semble avoir plutôt embarrassé la définition de ce *fond* ou de cette *substance* qu'il définit tantôt en termes freudiens, tantôt en termes marxistes. La substance qui transparaît dans la parole-pensée est la force même qui la fait naître, être et se mouvoir. Elle se confond avec ce murmure permanent qui court en chacun et à l'écoute duquel ne cesse d'être Breton, avec cette absence de vide par quoi il se sent exister. Si la parole-pensée n'était pas substantielle, elle dénoncerait dans le locuteur un silence dramatique, une rupture dans la continuité de l'être. Aussi parler, écouter sa parole parler, est-il un acte vital, l'acte vital par excellence. Breton parle d'un « ordre que nous avons reçu une fois pour toutes et que nous n'avons jamais eu le loisir de discuter » *(Légitime Défense).* Dans un frappant raccourci, Blanchot rapprochera le langage surréaliste du cogito cartésien [6].

---

6. Il faut sans doute comprendre : Cogito *originel,* c'est-à-dire celui dans lequel le « je » est éclipsé en deçà de la substance pensante, et non ce qu'on y lira à partir du XVIIIe siècle : la découverte du sujet psychologique.

Le langage de la poésie

La poésie a donc pour matériau un ensemble de signes qui n'attendent qu'une conscience pour la désigner dans ses profondeurs, ses symboles renvoyant aux représentations mentales auxquelles ils correspondent, et non à une réalité externe de laquelle ils sont fondamentalement autonomes. Il devient alors clair que sa liberté d'émancipation est totale, dépend du désir d'émancipation qui meut celui qui « s'exprime » (s'exprimer ne signifiant pas ici « dire ce qu'on voulait dire », mais « s'écouter dire ce qui veut se dire »).

Breton ne s'en prend pas du tout à la nature du langage comme les futuristes dont il récuse les expériences. Il ne veut pas confondre « les mots font l'amour » avec « les mots en liberté » (Marinetti). Il respecte la syntaxe, il ne fait pas un excessif usage de graphies aberrantes, ni de néologismes frappants. Le langage, avec ses propriétés structurales habituelles, fait partie de la vie intime de l'esprit. L'ignorer revient à s'éloigner de ce qui constitue l'essence de la poésie : la plongée dans l'être. De même il rejette la poésie « cubiste », se montre très méfiant envers les calligrammes, les poèmes onomatopéiques chers à Apollinaire. Ses dissensions avec Tzara, dont l'ironie envers sa propre écriture et à l'égard de l'image poétique constituent l'essentiel du génie, proviennent sans doute de leur incompatibilité d'opinion sur ce point essentiel. Quand Tzara nie l'écriture par l'écriture, Breton se jette à corps perdu dans ses mirages. Ces deux façons de « se perdre » ne sollicitent pas la même idée du salut.

Pourquoi ne pas expliquer la fameuse surdité musicale de Breton à partir de ces principes? Reportons-nous au texte où il a exposé les raisons de son insensibilité, *Silence d'or.* D'abord il constate que « la plupart des artistes de la *langue* », c'est-à-dire « les poètes dignes de ce nom » et quelques prosateurs éprouvent les mêmes difficultés que lui, et il déplore le divorce existant entre les deux arts les plus élevés dans la hiérarchie hégélienne. Ensuite il prétend souhaiter une résolution de ce conflit entre l'auditif et le visuel, et il précise que le poète est toujours un musicien en un certain sens, car la poésie surgit à la conscience, portée par un rythme intérieur, une chaîne sonore qui est inséparable de son produit. Ainsi l'écriture automatique obéit à des conditions de rythme, de hauteur, d'intensité et de timbre qui la distinguent absolument du discours logique, détourné de ce contact organique avec la musique. Enfin Breton rapproche ces considérations de ses remarques sur *le Message automatique* où il notait que l'automatisme verbo-auditif lui a toujours paru plus fécond en images visuelles que l'automatisme verbo-visuel.

La prudence de ces réflexions dissimule mal le scepticisme de leur auteur envers un art qui n'a pas su entreprendre, selon lui, sa révolution (ce qu'il appelle « unifier, réunifier l'audition ») à l'instar de la peinture. Il lui propose de concilier la représentation mentale et la perception physique comme la poésie tente de le faire. Mais n'est-ce pas en un sens douter de sa validité même? Breton semble en effet supposer que la musique est un jeu de sonorités bien combinées qui ont quelque chose de vague à exprimer (des émotions et des idées, écrit-il), mais dont la grande carence est de n'avoir rien à signifier. Certes la pure poésie et la musique ont des similitudes dans la mesure où leur sens est, pour l'une partiellement, pour l'autre intégralement, immanent. Mais, comme on l'a vu, la remontée au signifiant chez Breton n'entraîne pas le naufrage du signifié. Il est faux de considérer la poésie surréaliste comme un tissu d'absurdités. La substance qui l'emplit la légitime. Or la musique n'offre rien de similaire. C'est un support qui ne supporte rien. Dans ces conditions renvoyer le musicien à la représentation mentale, c'est le renvoyer à quoi? Boris de Schoelzer définissant l'expression musicale comme une « forme qui brille de sa propre lumière » (« j'entends par là qu'elle est sensée et pour autant transparente, mais ce sens n'est pas conceptualisable, il résiste à toute analyse et pour autant ne peut être transcrit en clair, proféré. A la différence du discours littéraire, la musique n'a pas à être décodée : elle est pour moi intelligible *per se,* ou inintelligible », *l'Œuvre, l'auteur et l'homme*) fournit *a contrario* l'ensemble des explications qui fondent le rejet de la musique par Breton. Une révolution sémantique ne peut que se méfier d'un mode d'expression où le sens se drape dans l'absence de signification. La perception auditive ne renvoie qu'à une *cosa mentale* indéchiffrable [7].

Donc, dans l'état actuel des choses, Breton n'est décidé à faire confiance qu'aux mots pour recréer le monde. Dans le langage « sont incluses des possibilités de contact beaucoup plus étroit que les lois qui président (à sa fonction d'échange élémentaire) ne le font généralement supposer; la culture systématique de ces possibilités ne mènerait à rien moins qu'à la recréation du monde ». Il décide de développer « la valeur émotionnelle des mots » et de les laisser se combiner à leur fantaisie, selon leurs affinités secrètes, sans souci de leur sens figé (*le Merveilleux contre le mystère,* 1936). Sa position dans ce domaine est restée intangible comme le montrera ce nouveau retour aux *Pas perdus :*

> C'est un petit monde intraitable sur lequel nous ne pouvons faire planer qu'une surveillance très insuffisante et où, de-ci de-là, nous relevons pourtant quelques flagrants délits. En effet l'expression d'une idée dépend autant de l'allure des mots que de leur sens. Il est des mots qui travaillent contre l'idée qu'ils prétendent exprimer. Enfin même le sens des mots ne va pas sans mélange et l'on n'est pas près de déterminer dans quelle mesure le sens figuré agit progressivement sur le sens propre, à chaque variation de celui-ci devant correspondre une variation de celui-là. *(les Mots sans rides)*

En faisant ainsi l'amour en toute liberté, les mots vont produire des images, ces images ouvriront à l'impossible le champ de l'éventualité. N'oubliant pas que c'est du Verbe qu'a procédé le monde, Breton reprend à son actif ces éléments énergétiques que sont les mots, pour le re-proférer à son tour. Ainsi que l'écrit Anna Balakian : « L'aimant linguistique conduit le poète dans ce champ magnétique dont il essaye d'apprendre à utiliser la clé » *(la Langue surréaliste).*

Maintenant nous sommes passés, sans aucun doute,

---

7. André Souris cite cette remarque que lui fit Breton après l'audition de *Clarisse Juranville :* « Je ne sais pas reconnaître la différence entre deux sons. Pour moi, les rapports entre les sons, qui constituent la musique, m'échappent totalement. »

dans le territoire de la poésie, en ce lieu où « le langage se transforme en oracle » (M. Leiris, *Glossaire, j'y serre mes gloses,* 1938). De l'extase poétique Breton attend tout, c'est-à-dire qu'elle le dirige vers la reconquête de la faculté unique et originelle dont il fait « le suprême recours contre une vie dépourvue de signification tant qu'elle reste asservie à une conception du monde dénaturé » *(Ajours).* S'il a placé si haut l'ambition du surréalisme, c'est en grandc partie à cause de la découverte avec laquelle son origine se confond, celle de l'écriture automatique.

Les révélations de l'inconscient

Le titre de l'article dans lequel Breton définit le terme *surréalisme* comme la pratique de l'automatisme psychique ne laisse aucun doute sur la fonction qu'il attribuera désormais au poète : *Entrée des médiums.* Enregistrer ce que dit la « bouche d'ombre », obéir à la dictée magique de l'inconscient, multiplier si possible les confidences de l'abîme intérieur, tel sera et restera désormais son but malgré toutes les vicissitudes et toutes les failles de « l'écriture automatique »[8].

Le ton supérieur du *Premier Manifeste* (1924) ne se retrouve pas dans les textes ultérieurs où Breton a dû revenir sur quelques-unes de ses illusions. Mais même dans *le Message automatique* (1933) qui se présente comme une mise au point (remarquable d'honnêteté intellectuelle), il défend « sa » découverte (qu'en fait il reconnaît avoir été implicitement faite par toute une lignée d'écrivains et de peintres antérieurs) au nom d'impératifs moraux et scientifiques. D'abord le débit torrentiel auquel il a ouvert les vannes a nettoyé « l'écurie littéraire ». Ensuite, malgré les difficultés techniques qui se sont révélées (« Comment s'assurer de l'homogénéité des parties constitutives de ce discours dans lequel il est si fréquent de croire retrouver les

---

8. Il s'agit ici, non pas de répéter ce qui a été dit dans notre précédent ouvrage, paru dans la même collection, sur *le Surréalisme, théories, thèmes techniques,* à propos des principes et des problèmes de l'écriture automatique, mais de le mettre en situation par rapport à la poétique d'André Breton.

bribes de plusieurs discours; comment envisager les interférences, les lacunes; comment s'empêcher de se représenter jusqu'à un certain point ce qui se dit; comment tolérer le passage si égarant de l'auditif au visuel, etc... »), l'écriture automatique doit demeurer le but auquel tend le surréaliste qui y recherchera la possibilité d'unifier sa personnalité (et non de la dissocier comme le fait le médium professionnel persuadé qu'une voix extérieure lui parle). En effet pour ce moraliste impénitent qu'est Breton, jamais la désintégration intellectuelle, « la débâcle de l'intellect » *(Notes sur la poésie)*, ne doit entraîner la désintégration de l'être. Le dérèglement des sens que prônait Rimbaud était *raisonné,* la paranoïa à laquelle se livre Dali est *critique,* les hallucinations de Max Ernst sont savamment dirigées par une surconscience attentive[9]. De même la pureté de l'écriture automatique dépendra de la vigilance du scripteur, qui unira ainsi en lui-même son subconscient et sa conscience en une nouvelle synthèse. En ce sens, quel que soit le degré d'authenticité du produit automatique, l'expérience qui préside à sa production reste l'expérience « surréaliste » par excellence, celle où s'acquiert l'impression vécue d'une parfaite intégration des facultés.

Répondant en 1948 aux questions d'Aimé Patri *(Entretiens)* sur la formulation spontanée de la pensée, Breton précise que le message automatique lui permet de saisir son désir à sa source et ainsi de se rétablir magiquement dans un monde devenu conforme à ses aspirations. Or cette opération magique n'est pas réservée au seul *pohète* (Vaché), mais peut être à la portée de tous. Ce qui rejoint un enseignement du texte de 1933 où on lit :

> Le propre du surréalisme est d'avoir proclamé l'égalité totale de tous les êtres humains normaux devant le message subliminal, d'avoir constamment soutenu que ce message constitue un patrimoine commun dont il

---

9. Dans ses *Entretiens* Breton ne cache pas qu'il a interrompu plusieurs expériences fondamentales du surréalisme (en particulier celle des rêves de Desnos) du fait des dangers qu'elles auraient fait courir à la personnalité psychique de leurs auteurs.

> ne tient qu'à chacun de revendiquer sa part et qui doit à tout prix cesser très prochainement d'être tenu pour l'apanage de quelques-uns.

Le mot d'ordre de Lautréamont : « La poésie doit être faite par tous », se reconnaît ici. Mais l'obstination de Breton est encore liée à un facteur d'ordre éthique : s'appuyant sur les remarques du professeur Lipps qui constate que l'hypnose libère chez ses patients un talent réprimé par toutes sortes de contraintes et de résistances d'origine sociale, il généralise leur portée à l'écriture automatique dont il attend qu'elle soit, à l'instar de l'hypnose, « un moyen assuré de favoriser l'essor des facultés psychiques; et particulièrement du talent artistique, en concentrant la conscience sur la tâche à accomplir et en affranchissant l'individu de facteurs inhibitoires qui le retiennent et le troublent au point parfois d'empêcher absolument l'exercice de ses dons latents ». Autrement dit, en proclamant le communisme du génie, il sous-entend qu'il ne peut être obtenu qu'à la suite d'un dynamitage de la répression culturelle (et donc sociale) aliénant actuellement l'individu. Envisagée de ce point de vue, cette question (très importante car il ne s'agit rien de moins que de la validité de la protestation surréaliste dans l'histoire) rend caduques les objections constamment réitérées sur les capacités techniques qu'il conviendrait d'obtenir pour se livrer à l'automatisme. A René Passeron qui prétend que « dans l'état actuel des choses, la manipulation des ingrédients de la peinture demande une certaine pratique » et qui explique ainsi les échecs des autodidactes de l'automatisme pictural, José Pierre répond avec raison que « ce qui fait le mérite de l'automatisme, c'est que c'est une voie à découvrir par chacun, avec ses propres moyens, une voie dont on ne donne pas la clé » *(Entretiens sur le surréalisme,* 1968*).*

Peu importe aussi de savoir si tout le monde est apte à apprécier ou comprendre les œuvres « automatiques ». Julien Gracq sollicite un extrait de *Traité du style* pour affirmer que le surréalisme a fait le pari qu'existait un océan intérieur unique « où baigne dans la profondeur chaque conscience » *(Spectre du « Poisson soluble »).* Ainsi les textes surréalistes annonceraient une sorte de communion universelle des lecteurs sensibles à des échos répondant à on ne sait trop quelles vibrations primordiales qu'ils ressentiraient au fond de leur propre inconscient. Mais ne pourrait-on pas en dire autant de toute la poésie? Et n'est-ce pas prendre le mot de Lautréamont à contresens [10]? De *Traité du style* où se trouve d'ailleurs une très lucide analyse de l'écriture automatique, il faut plutôt retenir une remarque gênante que les surréalistes ont bien dû finir par admettre : à savoir que puisque celui qui écrit se voit objectivement, sans mensonge, sans falsification, il se montre aussi tel qu'il est. Or, selon Aragon l'inconscient d'un imbécile est imbécile. L'individu bas ne fera que mieux révéler sa bassesse. Saisie objective du moi profond, l'automatisme ne pardonne pas.

Gérard Legrand a replacé ce propos dans son véritable contexte : s'il est vrai que l'écriture automatique exige une certaine culture, c'est parce que pour se développer avec une ampleur suffisante elle a besoin d'un champ de références étendu. Il constate, après Breton, que même chez les plus éminents surréalistes les répétitions se multiplient à mesure que les essais se multiplient eux-mêmes. L'écriture automatique

> finit très réellement non par une impasse au sens de mur, mais par une impasse qui donne sur un immense terrain vague où la même chose se reproduit indéfiniment, comme dans certains rêves on enfonce constamment la même porte sans jamais déboucher nulle part. *(Entretiens sur le surréalisme)*

Breton redoutait aussi que ce rabâchage ne donnât lieu à la naissance de poncifs qui, bien ciselés, auraient fait d'assez beaux bijoux littéraires. Et il n'a pas été lui-même à l'abri de toute critique de ce genre. René Daumal dans sa *Lettre ouverte à André Breton* (1930) lui fait remarquer que

> les neuf dixièmes de ceux qui se réclament et se sont réclamés du titre de surréalistes n'ont fait qu'appliquer une technique que vous aviez trouvée; ce faisant, ils

10. En revanche, on ne doit pas s'étonner de voir Aragon s'intéresser à cet aspect de la question. Pour lui l'acte de communication avec autrui mérite une attention soutenue.

n'ont su que créer des poncifs qui la rendent inutilisable [...]. Prenez garde, André Breton, de figurer plus tard dans les manuels d'histoire littéraire .

Sans aller jusqu'à accepter les représentations des animateurs du *Grand Jeu,* Breton avoue dans sa réponse que le flux verbal, dans l'automatisme, tend de lui-même à s'organiser en poème. Une adultération de la substance est à redouter de ce côté-là. Si le poète réagit à cette tendance, c'est au contraire un chaos d'éléments hétérogènes qui le submerge, tout aussi dérangeant en ce qui intéresse « la coulée verbale de sa direction primitive » (*Lettre à Rolland de Renéville,* 1932). Entre ces deux tensions doit s'équilibrer le pur produit automatique. Mais est-il trouvable? Ou plutôt la première œuvre surréaliste d'un écrivain n'est-elle pas sa seule œuvre vraiment et authentiquement automatique? La nostalgie de l'état qu'il connut lors de la rédaction des *Champs magnétiques* (1919), Breton ne cesse de l'exprimer toute sa vie.

Toutes ces hésitations et ces craintes nous paraissent aujourd'hui quelque peu dépassées, dans la mesure où nous ne nous effrayons plus que l'inconscient s'exprime naturellement à travers une rhétorique que Jacques Lacan a tenté de cerner. Jean Paulhan avait lui-même déclaré que la rhétorique consistait à prétendre que la pensée procédait des mots : ce qui est proprement surréaliste. Et Benveniste l'écrit :

> L'inconscient use d'une véritable rhétorique qui, comme le style, a ses figures et le vieux catalogue des tropes fournirait un inventaire approprié aux deux registres de l'expression. On y trouve d'une part et d'autre tous les procédés de substitution engendrés par le tabou : l'euphémisme, l'allusion, l'antiphrase, la prétérition, la litote. La nature du contenu fera apparaître toutes les variétés de la métaphore, car c'est d'une conversion métaphorique que les symboles de l'inconscient tirent leur sens et leur difficulté à la fois. (« Remarques sur la fonction du langage dans la découverte freudienne ». *La psychanalyse,* n° 1)

Alors pourquoi les surréalistes auraient-ils rétrospectivement honte d'avoir été des écrivains, des *pohètes* malgré eux?

Et s'ils avaient réinventé la littérature en la puisant à sa source? Non pas la littérature limitée des raconteurs professionnels, mais la littérature qui a un public universel : celle par exemple qu'on lit en rêvant. Rêver, n'est-ce pas ouvrir le grand livre de l'inconscient où en lettres phosphorescentes s'inscrivent nos désirs? L'automatisme psychique n'est-il pas une façon de se représenter à l'état de veille et de fixer sur le papier ou sur la toile ce qui, la nuit, ne fait que passer?

Mais s'il est vrai, comme l'a fait remarquer Alexandrian *(André Breton par lui-même,* 1971*)*, que la vie onirique de Breton était particulièrement féconde et que la transcription de ses rêves ressemble étrangement à ses poèmes, au point de se confondre avec eux, peut-on pour autant prétendre que Breton « parvenait à se mettre pour écrire un poème dans un état comparable au sommeil (ce sera le fameux *état de grâce* dont il parlera si souvent), au cours duquel sa pensée spontanément se déroulait dans les mêmes conditions que celles d'un dormeur »? La spécificité de l'automatisme psychique ne disparaît-elle pas après un tel rapprochement?

Ce serait aux psychiatres de répondre à cette question. Jean Cazaux, Henri Ey, Gaston Ferdière, entre autres, s'y sont intéressés. On verra dans le chapitre consacré aux *Vases communicants* combien Breton était lui-même attentif aux travaux de Freud, de Myers, et aux psychologues des profondeurs. Contentons-nous pour le moment de ces éléments de réponse donnés par Pierre Mabille :

> Lorsqu'à l'intérieur (du surréalisme) on parle d'automatisme, on sous-entend que le sujet, écrivain ou peintre, se trouve dans les conditions affectives, dans un état de tension émotive tel que l'être profond, se libérant des préjugés esthétiques, des contraintes techniques et logiques, donne libre cours à la projection de ses pouvoirs inconscients dans cet état d'exaltation qui amène l'être à l'extrême pointe de sa conscience, état qui rappelle celui de l'inspiration de jadis; les messages automatiques se révèlent chargés d'une lourde signification alors que le n'importe quoi, passif, fatigué, avide de remplissage, ne fournit qu'un fatras sans valeur.

Cette déclaration d'un homme de science ne va guère dans le sens d'une fusion entre rêve et automatisme. Le terme « inspiration » qui y est explicitement cité nous éloigne des solutions faciles, nous conduit à une interrogation terre à terre, mais nécessaire : de même que tous les poètes antérieurs au surréalisme ont connu l'inspiration, mais de façon différente, tous les poètes surréalistes ne se sont-ils pas livrés à l'automatisme chacun à sa façon? Il est quand même étrange de lire sans cesse qu'Aragon et Eluard, par exemple, n'ont jamais vraiment pratiqué l'écriture automatique, alors qu'ils demeurent historiquement les fondateurs, avec Péret et Breton, du mouvement. Ne serait-il pas préférable d'appeler automatisme psychique l'ensemble indistinct de procédés qui permettent de briser la liaison que la secondarité impose à tout discours conscient, et, par conséquent, de laisser filtrer des fragments des processus primaires? Puisque même dans le « délire » de l'analysé les processus primaires n'apparaissent pas dans leur parfaite nudité, pourquoi demander à l'automatisme de ne pas être mêlé des scories de l'élaboration secondaire? L'essentiel est que des affects surgissent, que le désir porté par l'émulsion émotionnelle brille malgré les résistances et les inhibitions.

Un échec glorieux

Breton a parlé d'*infortune continue* à propos de l'écriture automatique, donnant ainsi des verges pour se faire fouetter aux locataires de l'écurie littéraire qu'il se proposait de nettoyer. Cette catégorie n'ayant, malgré ses efforts, cessé de proliférer, l'aveu qu'il a eu le malheur de faire permet à la gent parasitaire de rassurer les populations intellectuelles[11]. Il est vrai qu'à la grande critique créatrice de l'après-guerre (Bataille, Blanchot, Sartre) s'est substituée une légion de

---

11. Certes nous accréditons l'idée que Breton est « un beau classique » (Etiemble), mais nous empêchons peut-être qu'il soit enseigné comme Victor Hugo, ou qu'il tombe dans les soutes de l'oubli qui se referment si facilement sur les agitateurs de l'esprit : Lautréamont, Germain Nouveau ou même Sade ne sont-ils pas sortis du purgatoire grâce à l'action critique des surréalistes?

Sancho Pança du surréalisme qui se vengent de n'avoir pas atteint la célébrité en publiant leurs fielleux souvenirs (Breton est bien mort, ils n'ont plus rien à redouter de son « cadavre »), et d'illuminé(e)s de la pornographie. Maurice Blanchot a placé à la hauteur désirable le débat sur cette prétendue infortune que nous traduisons en « échec glorieux ».

Blanchot présente l'écriture automatique comme une recherche qui n'est pas recherche de ce pour quoi elle se donne. Le principe de l'écriture automatique est que l'inspiration est permanente, à la portée de tous, immédiate. La réalité de sa pratique montre qu'elle reste inaccessible, espoir d'une présence jamais atteinte. La liberté absolue que promet l'automatisme aboutit à un vide absolu, l'absence de contrainte créant une absence de résistance de l'objet, donc de choix, de volonté, de libre arbitre chez le sujet qui, ainsi livré à une sorte d'impersonnalisation, souffre de la présence offerte de toute chose. Comme l'écrit Keats : « Le poète n'a pas d'attribut, il n'a pas d'identité. » Breton ne dit pas autre chose quand il affirme que le murmure est inépuisable, qu'il jaillit de la source intarissable de la continuité et de la pureté originelle, qu'il rend tout possible, qu'il circonscrit l'être. Mais cette remontée à la source ne signifie-t-elle pas pour celui qui s'y livre, un affaiblissement, un appauvrissement complet de ses ressources?

A ce stade l'inspiration et la stérilité s'équilibrent. Il faudrait au poète un autre langage pour dire son acceptation infinie d'un monde devenu sans limites. Le trop plein de l'inspiration empêche la germination de l'œuvre, aboutit au silence du poète submergé. Aussi faire œuvre (malgré l'inspiration) sera trahir le murmure sublime :

> Qui veut écrire et produire, il lui. faut sans cesse endormir en soit cette exaltation. La maîtrise suppose ce sommeil par lequel le créateur apaise et trompe la puissance qui l'entraîne. *(l'Espace littéraire)*

De ceci il ressort que l'écriture automatique, telle qu'elle était présentée par Breton comme captation, enregistrement du murmure dans sa continuité, se trouvait, de par la nature même de ses ambitions, vouée à l'échec. Mais cet échec est lui-même créateur, le désespoir de ne pas toucher l'automatisme dans sa pureté ouvre à Breton l'accès à l'œuvre. En effet il alimente le désir dont le poème naîtra. René Char écrit : « Le poème est l'amour réalisé du désir demeuré désir ».

Cette conception recoupe ce que l'on sait depuis Freud sur l'inaccessibilité des objets de notre désir, sur notre appréhension de voir la jouissance des choses combler l'anxiété de notre attente. L'art serait la seule issue, puisqu'il autorise le fantasme à se réaliser dans l'œuvre sans pour autant nous obliger à courir les risques de le vivre, ni peut-être de se l'avouer pleinement. Aucune mauvaise conscience ne devrait en découler, car l'œuvre, en tant qu'objet, est en soi une réalité, fait partie de la réalité : aussi un simple effort de généralisation sera nécessaire pour que cette réalisation partielle et symbolique du désir soit promue en indice d'une réalisation totale et authentique. Il arrive à Breton de donner dans cette illusion quand il accorde à l'œuvre d'art une portée révolutionnaire qui peut laisser sceptique. Mais ce qui demeure profondément sien, c'est le *saut* qu'il fait accomplir au désir en le déplaçant de la réalité textuelle à la réalité vécue, de l'écriture automatique au hasard objectif. C'est en ce contact que s'effectue l'issue bretonienne hors du cercle maudit de l'inspiration et du fantasme.

Une effraction dans le destin

Qu'est-ce que le hasard objectif? Parmi toutes les définitions qu'en donne Breton, retenons celles-ci : « la rencontre d'une finalité externe et d'une finalité interne » et « la forme de manifestation de la nécessité extérieure qui se fraye un chemin dans l'inconscient humain » *(l'Amour fou)* [12].

Ces formules ont l'avantage d'emprunter leurs éléments à Engels et Freud qu'une fois de plus Breton va tenter de

---

12. Ces formules seront éclairées et illustrées par les études de *Nadja* et de *l'Amour fou* (cf. chapitres 4 et 6). Il ne s'agit ici que de situer les problèmes théoriques.

concilier, mettant en lumière le caractère *énigmatique* qui fascine le poète dans ce genre d'événements : ceux-ci semblant appartenir à deux séries causales différentes, placent son esprit à la bifurcation de l'inconnu et du mystère, en pleine zone de révélation. Breton aurait pu signer ces lignes de Saint-Pol Roux (que d'ailleurs il cite) : « L'homme me paraît n'habiter qu'une féerie d'indices vagues, de légers prétextes, de provocations timides, d'affinités lointaines, d'énigmes » (Liminaire aux *Reposoirs de la Procession*). Dans *l'Amour fou* on trouvera l'expression « forêt d'indices ».

Cette conception du hasard suppose qu'entre l'homme et l'univers existent des liens naturels que le rationalisme borné a constamment ignorés. A la faveur de coïncidences exceptionnelles ou de prémonitions inexplicables ces liens réapparaissent. L'émerveillement qui saisit l'homme lorsque l'inattendu fait ainsi brèche dans son univers quotidien en dit long sur la profondeur, l'authenticité de l'émotion (« ce sillon du vrai », Saint-Pol Roux) ressentie à cette occasion. Une émotion que la seule nostalgie d'une « vie antérieure » ne saurait expliquer [13]. Grâce aux phénomènes de hasard objectif, il s'avère, écrit Michel Carrouges, que

> l'homme marche en plein jour, au milieu d'un réseau de forces occultes qu'il lui suffirait de déceler et de capter pour s'avancer enfin victorieusement, à la face du monde, dans la direction du point suprême. Ce sont les présages visibles et vérifiables du nouvel âge d'or, les prodromes actifs de la grande réintégration cosmique... *(André Breton et les données fondamentales du surréalisme).*

Pas plus que l'écriture automatique, le hasard objectif ne doit entraîner la dissolution de la personnalité psychique, mais au contraire son exploration jusqu'à ses limites les plus reculées. Le *je* du *je suis* des rationalistes est scandaleuse-

13. Selon Georges Henein, Breton situait l'erreur d'aiguillage de l'Occident en plein Moyen Age, et l'imputait à la fameuse querelle des Universaux (*Magazine littéraire*, nº 16.) : ce paradis a été perdu à la suite d'une aberration historique et non à cause d'une quelconque clarté originelle.

ment limité : il faut réintégrer dans son essence tous les fantômes épars qui, dans des moments privilégiés, nous font signe, nous envoient des signaux. Dans le discours qu'il fait aux étudiants de Yale en 1942 *(Situation du surréalisme entre les deux guerres)* Breton use de références freudiennes pour éclairer son point de vue : « Le surréalisme s'est trouvé tout naturellement porté au seuil même du *soi,* mot qui, par opposition au mot *moi* dans le vocabulaire psychanalytique, sert, comme vous savez, à désigner l'ensemble des puissances très actives dérobées à la conscience en vertu de divers jugements réprobateurs ». Comment aborder ce territoire immense et méconnu du *soi?* Il énumère les moyens concrets mis en place par le seul surréalisme et qui sont : l'automatisme, la dialectique, le hasard objectif « comme indice de réconciliation possible des fins de la nature et des fins de l'homme aux yeux de ce dernier », l'humour noir, l'intervention sur la vie mythique.

Ainsi le hasard objectif tend comme l'écriture automatique à faire éclater les parois de l'univers concentrationnaire construit par la logique, pour reconstituer l'unité de l'esprit. A ces conditions celui-ci parviendra à résoudre toutes les antinomies (veille et sommeil, réalité et rêve, raison et folie, objectif et subjectif, représentation mentale et perception physique, passé et futur, sens collectif et amour, etc...) qui actuellement le divisent : évidemment la dialectique (autant celles d'Héraclite, de Maître Eckhardt que celle de Hegel) aidera à cette résolution de même que l'élaboration mythique (justement produite par le *soi*).

Il convient maintenant d'affiner les relations entre écriture automatique et hasard objectif. Selon Breton *(Situation surréaliste de l'objet),* l'abolition du *moi* dans le *soi* entraîne la prédominance du principe de plaisir sur le principe de réalité, la libération des impulsions instinctives, le renversement des barrières sociales. Il est évident que l'automatisme psychique est la voie royale pour cette pénétration des couches profondes du mental. Il a en outre l'avantage de prédisposer l'esprit à sonder le monde, la vie, d'une façon nouvelle qui consiste à chercher à détecter sous les apparences normales du quotidien une *énigme.* La sensibilité, aiguisée par ses productions quasi hallucinatoires, se place en état d'*attente,* d'écoute, d'affût. Dans *Nadja* et dans *l'Amour fou,* il multipliera ses recommandations sur la nécessité de s'initier à ce « comportement lyrique », sans lequel il n'est rien à attendre de merveilleux :

> Je n'attends rien que de ma seule *disponibilité,* que de cette soif d'errer à la rencontre de tout, dont je m'assure qu'elle me maintient en communication mystérieuse avec les autres êtres disponibles, comme si nous étions appelés à nous réunir soudain. J'aimerais que ma vie ne laissât après elle d'autre murmure que celui d'une chanson de guetteur, d'une chanson pour tromper l'attente. Indépendamment de ce qui arrive, de ce qui n'arrive pas, c'est l'attente qui est magnifique. *(l'Amour fou)*

L'automatisme ne fait pas que préparer le chasseur à son gibier. Michel Carrouges *(Entretiens sur le surréalisme)* a bien montré l'homogénéité des deux processus, écriture automatique et hasard objectif. La première agit dans l'ordre du langage, le second dans le domaine des faits, mais messages et actes sont interchangeables, le principe qui les fonde étant que « le cosmos est un cryptogramme qui contient un décrypteur : l'homme ». Il faut ajouter que comme l'écriture automatique éclaire l'homme sur son désir, de même le hasard objectif lui fournit des informations sur ce qu'il recherche, donc sur ce qu'il est. Dans *l'Amour fou,* Breton compare le hasard objectif à un écran où « tout ce que l'homme veut savoir est écrit en lettres de désir ». Un acte, un objet, un symbole vont nous paraître d'autant plus révélateurs qu'un de nos désirs, naviguant jusque-là dans la zone du *soi,* va s'y révéler. Se livrer à la chasse des phénomènes de hasard objectif revient donc à guetter « quelles précautions et quelles ruses le désir, à la recherche de son objet, apporte à louvoyer dans les eaux préconscientes et, cet objet découvert, de quels moyens stupéfiants jusqu'à nouvel ordre, il dispose pour le faire connaître à la conscience » *(ibid.).*

Bien entendu, s'il est des cas exceptionnels où les faits de hasard objectif vont révéler tous leurs secrets (*cf.* la prémonition de *Tournesol*), il en est d'autres (les plus fréquents) qui gardent leur opacité, ce qui laisse l'impression à la fois inquiétante et éblouissante d'être *joué* par des puissances supérieures qu'il arrivera à Breton d'appeler « Grands Transparents » dans le *Troisième Manifeste.* Le désir explique le vœu que la chose, l'événement ait lieu, mais n'explique pas qu'il ait effectivement lieu. Une fois de plus, Breton entraîne l'esprit vers des manifestations où l'objectif et le subjectif, l'explicable et l'inexplicable, son freudo-marxisme et son goût du mystère s'échangent en un clair obscur troublant qui est peut-être ce qu'il y a de plus « surréaliste » dans le surréalisme... Le poète est celui qui pose des questions au niveau émotionnel le plus élevé, non celui qui les résout. Sa fonction est de jouer l'homme de science, à l'instar du sentiment qu'il a d'être joué par ce qui le dépasse [14]. L'écriture automatique et le hasard objectif : deux modes parallèles d'aller à la rencontre de signes (faits de langue ou événements) qui deviennent des signaux dont on ne sait d'où ils viennent, mais qui nous informent sur notre rapport au monde, le décryptage de ce rapport étant toujours lié au décodage double et complémentaire de notre désir et de l'harmonie cosmique.

Une telle théorie de la poésie entretient naturellement de nombreux rapports avec la théorie baudelairienne des « correspondances », mais il serait erroné de les confondre. Marc Eigeldinger remarque :

> Alors que Baudelaire appelle correspondances les rapports qui s'établissent entre les divers ordres de la sensation et entre le visible et l'invisible, selon une terminologie empruntée à Swedenborg, André Breton préfère parler de coïncidences. *(l'Art de brûler la chandelle par les deux bouts)*

Les correspondances baudelairiennes renverraient à un monde cohérent où surnaturel et naturel seraient unis dans

14. On se reportera à l'importante étude de Jean Starobinski sur *Freud, Breton, Myers* (*André Breton,* La Baconnière), pour apprécier l'impact de la psychologie de Myers (ainsi que des travaux de Mesmer, Flournoy) sur ces théories de Breton. Ainsi que *le Message automatique* le laissait entendre, le poète a « dépassé » l'enseignement freudien qui ne pouvait répondre à tout ce qu'il espérait de l'automatisme.

une trame suivie, alors que le surréalisme miserait davantage sur le hasard de la rencontre, « des rapprochements soudains ». C'est moins dans l'approfondissement que dans la convulsion que s'établit Breton : « Je chante la lumière unique de la coïncidence » *(l'Air de l'eau).* La vaste et profonde unité que tentent de saisir les harmonies de Baudelaire, ne peut être que sillonnée d'éclairs fulgurants, selon Breton. Eclairs qui surgiront soit à l'occasion de l'image poétique soit de la métaphore vécue qu'est un fait de hasard objectif. La théorie baudelairienne suppose en outre l'existence réelle de ce monde surnaturel dont la poésie serait la caisse de résonance. Le *point suprême* dont parle Breton (et qui répond à cette *vaste et profonde unité*) est-il ailleurs que dans l'imagination de l'homme? Est-il ailleurs que dans sa relation au monde? La *forêt d'indices* où le poète surréaliste se tient *à l'affût* n'est pas la *forêt de symboles* où Baudelaire se tient *à l'écoute...* A moins qu'on donne une réponse négative à la fameuse question qui domine *Nadja :* « Est-il vrai que l'*au-delà,* tout l'au-delà soit dans cette vie? »

Comme nous l'avons montré dans notre premier ouvrage *(le Surréalisme, théories, thèmes, techniques),* c'est à la philosophie et à la poésie romantiques de l'Allemagne qu'il convient de se référer pour trouver les « sources » de Breton. Ritter et Hegel, Arnim et Novalis, c'est dans cet espace que s'effectue l'élaboration de la *mythologie* surréaliste. Citant Ritter dans *Langue des pierres* (1957) : « tous les phénomènes extérieurs doivent devenir explicables à titre de symboles et de résultats derniers de phénomènes intérieurs », Breton note : « Nous sommes encore quelques-uns à réagir ainsi ». Ce sont les possibilités de l'image qui ont amené Breton à souscrire à de telles vues : il s'en explique dans le *Troisième Manifeste.* L'un de ses meilleurs commentateurs en ce domaine, André Rolland de Renéville rappelle que la poésie symboliste ne faisait que recouper l'enseignement de la grande poésie initiatique de l'Antiquité qui s'est peu ou prou poursuivie jusqu'au Moyen Age. Epoques où le pouvoir incantatoire du langage était vénéré, où le poète, en véritable Prométhée, se donnait pour tâche de « reconnaître un rapport d'identité entre les profondeurs de [son] propre esprit et celles d'une Nature dont les formes, liées entre elles par le réseau architectural et symphonique des correspondances, se découvraient en [lui] comme le reflet analogique d'une réalité supérieure ». Grâce à la découverte de l'image « surréaliste » Breton dépassait les tentatives de Nerval, Mallarmé ou Rimbaud, car il affranchissait les mots de l'empire des choses, en les projetant dans le mouvement même du dynamisme mental, en en faisant les médiateurs entre les représentations de la réalité psychique et les attractions de l'univers sensible.

Ainsi l'imagination sera-t-elle la force qui permettra au poète d'atteindre la *clef hiéroglyphique* du monde, cette recherche fondant pour Breton la validité des grandes tentatives de l'esprit humain : « Quant à l'idée d'une clef *hiéroglyphique* du monde, elle préexiste plus ou moins consciemment à toute haute poésie, que seule peut mouvoir le principe des analogies et correspondances » *(Entretiens)*. Ces porteurs de clé (qu'il peint de façon allégorique au début de *l'Amour fou*) ne sont pas les seuls poètes, ils sont aussi les êtres exceptionnels qu'on rencontre et dont Jacques Vaché et Nadja restent les plus hautes incarnations aux yeux de Breton; ils sont aussi les grands émancipateurs du genre humain comme Fourier ou Trotsky. Lautréamont, lui, est présenté comme « le grand serrurier de la vie moderne » *(le Merveilleux contre le mystère)*

Le cas de Fourier mérite une mention particulière, car il se trouve à la frontière de trois territoires chers à Breton : la poésie, le mythe et la philosophie. Rappelons aussi que le poète rédige son *Ode* à une époque où il est nourri des mythes indiens qu'il a découverts et admirés lors de son séjour en Amérique. Or Fourier décèle dans le cosmos non seulement une convergence éblouissante entre le désir humain et l'ordre universel, mais les germes d'un *avenir* amélioré où l'homme serait à la fois réconcilié avec lui-même et avec les forces qui traversent le monde social et physique. Cet exemple suffit à démontrer que la délectation mystique n'est jamais le but de Breton. Les porteurs de clef n'ouvrent pas des portes sur des lieux édéniques où tout se fige en une éternelle béatitude, mais sur des espaces où l'air devient un peu plus respirable, espaces que limitent toutefois d'autres portes, qui, à leur tour, solliciteront d'autres porteurs de clefs, pour être ouvertes. Il n'y a pas chez Breton de croyance en un lieu d'absolue réalisation des désirs humains, il y a seulement effort soutenu vers une station temporaire en un tel lieu : « J'ai parlé d'un certain point sublime dans la montagne. Il ne fut jamais question de m'établir à demeure en ce point » *(l'Amour fou).* Ici, comme l'a noté Ferdinand Alquié, Breton se distingue et se sépare de ses précurseurs romantiques car plus que les mystères de la Nature, c'est l'inconscient de l'homme qui retient son attention en dernière analyse. Seule la puissance symbolique de l'esprit l'intéresse, car elle seule peut persuader l'homme, à certains moments privilégiés où l'illumination se produit, qu'il est non en rupture mais en harmonie avec l'univers. Breton n'a pas la naïveté de croire au retour à un âge d'or dont il serait l'Adam heureux. La merveilleuse vision de Novalis n'est plus crédible. N'empêche qu'il faut toujours y *tendre.* Cette tension a pour fonction de rééquilibrer l'humain qu'à déséquilibré depuis plusieurs siècles la tension inverse, celle de l'anthropomorphisme absolu et totalitaire.

On sait que Breton n'a pas cessé, durant toute sa vie, et avec une constance exemplaire jusque dans les années 60, de relever les vestiges ou les prémisses d'une vision surréaliste de l'univers. L'art des primitifs, celui des fous, des enfants possède ce caractère magique qu'il définit comme « objectivation sur le plan matériel d'un dynamisme de même nature que celui qui a présidé à la création du monde » *(l'Art magique).* Autrement dit, la recherche de la clef hiéroglyphique inspire chaque artiste que ne réprime pas la censure culturelle : pour lui, le postulat de la magie (« Il dépend de nous que le monde soit conforme à notre volonté ») apparaît dans la clarté de l'évidence. Cette même recherche a toujours animé la quête de l'alchimie traditionnelle :

> Je demande qu'on veuille bien observer que les recherches surréalistes présentent avec les recherches alchimiques une remarquable analogie de but : la pierre philosophale n'est rien d'autre que ce qui devait

> permettre à l'imagination de l'homme de prendre sur toutes choses une revanche éclatante... *(Second Manifeste)*

Tous ces rapprochements entre des démarches dont la cohérence est parfaite permettent-ils de mieux cerner ce *surréel* qui devrait être le but du trajet? Le surréel est-il un réel enrichi du possible? « Un irréel plus profond que le réel » (J. Wahl)? Un réel qui a un « au-dessous » et un « au-dessus » (Maurice de Gandillac)? Une certaine qualité de l'émotion lorsque l'acte poétique débouche sur la connaissance (Ferdinand Alquié)?

Et si le surréel n'était rien d'autre que la projection d'un mythe nouveau pour désembourber l'homme de sa conception actuelle du réel, dont il a oublié qu'elle était, à l'instar de tous les autres modes d'explications antérieurs, également un mythe? En effet, dans sa folie impérialiste, l'Occident a décrété, d'abord par la religion, ensuite par la science, qu'il possédait la *vérité.* Ce qui est le mythe le plus dangereux pour lui (et pour ses victimes). Breton ne cesse de dénoncer cette fabuleuse erreur historique, et de faire appel à tous les philosophes, à tous les politiques, à toutes les forces de l'esprit capables de créer avec lui un anti-mythe efficace [15]. Dans le *Troisième Manifeste,* il lance un thème qui lui tiendra à cœur jusqu'à la fin de sa vie : « Pas de société sans mythe social », et il interroge des hommes aussi différents que Bataille, Caillois, Etiemble, Ernst ou Péret : « Dans quelle mesure pouvons-nous choisir ou adopter, et *imposer* un mythe en rapport avec la société que nous jugeons désirable? » C'est aussi dans cette atmosphère que doit être replacé l'enseignement d'*Arcane 17.*

Il faut se méfier du Grec

Par son nom, par son origine, le « pape » du surréalisme s'isole dans les brumes nordiques, dans les ténèbres de l'inconscient et ses illuminations féeriques. Il s'éloigne et

---

15. *Cf.* l'interview accordée par Breton à Aimé Patri, en 1948, et reprise dans les *Entretiens.*

se méfie du soleil méditerranéen, de la lumière hellénistique, des prestiges de la raison.

Ces considérations toutes poétiques suffiraient à expliquer pour certains, son goût pour le merveilleux, son vocabulaire volontiers ésotérique, son attrait pour les enchanteurs et les êtres surnaturels de la légende. D'ailleurs Breton est venu à la rescousse d'une telle interprétation : méditant par exemple sur le tableau de Gauguin *D'où venons-nous? Que sommes-nous? Où allons-nous?,* il oppose cette triple question, la seule valable et définitive à ses yeux, à la question simpliste du sphinx à Œdipe, dans laquelle il voit « une des premières machinations tendant à persuader l'homme qu'il est le maître de sa situation, que rien qui surpasse son entendement ne peut lui barrer la route, l'*infatuer,* en somme, à force de lui faire valoir les moyens d'élucidation dont il dispose, quitte à lui dérober le sens de son propre mystère » *(Interview de J.-L. Bédouin et P. Demarne,* in *Entretiens).* Et il cite le peintre :

> Ayez toujours devant vous les Persans, les Cambodgiens et un peu l'Egyptien. La grosse erreur, c'est le Grec, si beau soit-il.

Finalement il lui semble que la progression technique dont l'Occident a joui a été très chèrement payée par une régression catastrophique de la vie intérieure.

Même s'il lui arrive à une autre occasion de rendre hommage à Chateaubriand, comme lui enfant des landes où courent les feux follets, Breton ne se contente pas d'opposer le romantisme du Nord au classicisme du Sud : il convoque aussi bien l'Asiatique ou l'Océanien. C'était d'ailleurs le sens de son appel à l'Orient à la fin de l'*Introduction au discours sur le peu de réalité* où il rejette en bloc la civilisation latine qui a fait faillite. Appel qu'il reprend dans *Légitime Défense* où il dénonce tous les laudateurs de l'ordre moral et politique, inquiets de ce soudain intérêt pour l'Orient (on rapprochera évidemment ces textes des manifestes et tracts contemporains : *Adresse au Dalaï-Lama, Lettre aux écoles du Bouddha...*). La lutte contre la science n'apparaît, dans ce contexte, que comme une conséquence d'un conflit philosophique d'une tout autre envergure, et que définit bien Jean Schuster en ces lignes : « A cette raison froide et envahissante des rationalistes, qui assujettit le monde au seul principe de réalité, le poète veut substituer une raison ardente, médiatrice du jeu dialectique entre le principe de réalité et le principe de plaisir ». Après avoir exclu Dieu du monde, la science a réussi à exclure l'homme. Son principe est d'une naïveté désarmante : elle déclare que tout est connaissable, ce qui lui permet de rejeter comme « métaphysique » (absurde) ce qui échappe à sa prise. Pour elle, seule existe l'interprétation quantitative de l'univers. La conquête de l'espace pourrait être un bel exemple de cette aberration absolue, l'homme ne se rendant plus compte qu'il rapetisse sa demeure à mesure qu'il a l'impression de l'agrandir. Comme signe d'intelligence poétique, au-delà des dissensions éphémères, rappelons la déclaration de René Char, en 1959 : « L'homme de l'espace dont c'est le jour natal sera un milliard de fois moins lumineux et révélera un milliard de fois moins de choses cachées que l'homme granité, reclus et recouché de Lascaux, au dur membre débourbé de la mort »[16].

Michel Carrouges dans la partie de son livre consacrée au « Surréalisme et à la science » dresse toute une liste d'analogies entre la méthode surréaliste et la science contemporaine. Il note qu'elles tendent toutes deux à la dés ntégration pour la réintégration, « en ce sens qu'elles visent [...] à opérer de nouvelles recompositions de forces sur un plan supérieur selon leurs propres desseins. » Il ne semble pas que ce genre d'analogies puisse avoir toute la précision désirée. En revanche, pourquoi ne pas rechercher dans la formation scientifique de Breton (médecin comme Aragon) l'origine de son attitude faite à la fois de méfiance informée et d'attrait réfléchi? Breton ne donne en effet jamais dans un infantilisme anti-scientifique, comme on l'a trop écrit. N'a-t-il pas introduit les travaux de Freud en France? Aurait-il pu se dire marxiste pendant des années, s'il avait été contre tout progrès? N'a-t-il pas choisi pour titres de deux

16. *Cf.* la *Réponse à une enquête sur la conquête de l'espace* du 17 avril 1961, de Breton (in *Perspective cavalière*).

de ses plus importants ouvrages des « images » scientifiques : *les Champs magnétiques, les Vases communicants?* N'a-t-il pas assez répété que le surréalisme n'avait rien à voir avec la littérature, mais se voulait exploration scientifique de l'être humain? Ne demande-t-il pas dans l'*Interview d'Indice* (1935) qu'on accorde une attention soutenue à la physique moderne, rappelant que trois grandes découvertes scientifiques (la cellule, la transformation de l'énergie, la découverte darwinienne) sont à l'origine de notre compréhension actuelle du développement des sociétés? Mais, dans ce même entretien il réclame une grande circonspection dans l'adoption des conclusions de la physique : « Gardons-nous de contribuer à la formation d'une nouvelle religion qui soit, paradoxalement, la religion de la science ». On retrouvera cette réticence de Breton dans les *Entretiens,* quand à André Parinaud, en 1952, il confirme son opposition à peu près absolue à toutes les sciences (sauf la psychanalyse, et autres sciences psychologiques) au nom de principes éthiques. Alors que les artistes surréalistes tentent de changer le monde d'une telle façon que les hommes y vivent mieux, les hommes de science semblent s'ingénier à multiplier les menaces sur l'humanité. La psychanalyse a enrichi la connaissance de l'homme par lui-même, la microphysique lui a apporté la bombe atomique. Quand il rend hommage à Pierre Mabille, André Breton montre comment comprendre son exigence : il félicite son ami d'avoir su dénoncer les prétentions scientifiques quand elles ont été contraires à une transformation positive de l'homme.

C'est dans un domaine plus secret que la lucidité du regard scientifique a servi Breton : dans son mépris pour la littérature et les littérateurs, dans sa réflexion sur la technique qui l'inscrit à plein dans le processus de la modernité, ainsi que l'a bien décelé Michel Deguy :

> Le poète se pose comme technicien, spécialiste : technicien du paraître; il exploite, lui aussi, un niveau dans l'être tout comme la science le sien; il se garantit en fournissant les cautions idéologiques qui le justifient à occuper méthodiquement, continûment, efficacement, la zone qui lui est propre, comme la science fait la sienne; celle-ci du réel infravisible, celle-là le

> tremblement d'invisible dans le visible, les courts-circuits fulgurants du visible qui le transfigurent en sur-réalité. La polémique qu'il lui arrive d'entretenir avec la science est moins essentielle que le fait qu'il appartienne — à son insu sans doute encore — à la Technique. *(En relisant les Manifestes,* N.R.F., 1962*)*

Toute la critique de Breton sur la littérature, sur le goût, l'esthétique, n'est-elle pas contenue dans ces principes? Dès *les Pas perdus* (où il rend un indirect hommage à Einstein et à sa relativité qui met en déroute la logique traditionnelle), Breton précise ses thèmes : toute pensée n'est faite que pour être dépassée (y compris celle de Breton et le surréalisme), tout progrès exige un esprit d'aventure, tout créateur doit remettre en cause ses propres thèmes, tout artiste ne peut trouver d'excuse à son occupation que dans ce qu'il aura apporté de nouveau à la connaissance de l'homme par lui-même.

2

Puissances du texte

« Je ne suis pas de ceux qui aiment les livres pour les livres »

Dans un article de 1959, Philippe Soupault rappelait les « noms de ceux qui, avant et pendant la guerre de 1914, étaient considérés comme les représentants de la pensée française. Anatole France, que tous regardaient comme un immense génie, Paul Bourget, qui jouait au dictateur des lettres, René Bazin, le héraut des bien-pensants, Maurice Barrès, l'anarchiste converti au chauvinisme [...], les poètes célèbres de cette époque étaient Jean Aicard, Edmond Rostand, Jean Richepin, alors que Stéphane Mallarmé et les symbolistes étaient considérés comme des amateurs ridicules et inoffensifs ». On sait quel respect les surréalistes, Breton à leur tête, montrèrent à l'égard de ces « grandes têtes molles » de l'époque : le procès intenté à Barrès (en période apparemment dadaïste, mais dont Breton affirme dans les *Entretiens* qu'il obéit à une préoccupation morale fort éloignée des soucis de Tzara, et constitue donc en réalité un indice majeur de la décomposition du groupe des dadas parisiens, en même temps que de l'affleurement d'un surréalisme déjà sous roche), la plaquette *(Un cadavre)* qui salua avec la joie de rigueur la mort de l'auteur de *l'Ile des pingouins,* témoignent d'un mépris équivalent, également distribué à tous les autres représentants de la littérature dans ce qu'elle avait de moins *risqué.* C'est que tous ces gens-là, mis à part ce qui peut apparaître (aujourd'hui bien davantage encore) comme une insuffisance irréparable sur le seul plan de l'esthétique, ne se sont guère fait prier pour entonner des chants patriotiques, sinon cocardiers. On sait qu'Apollinaire lui-même...

Très tôt en fait, Breton aurait pu contresigner l'affirmation de Novalis : « Le métier d'écrivain est une activité secondaire ». Ce qui est premier, c'est tout autre chose que la littérature : la vie elle-même, et les problèmes éthiques qu'elle ne cesse de poser. Dès 1924, Breton n'affirme-t-il pas se soucier avant tout de la morale : « Elle a pour moi ce prestige qu'elle tient la raison en échec [...]. C'est en elle que j'ai toujours trouvé mes principaux sujets d'exaltation ». En fait d'*exaltation,* il faut bien avouer que la littérature en offre peu d'occasions. Celle que l'on trouve à lire, bien sûr, dans l'état que l'on sait, mais aussi en un sens, et c'est évidemment plus grave, celle que l'on écrit :

> La littérature, dont plusieurs de mes amis et moi nous usons avec le mépris qu'on sait, n'est point traitée par nous comme une maladie [...]. J'écrirais, je ne ferais plus que cela, si, à la question : Pourquoi écrivez-vous? je pouvais répondre en toute certitude : J'écris, parce que c'est *encore* ce que je fais de mieux. Ce n'est pas le cas.

Si la déclaration s'arrêtait là, il n'y aurait pas d'issue, mais, par chance, il faut, dans ce que, faute de mieux, on continue d'appeler « littérature », isoler un petit continent que, faute de mieux encore, on continuera d'appeler, même si cela prête à bien des confusions, la poésie : « la poésie, qui est tout ce qui m'a jamais souri dans la littérature ». Faut-il donc imaginer une carte de visite : « André Breton, poète »? Ce n'est pas non plus si simple, car ce petit texte, *Clairement,* précise à sa façon ce qu'il convient de nommer poésie : elle « émane davantage de la vie des hommes que de ce qu'ils ont écrit ou de ce qu'on suppose qu'ils pouvaient écrire ». Nouveau recul de l'écrit au profit du vécu, et d'un vécu très spécial, puisque ce que Breton nomme la vie, il faut l'entendre comme « la manière dont (l'individu) semble avoir accepté l'inacceptable condition humaine ». Non pas tant ce qui est accompli que la façon dont on accueille les conditions dans lesquelles, s'il y a lieu d'accomplir quoi que ce soit (et ce pourrait être, pourquoi pas, un livre ou un poème), on se trouve contraint de l'accomplir. Fin, donc, de la littérature? Il s'en faut encore de beaucoup, puisque le paragraphe conclut :

> C'est encore, *je ne sais pourquoi*[1], dans les domaines avoisinant la littérature et l'art que la vie, ainsi conçue, tend à son véritable accomplissement.

La littérature et l'art sont donc admissibles à la condition qu'ils participent à cet accomplissement de la vie. Il est clair que, si l'on en reste là, ce que Breton pourra écrire risque d'être accusé aussitôt d'idéalisme complet. Car quelle continuité, authentique et non rêvée, peut-il exister entre la vie réelle, celle de tous les jours, avec ses soucis matériels, ses difficultés plus ou moins contraignantes, sa banalité, et les lignes d'écriture, qu'elles soient manuscrites ou imprimées? On veut bien admettre — à la rigueur — qu'un texte de Marx entretienne un rapport étroit avec ce quotidien et ses diverses perspectives, mais, précisément, *l'Idéologie allemande* ou *le Capital* n'ont rien à voir avec « la littérature et l'art ». Ces derniers ne sont-ils pas beaucoup trop séparés du vécu, de l'immédiat, pour prétendre encore avoir avec eux quelque relation sérieuse? A moins d'admettre une attitude à la Wilde, proposant de transformer l'ensemble de sa vie en œuvre d'art (mais l'on encourt alors l'accusation d'esthétisme et de subjectivisme). Le surréalisme et Breton, jusqu'à preuve du contraire, n'ont rien à voir avec ce « célibataire », même si d'autres célibataires, mais ce sont ceux de Duchamp, les fascinent. En quoi, d'ailleurs, pourra-t-on affirmer que cette *Mariée mise à nu par ses célibataires, même* participe à l'« accomplissement » de la vie? Si l'on se reporte au texte que Breton lui a consacré en 1934 *(Phare de « la Mariée »)*, n'est-ce pas d'abord une confirmation de cette infranchissable distance entre l'art et le réel qui s'y donne à lire en avertissement : « la transformation de plus en plus nécessaire du monde est

1. C'est nous qui soulignons.

autre que celle qui peut s'opérer sur des toiles»? N'y évoque-t-il pas aussi, pour la déplorer, «la répétition, dans le cadre de l'existence humaine, de la poursuite de certain *idéal* artistique exigeant une application continue incompatible avec une autre forme d'action»? Ce qui, cette fois, commence à nous ramener vers une «forme d'action» beaucoup plus large et englobante que la seule «peinture» ou la seule «littérature», et nous laisse deviner que, pour Breton, l'écriture n'est jamais suffisante. Il faut, au moins ou au plus, qu'elle s'accompagne d'une préoccupation éthique, dont Rimbaud nous fournit le modèle lorsque, ayant pris conscience de sa richesse, il choisit après les *Illuminations* le «refus poussé à l'extrême», la «négation-limite» : le silence. Mais, après ces mises en garde, voici une première approche de *la Mariée :* il est impossible de n'y pas «voir au moins le trophée d'une chasse fabuleuse sur des terres vierges, aux confins de l'érotisme, de la spéculation philosophique, de l'esprit de compétition sportive, des dernières données des sciences, du lyrisme et de l'humour». Remarquons immédiatement que les éléments de cette énumération désignent une série d'attitudes possibles devant la vie, de réactions aux conditions qui sont celles dans lesquelles nous devons vivre quotidiennement.

Le «Grand Verre» de Duchamp figurerait d'après Breton (c'en est d'ailleurs la lecture généralement acceptée, même si elle se complique ensuite d'éléments accessoires, ésotériques par exemple) à la fois un concept et une action : «A vrai dire, nous nous trouvons ici en présence d'une interprétation mécaniste, cynique, du phénomène amoureux : le passage de la femme de l'état de virginité à l'état de non-virginité pris pour thème d'une spéculation foncièrement asentimentale — on dirait d'un être extra-humain s'appliquant à se figurer cette sorte d'opération». Cynisme, asentimentalité, extériorité, autant d'attitudes mentales, autant de positions possibles par rapport à la vie. Peut-être ensuite faudrait-il se demander si Duchamp adhère à de telles attitudes (auquel cas le Verre relèverait d'une interprétation de type psychanalytique, mais celles que l'on en a tentées jusqu'ici sont en général des plus plates) ou si au contraire il ne les évoque, ironiquement, que pour les dénoncer et les tenir à distance (bien que cette seconde hypothèse soit encore récupérable sous l'angle psychanalytique : comme dénégation). De toute façon, c'est la « morale » qui est réapparue. Ce que l'étonnante construction de Duchamp nous donne à voir, bien qu'en apparence très éloigné de la vie (ne serait-ce que par son aspect fragmentaire, son inachèvement définitif, son côté mécanique dont le fonctionnement reste totalement énigmatique), retrouve pourtant cette vie dans ce qu'elle a de plus intime : qu'en est-il de l'amour aujourd'hui? quelles sont ses conditions de réalisation? faut-il admettre qu'il ne soit plus que cette parodie, que l'on dirait construite par quelque ingénieur au cerveau malade? faut-il au contraire lutter pour qu'il ne réalise jamais la sombre prophétie du Grand Verre? Ces questions, Breton les posera par écrit. Duchamp oblige chacun des regardeurs de son œuvre à les poser pour son propre compte et à les lire dans (à partir de) ses dessins (s'il est vrai, comme il l'affirme, que « c'est le regardeur qui fait la peinture »), parce qu'il a réussi à pratiquer une peinture en lisière des concepts[2] par refus de la peinture « rétinienne », exactement comme Breton a réussi à pratiquer une *écriture poétique* en refusant une *écriture banalisée.*

Il faut donc admettre que ce que nous nommons ici écriture poétique échappe à l'idéalisme, et se trouve au contraire branché en permanence sur la vie telle que Breton l'a définie. Esquissons simplement ce rapport, ce point, difficile, devant s'éclaircir progressivement par la lecture des chapitres suivants. Cela signifie que l'écriture telle que la conçoit très tôt Breton (en fait, dès qu'il abandonne les oripeaux symbolistes et découvre l'automatisme) n'est pas séparée du quotidien. Bien sûr, lorsqu'elle a pour tâche de restituer ce qui a déjà eu lieu, elle ne peut que doubler l'événement avec un certain retard, tout comme le plus banal des journaux intimes. Mais, ce qui la distingue du journal

2. Car les concepts ne figurent pas *dans* les peintures, même si les titres y sont inscrits. Kant définissait le beau comme « ce qui plaît universellement sans concept », mais cela ne suffit pas pour faire de Duchamp un kantien, car *la Mariée* n'a pas non plus pour but de plaire, et d'ailleurs elle ne plaît pas — ce qui ne signifie nullement qu'elle déplaît. Il est remarquable que *Phare de « la Mariée »* n'émette aucun jugement esthétique.

intime, c'est qu'elle n'attend pas, en général, que l'aventure soit terminée pour la prendre en charge. Rien de plus révélateur que ceci : un premier fragment de *Nadja* a été publié dans *Commerce* dès l'automne 1927, c'est-à-dire avant que l'aventure fût achevée. Breton n'attend pas que le sens de ce qu'il vit soit fixé pour le confier au texte. Mieux : c'est l'élaboration du texte qui participe à cette fixation progressive du sens, parce que l'écriture, en laissant transparaître le désir, révèle déjà à mots couverts la suite souhaitée par l'acteur. Il y a donc une dialectique de l'écrit et du vécu qui permet au premier de n'être pas en retard sur le second mais l'autorise, dans les cas favorables, à anticiper.

Plus généralement : l'écriture poétique n'a pas d'autre but que d'informer d'abord l'écrivain sur lui-même, de relancer ses désirs les plus profonds. En amenant un sens au jour, elle fait donc tout autre chose qu'instaurer une répétition (renouvelable à chaque lecture) : elle inaugure. C'est dire qu'elle est soumise à l'avenir, et non au passé; à l'avenir, c'est-à-dire aux possibilités d'agencement qu'il offre, aux différentes articulations entre les conditions de la vie et les exigences de la subjectivité (personnelle, mais aussi collective) qu'il laissera ouvertes. L'écriture de Breton, au lieu d'être introspective, se fera systématiquement prospective. Elle participe de cette attitude de guetteur qu'il a définie comme étant en profondeur la sienne. Entre l'errance dans la ville à la recherche d'un regard, d'un signe favorable, et l'errance dans la progression du texte qui s'écrit, il n'y a pas de différence radicale. Dans certains cas, la ville n'est-elle pas comme un texte dont les mots acquièrent une puissance inconnue, où des éléments du paysage urbain appellent, font signe, entraînent à supposer qu'un sens nous attend dans les façades ou les vitrines (« Nantes : peut-être avec Paris la seule ville de France où j'ai l'impression que peut m'arriver quelque chose qui en vaut la peine, où certains regards brûlent par eux-mêmes de trop de feux... où pour moi la cadence de la vie n'est pas la même qu'ailleurs... », *Nadja*), à la façon dont un poème ouvre une zone de sens indéfini où parfois la vie viendra trouver un moule approprié et préparé de longue date (*cf.* dans *Nadja* l'épisode « Bois et Charbons », et, à l'autre bout de la chaîne, le poème *Tournesol*) ?

Ainsi l'écriture ne double pas la vie, elle ne s'en éloigne pas non plus : elle la prépare, elle en constitue l'indispensable complément dialectique. « Lâchez tout », ordonne Breton au moment où il se sépare de Dada, mais c'est encore un texte qui informe (de) cette nécessité d'un abandon généralisé : lâchez tout, sauf l'écriture, si elle vous importe, si vous êtes prêt à l'utiliser pour ses capacités révélatoires, si elle vous paraît constituer le seul moyen de demeurer sensible aux indices majeurs qui font que la vie vaille encore la peine d'être vécue. Autrement dit : l'existence, si elle ne trouve pas à se condenser dans le texte, risque fort de n'être qu'*inarticulée,* elle ne pourra se *fixer,* elle serait condamnée à rester dans une béance des significations, insupportable pour celui qui les quête. Complémentairement, toute écriture qui ne prend pas de tels risques, toute écriture qui ne s'aventure pas, aux périls du scripteur, dans la construction d'un destin en se faisant, selon l'heureuse expression de Julien Gracq, « journal de bord », sera évidemment condamnée avec la plus extrême sévérité par Breton, car elle lui apparaîtra non seulement futile et sans nécessité, mais, ce qui est plus grave, aliénante dans la mesure où elle détournera ses lecteurs de l'aventure qui devrait aussi constituer leur lot. Ainsi en est-il en particulier du roman.

Le roman comme écriture banalisée

On sait que Valéry n'était pas tendre pour le genre romanesque, et Breton rappelle dans le *Premier Manifeste* qu'il proposait ironiquement de composer une anthologie de tous les débuts de romans énonçant des informations du genre « La marquise sortit à cinq heures ». En rédigeant *la Soirée avec Monsieur Teste,* dont Breton a longtemps subi la fascination, Valéry avait d'ailleurs porté à son comble une écriture a-romanesque se détournant de l'anecdote narrative pour ouvrir sur une tentative de connaissance de l'esprit pur.

Les critiques que le *Premier Manifeste* adresse au roman participent d'un procès général intenté à l'esprit réaliste, c'est-à-dire à l'esprit qui se refuse les richesses de l'imagination. Breton admet en effet que l'« abondance des romans » est un symptôme de la prédominance contemporaine de ce détestable esprit réaliste, qui veut si bien garder « les pieds sur terre » que les pieds et eux seuls finissent en effet par boucher tout l'horizon mental. Les romanciers sont d'abord coupables de n'obéir qu'à la loi du moindre effort, « chacun y va de sa petite observation », mais ce fignolage du détail n'apporte rien de sérieux quand il s'agit de résoudre la question du sens général de la vie. Le « caractère circonstantiel, inutilement particulier », de chacune de leurs notations n'aboutit qu'à une accumulation qui brouille toute perspective d'ensemble. Rien, d'autre part, ne les nécessite : leur apparition n'obéit qu'à l'arbitraire de l'écrivain, à moins qu'elles ne soient justifiées par le souci d'assurer une continuité dans la narration, sous prétexte d'une meilleure coïncidence avec la temporalité vécue (souci de réalisme, donc). En fait, peu importe que tel personnage porte une cravate jaune ou verte, et si cela n'a pas d'importance, on ne voit pas pourquoi l'écrivain prétend nous imposer ce genre d'information, ce qui revient à faire perdre son temps au lecteur. Les descriptions romanesques sont en outre étonnamment vides : « superpositions d'images de catalogues » ou de « cartes postales » y succèdent aux « lieux communs » jusqu'à la constitution d'un texte d'une neutralité affligeante. De tels temps morts dans la narration ne représentent finalement rien d'autre que des trous, des moments anesthésiés dans une intrigue : ils n'entraînent chez le lecteur que des bâillements. Qu'avons-nous à faire de telles périodes creuses?

> J'ai de la continuité de la vie une notion trop instable pour égaler aux meilleures mes minutes de dépression, de faiblesse. Je veux qu'on se taise, lorsqu'on cesse de ressentir.
>
> Je ne fais pas état des moments nuls de ma vie... de la part de tout homme il peut être indigne de cristalliser ceux qui lui paraissent tels.

Sous prétexte de description exhaustive, on en vient en effet à accorder de l'importance à ce qui n'en a pas. Ce n'est donc pas seulement l'esthétique qui est ici en cause, c'est, au-delà, les valeurs et la morale. Notons en outre que, pris au sens strict, le projet réaliste est impossible à mener à bien jusqu'au bout : l'écrivain en fait ne peut se priver d'opérer des choix dans le réel qu'il prétend restituer par son texte; il s'installe alors dans une contradiction qui est l'indice de sa malhonnêteté, ou du moins de sa position fausse : prétendant d'un côté respecter l'exubérance des apparences et des événements quotidiens, mais se trouvant contraint d'opérer dans le « réel » des prélèvements limités. La description est ainsi « frappée d'inanité », et l'on sait que Breton lui substituera dans ses récits des séries d'illustrations photographiques.

Autre défaut : en général, « l'ambition des auteurs ne va pas très loin » et ils sont satisfaits lorsqu'ils ont réussi à mettre au point un « style d'information pure et simple ». Breton *(Pour Dada)* affirmait quelques années plus tôt :

> En dépit de ses prétentions, un roman n'a jamais rien prouvé.

Ainsi l'absence d'ambition véritable, la prose timorée, s'accompagne de prétentions. On se demande bien à quoi. D'une manière générale, les partisans du roman traditionnel le défendent en se référant à ses possibilités prétendues sans limites dans le domaine de l'analyse psychologique. Allons-y voir, avec Breton, de plus près : « Quoi qu'il arrive, [le] héros, dont les actions et les réactions sont admirablement prévues, se doit de ne pas déjouer, tout en ayant l'air de les déjouer, les calculs dont il est l'objet ». La volonté toute-puissante du romancier rétablit son arbitraire également dans ce domaine : on fait comme si les personnages étaient dotés d'un caractère équivalent à ceux que le lecteur rencontre dans la vie de tous les jours, alors qu'il n'en est rien puisque les traits psychologiques ne sont choisis qu'en fonction du projet général auquel obéit le roman. Ainsi, les dernières pages déterminent les premières et le lecteur est privé du spectacle d'une liberté véritablement en acte. Au mieux, il n'aura affaire qu'à une démonstration, dont les termes et les postulats lui auront été imposés.

De plus, même si le romancier, grâce à ses prouesses techniques, parvenait à projeter sur la psychologie de ses personnages (et donc de l'homme en général) quelque lumière, quelle en serait la valeur? N'oublions pas que la révolution freudienne a montré que les faits de conscience sont totalement insuffisants pour expliquer en profondeur les raisons d'être de n'importe quel comportement. Conviendrait-il alors de substituer aux descriptions toutes extérieures et superficielles que nous offre la littérature romanesque une analyse quasi psychanalytique? Cela ne ferait qu'empirer les défauts de romans où, déjà, « le désir d'analyse l'emporte sur les sentiments » (et Breton nomme en note « Barrès, Proust »). Pas question pour la littérature de prétendre rivaliser avec la science ou la médecine. Sa vocation, d'après Breton, n'est pas d'illustrer des théories, elle est bien plutôt d'aller de l'avant dans l'exaltation de l'affectivité, de reculer toujours davantage les bornes du pensable. La preuve en est que, lorsque Breton, dans l'« Avant-dire » de 1962 à *Nadja,* rappelle que « le ton adopté pour le récit se calque sur celui de l'observation médicale », on en déduirait en pure perte une prétention à rivaliser avec l'étude médicale d'un « cas Nadja ». Il convient de ne pas confondre le ton et la chanson elle-même, l'observation nue avec l'interprétation : « Il me paraît que tout acte porte en lui-même sa justification, du moins pour qui a été capable de le commettre, qu'il est doué d'un pouvoir rayonnant que la moindre glose est de nature à affaiblir. Du fait même de cette dernière, il cesse même, en quelque sorte, de se produire. Il ne gagne rien à être ainsi distingué » (on vérifiera cela, d'après Breton, en relisant par exemple Stendhal). Que le romancier nous livre des actes ou des sentiments, qu'il se dispense de commentaires et d'interprétations, et peut-être commencera-t-il à nous intéresser.

Heureuses exceptions

On comprendra qu'après des critiques aussi radicales il devienne difficile de parler d'un « roman surréaliste ». Les « romans » auxquels Breton donnera sa caution présenteront toujours un caractère marqué de marginalité par rapport à ce que l'histoire littéraire reconnaît officiellement comme tels (de Mme de Lafayette à...) : de Lewis à Darien ou de Sade à Gracq en passant par Walpole, Maturin ou Huysmans, les « romanciers » avec lesquels il se sent en complicité, d'intentions autant sinon plus que de pensée, partagent au minimum une attitude commune par rapport à la littérature et à la vie. A tous, d'une manière ou d'une autre, est en effet généralisable ce que Breton écrit en 1955 à propos du *Voleur* de Darien : « Il s'agit d'un ouvrage assez captivant pour que les plus rebelles, dont je suis, aux charmes de toute intrigue romanesque — pour eux matière à objection sans fin et guet d'ennui — aient chance de le lire comme j'ai fait, sans désemparer. D'un bout à l'autre on est porté par l'extraordinaire bonheur de l'articulation des idées et des faits, qui garde sous l'impression d'un déroulement naturel, de nécessité *organique,* faisant corps intégralement avec le langage... (Cette œuvre) se situe aux antipodes de la « littérature », au sens où les poètes peuvent l'abhorrer. Elle est le plus rigoureux assaut que je sache contre l'hypocrisie, l'imposture, la sottise, la lâcheté ». C'est dire clairement que, pour Breton, qui redonne sur ce point une nouvelle actualité à la vieille distinction scolaire du fond et de la forme, c'est le contenu qui importe, en dernière analyse, dans un récit. Bien sûr, il ne s'agit pas pour si peu d'écrire n'importe comment. Mais il ne saurait s'agir d'abord d'écrire n'importe quoi, et le style le plus élaboré ne pourra jamais rendre acceptables des idées honnies. L'ambition artistique est « la plus médiocre de toutes ». Et sans doute n'est-elle pas seulement médiocre, mais en plus dangereuse pour l'esprit qui, uniquement obsédé de beauté formelle, risque de négliger les autres domaines de l'existence : c'est alors en effet que l'idéalisme apparaît, comme conséquence de la séparation entre une pratique strictement artistique et la vie en général. Pour Breton, il ne saurait y avoir de valeur authentique dans une œuvre, plastique ou littéraire, qui se réduirait à un strict arrangement formel; rien de plus étranger à sa pensée que l'art pur ou l'art pour l'art; il s'agit d'empêcher la « survivance du signe à la chose signifiée ».

A l'opposé, il ne s'agit pas non plus de chérir la nouveauté pour la nouveauté, même au niveau de ce que dit le texte : une surenchère dans l'inédit semble incompatible avec l'authenticité du « message »; elle n'aboutirait qu'à une accumulation d'éléments à la limite de l'insignifiance. On comprend ainsi que Breton puisse éventuellement faire l'éloge d'une certaine raréfaction des œuvres : si l'on fait abstraction de tous les écrits sans importance, ne constatera-t-on pas que le nombre des textes qui comptent est en somme peu élevé? Textes qui bouleversent, au-delà d'une lecture particulière, la mentalité globale de toutes les lectures possibles, et donc la compréhension que l'homme a de sa propre situation dans le monde, de sa propre existence. De telles révolutions, on ne saurait s'attendre à ce qu'elles soient d'une fréquence élevée, et il y a de surcroît dans tout texte important un versant d'activité négative, un côté par lequel il efface plus qu'il n'apporte, rendant impossible la poursuite de certaines voies de l'écriture, dénonçant leur caducité et leur substituant un autre domaine de la parole, mais de façon si abrupte, ou si radicalement en pointe, que l'exercice de la répétition y apparaît immédiatement impossible.

> Toute l'histoire de la poésie et de l'art n'est-elle pas pour nous fortifier dans la conviction que nous sommes moins sensibles en fin de compte, à ce qu'on nous dit qu'à ce qu'on nous épargne de répéter, par exemple? Il y a diverses manières de répéter, depuis la répétition verbale pure et simple, si malséante, du type « ciel bleu » — dont la rencontre, en ouvrant un livre de poèmes, me dispense, en tout état de cause de prendre connaissance du contexte — en passant, dans l'art, par la répétition du sujet traité, fallacieusement excusée par la manière nouvelle dont on le traite, ou par la répétition de la manière, fallacieusement excusée par la nouveauté du sujet.

Dans ce texte du *Surréalisme et la peinture,* Breton se refère uniquement à des textes poétiques : *les Chimères, les Fleurs du Mal, les Chants de Maldoror,* les *Illuminations,* où l'on rencontre ce type d'« originalité absolue » qui « se compose étroitement, aujourd'hui, avec la rareté ». Mais il semble justifié de généraliser une telle remarque au domaine de la narration en prose : Sade est également unique, ou Darien, ou Huysmans, etc., et il serait parfaitement inutile, autant que grotesque, de prétendre, par exemple, prendre Sade comme modèle d'écriture. Ce serait en effet survaloriser sa forme aux dépens du contenu moral qui seul importe dans l'œuvre du divin Marquis, confondre l'apparence de l'œuvre avec son noyau. Sade « ne *parle,* cela veut dire non seulement qu'il ne s'adresse qu'à, mais encore qu'il n'a chance d'émouvoir, au point d'influencer leur façon de penser et d'agir, que des êtres qualifiés à quelque titre pour atteindre le *contenu latent* de ce qu'il dit ». La signification profonde des textes sadiens demeure latente, tout comme celle des romans gothiques — eux aussi inimitables et rebelles à toute répétition — que Sade, précisément, avait su deviner dans son *Idée sur les romans,* lorsqu'il mettait en relation le bouleversement de la sensibilité qui trouve à s'exprimer dans *le Château d'Otrante* ou les romans d'Ann Radcliffe avec le désir d'une comparable transformation de l'ordre social et politique.

André Thirion a rapidement évoqué les séances de lecture qui eurent lieu dans le groupe surréaliste : « Le choix des lectures dépendait de l'humeur de Breton, de ses découvertes, de ses soucis d'homme ou d'écrivain. En 1929, Huysmans fut à l'honneur avec *les Sœurs Vatard* et *En ménage;* apparurent aussi d'autres livres naturalistes, *les Soirées de Médan* et *la Terre* de Zola ». De tels choix pourraient paraître surprenants : ne semble-t-il pas que Huysmans par exemple, pour ne rien dire de Zola, ait lui-même beaucoup sacrifié aux exigences de la description réaliste? Il ne faut pas oublier cependant que dans les *Entretiens,* Huysmans est cité, en compagnie de Mallarmé et Gustave Moreau, comme l'un de ceux qui « ont pu produire (le) plus *rare* » en poésie et en art : Breton se montre sensible en particulier à la *tenue* de ses textes, que l'on trouve également chez tous les grands symbolistes. Ce qui compte, c'est dans ce cas l'exigence durable de l'expression, l'absence de laisser-aller. Les symbolistes « ne mettaient rien au-dessus de la qualité, de la noblesse d'expression.

Certes, la beauté qu'ils honoraient n'est plus la nôtre et (déjà vers 1920) elle commençait à faire l'impression d'une femme voilée en train de se perdre dans le lointain. Toutefois, grâce à eux, un ensemble de valeurs essentielles étaient préservées, mises à l'abri de toute souillure ». Mises à part les réserves, qui sont dues aussi à la simple chronologie (historiquement, « il était inévitable que le surréalisme s'opposât au symbolisme »), il apparaît que Breton fut sensible à la très grande rigueur commune aux symbolistes, et que l'on rencontre donc chez Huysmans; ce qui l'intéresse dans ce cas, c'est l'attitude intellectuelle d'un écrivain qui ne démissionne pas, qui manifeste la volonté de maintenir sa production à un niveau de qualité suffisante. Bien entendu, il ne saurait être question d'admettre une filiation entre la prose de Huysmans et celle de Breton; mais elles ont au moins en commun une hauteur de ton qui ne trompe pas. D'autre part, dans *les Vases communicants,* Breton évoque le charme très particulier que peuvent posséder les descriptions naturalistes : ce qui lui paraît notable, c'est que, plus la description se veut détaillée, plus elle aboutit à un brouillard où tout se confond, où l'espace quotidien est perturbé, comme dans une ambiance onirique. Par un retournement étrange, on arrive « à l'imprécision complète » :

> J'aime ces descriptions : on y est et on n'y est pas; il y a, paraît-il, tant de pieds d'aspidistra sur le comptoir en faux marbre pas tout à fait blanc et vert; le soir, aux lampes, un pointillé de rosée relie sous un certain angle les échancrures des corsages, où brimbale à perte de vue le même petit crucifix de faux brillants, qui s'évertue à attiser l'éclat du rouge et du rimmel, etc...

La volonté réaliste poussée jusqu'à l'extrême construit ainsi une sorte de trompe-l'œil littéraire, par rapport auquel l'imaginaire retrouve ses droits; l'accumulation des détails submerge l'attention et empêche l'image mentale de se fixer, l'univers évoqué bascule dans un espace incertain d'où les repères sont absents. Un tel résultat n'était peut-être pas celui qu'attendaient les écrivains naturalistes, mais rien n'interdit d'utiliser leurs textes de cette façon, tout comme rien n'interdit d'entrer et de sortir à volonté des salles de cinéma pour pratiquer des collages d'images comme le faisaient Breton et Vaché à Nantes.

Qu'importe le roman?

On a pu affirmer que le roman français moderne s'accomplit à travers le surréalisme, « car, rien qu'en jetant sur ce genre tel qu'il le voyait représenté autour de lui — narratif, réaliste, sans participation vivante à la poésie — un regard et des paroles de mépris, rien qu'en formulant les exigences qu'il eut dû remplir et ne remplissait pas, Breton lui modelait en creux déjà son visage futur » (C. Martineau-Genieys). Il pourra sembler malgré tout que, depuis la condamnation du *Premier Manifeste,* la narration romanesque ne se soit guère modifiée, surtout dans le sens de la poétisation requise. Sans doute les règles du « roman classique » (selon le modèle balzacien) ont-elles été progressivement assouplies : le lecteur exige moins une vraisemblance immédiate, il admet désormais que la chronologie ne soit plus aussi rigoureusement restituable. Toutefois, de Mauriac à Sartre ou Nimier, c'est toujours le même schéma général qui fonctionne, par-delà les apparentes oppositions d'écoles ou les divergences idéologiques. Dans un entretien avec Guy Dumur tenu en 1964, Breton après les réserves de rigueur, (« j'ai déjà trop fait état de mon peu d'appétit devant les œuvres de fiction pour qu'on attende de moi, sur le nouveau roman, un jugement pleinement averti ») confiait : « rien ne m'empêchera de porter intérêt à ce que signent... Jouffroy, en dépit de nos vives dissensions, ... Robbe-Grillet, Sollers ou Butor ». Peut-être en effet est-ce le « nouveau roman » ou du moins certains des ouvrages réunis sous cette appellation, qui répondrait enfin le mieux — si l'on met à part les cas de Julien Gracq, de Mandiargues ou de Jouffroy, toujours très proches, malgré les moments d'éloignement dans le cas du dernier, des choix de Breton — à ce que dessinait en creux le *Premier Manifeste.* Chez Robbe-Grillet par exemple, le souci réaliste est nié dès le départ, et de plus en plus clairement : *les Gommes* et *le Voyeur* ont pu faire penser qu'il s'agissait désormais de décrire un univers déshumanisé et constitué des seuls objets longuement décrits, mais une étude moins superficielle des textes et l'éclairage plus précis que leur ont apporté les romans ultérieurs, montrent que, bien au contraire, ces fameux objets ne sont en aucun cas élaborés de façon durable et que leurs descriptions, même (surtout) très détaillées, introduisent à un univers lui aussi « d'une imprécision complète ». Le lecteur est renvoyé en permanence du côté de l'imaginaire. De plus en plus nettement (*cf. la Maison de rendez-vous* et *Projet pour une révolution à New York*), le travail de Robbe-Grillet consiste à articuler de toutes les façons possibles un nombre restreint d'éléments narratifs ou descriptifs, jusqu'à épuisement des combinaisons concevables, en sorte qu'aucune fiction univoque ne puisse se confirmer en cours de lecture et que l'imagination du lecteur soit sommée d'entrer en jeu pour opérer un choix dans l'ensemble des éléments contradictoires qui lui sont livrés dans un état de disponibilité totale. Ce qui est ainsi accompli est une contamination réciproque de l'imaginaire et du « réel », et Ben F. Stoltzfus (« Alain Robbe-Grillet and the Surrealism », *Modern Language,* mai 1963) n'a pas hésité à en conclure que de telles tentatives pour unir dans un même texte le subjectif et l'objectif réactivaient les « vases communicants » chers à Breton.

Pourtant, Julien Gracq ne s'est pas privé d'ironiser à propos de

> ces curieux romans en zinc qui semblent voués à je ne sais quelle assomption du réverbère, de la lampe Pigeon et du bouton de guêtre, et qui par ailleurs font redescendre par un certain côté à la littérature tout le chemin que la peinture a dû remonter de Meissonnier et de Detaille à Picasso *(Préférences),*

accordant une confiance un peu aveugle aux fameuses descriptions d'objets, et masquant du même coup l'importance du jeu dans les romans en question. Si l'on note d'autre part que Robbe-Grillet prélève de plus en plus clairement ses éléments narratifs dans le stock d'images (mythologiques, publicitaires...) que nous impose le monde quotidien, on peut admettre que son travail correspond à un effort de mise à distance des dites images (par exemple : la mythologie classique et le prétendu miracle de la civilisation grecque dès *les Gommes,* l'érotisme de pacotille, le sadisme commercialisé, l'exotisme, dans *Projet*) et qu'il a donc une portée essentiellement *critique.* Ajoutons enfin que l'humour est omniprésent dans ses textes et l'on admettra que ce genre de littérature puisse paraître moins éloigné qu'il semblait à une première approche des exigences de Breton.

Toutefois, et bien que ce soit avant de développer des arguments exactement opposés aux nôtres pour condamner le « nouveau roman », c'est bien Philippe Audoin qui (dans le n° 5 de *la Brèche*) ramène le problème à un point de vue strictement surréaliste en demandant : « Qu'importe à tout prendre, si le roman se survit en telle ou telle forme? si ses avatars contemporains sont plus ou moins « chosistes » qu'on ne l'a dit? si un humanisme nouveau ou résiduel s'en déduit? Qu'importe, à la fin, *le roman?* ». Car la question n'est pas de savoir si le genre romanesque peut se plier aux exigences de Breton; et, si nous avons un peu longuement insisté sur le cas de Robbe-Grillet, c'est parce qu'il nous semble crucial en ce sens que, au-delà des points d'accord que l'on peut déceler entre ses textes et ce que Breton attend de l'écriture, demeure une différence impossible à combler entre, d'une part, (ce qui *n'*est encore *que*) la littérature, et d'autre part, un projet qui déborde en tous sens la littérature seule et l'oblige, pour participer à la partie engagée, à transformer de fond en comble son sens et sa fonction.

Les marges de l'écriture officielle

Il n'est nullement question chez Breton de faire *progresser* l'écriture. Tout au plus se montrera-t-il soucieux de rendre impossible sa *régression* — ce que serait, par exemple, le retour aux formes fixes et à l'alexandrin. Et si, d'un certain point de vue, on peut considérer l'écriture automatique comme une découverte d'une importance capitale sur le plan de la technique (encore vaudrait-il mieux parler dans ce cas d'une « atechnique » littéraire), Breton a suffisamment laissé entendre que ce n'est pas par là qu'elle l'intéresse : en font preuve les dénonciations répétées d'une dégradation de l'automatisme authentique en moyen pour produire des poncifs. L'automatisme n'a de sens et de portée à ses yeux que s'il est précisément pratiqué indépendamment de toute préoccupation d'ordre littéraire, et il n'est peut-être pas inutile de rappeler une fois encore que *les Champs magnétiques* furent originellement rédigés sans aucun souci de publication. Parmi les exclusions prononcées à la fin du *Second Manifeste,* certaines (et non des moindres du point de vue de l'histoire littéraire) furent bien énoncées à l'encontre d'écrivains coupables de placer toute leur confiance dans l'exercice de la simple littérature et de considérer la production littéraire comme suffisante en elle-même : c'est la même erreur qui motiva la rupture avec Eluard.

Certes, de l'extérieur, rien ne distingue une prose de Breton d'une prose non surréaliste, mais il suffit d'en commencer la lecture pour y percevoir très vite des différences majeures. Les textes de Breton offrent ce caractère paradoxal d'être toujours très précisément datés, et donc situés par rapport à une histoire, tant littéraire que politique ou sociale, et, simultanément, de nous placer dans un espace de lecture qui paraît bien indépendant de la chronologie, y compris dans ce qu'elle a de plus particulier : les éléments de la biographie de Breton qui ne cessent d'y être énoncés. Rarement a-t-on l'impression d'être indifféremment au plus proche de ce que nous confie un écrivain, et à une distance maximale de son aventure, comme si cette dernière se trouvait « miraculeusement » abstraite des contingences de temps et de lieu pour bénéficier immédiatement des caractéristiques de l'universalité et d'une certaine exemplarité. De la sorte, les proses, qu'il s'agisse de *Nadja* ou de *l'Amour fou,* occupent une position *marginale* par rapport à l'histoire littéraire. Marginalité qui ne doit pas évidemment être interprétée comme l'indice d'une infériorité, mais que nous devons au contraire comprendre comme constituant le sous-sol à partir duquel seulement l'histoire est possible. Mais il s'agit là de l'histoire officielle, qui véhicule des normes et des valeurs que Breton n'accepte pas, et qui masque donc ce qu'elle ne peut aisément digérer ou classer, qui refoule les irréductibles... dans ses marges. Breton rejoint ainsi ceux que la conception majoritaire, ou, pour simplifier et recourir à un vocabulaire admis, bourgeoise, ne cesse de censurer, et qui sont justement ceux qu'il a sortis de l'ombre parce qu'il se sentait de connivence avec eux, parce que leurs textes offraient à sa lecture des raisons suffisantes d'exaltation.

On sait bien sur quels écrivains Breton a ainsi attiré l'attention de ses contemporains et des générations futures, mais on n'admet peut-être pas encore suffisamment que les exhumations qu'il a ainsi opérées ont véritablement transformé en profondeur la sensibilité du XXe siècle. Sade et les romans noirs, Lautréamont et Rimbaud, Jarry, Darien, mais aussi les troubadours et les chantres de l'amour courtois, Panizza ou Fourier... Sans doute Breton ne fut-il pas le seul, ni même toujours le premier à exalter leurs œuvres, mais il sut les situer dans l'éclairage requis pour en mieux faire sentir la fascination et les interminables ondes de choc. Tous ont en commun un certain coefficient de marginalité : ils cadrent mal avec l'image reçue de la littérature, on sent bien que trop de choses sont en jeu dans leurs textes pour que seule l'esthétique y trouve sa part. Breton a maintes fois rappelé ce qui les unit par-delà leurs différences et ce qui le lie à leur famille : la triple passion de la liberté, de l'amour et de la poésie. Si le texte n'est pas animé par ces trois causes, il ne mérite pas de retenir l'attention; tout au moins Breton ne lui accordera d'aucune façon la sienne. Le vrai contenu de l'écriture poétique, c'est cette triple quête, en l'absence de quoi on retombe dans la littérature au sens ordinaire.

Lorsque Breton, dans le *Second Manifeste,* réclamera que les surréalistes s'intéressent de très près aux sciences traditionnelles, nous comprenons que dans cette orientation se retrouve le même sentiment de connivence avec tout ce qui demeure souterrain par rapport à l'histoire officielle, qui est celle d'une tyrannie de plus en plus contraignante et stérilisante de la raison étriquée. Contre la vision tronquée du monde qui est celle du rationalisme classique, Fourier,

Sade, s'étaient dressés. Breton ne fait en un sens que reprendre leur lutte en la portant à un point d'effervescence maximale. Il ne s'agit pourtant pas de répétition, ce qui serait en contradiction avec ce que nous avancions plus haut : les moyens intellectuels ont évolué, la percée freudienne a eu lieu, la référence hégélienne s'impose; il faut au contraire admettre que les tentatives de Rimbaud, de Lautréamont, qui furent pourtant les plus outrées de leur époque, n'ont pas suffi pour ébranler la pensée rationnelle et bourgeoise. Le combat doit donc reprendre dans de nouvelles conditions, et, si la poésie ne change pas d'essence [3], ce sont les conditions dans lesquelles elle doit effectuer son offensive qui ont, quant à elles, bien changé. De ce point de vue, la liste d'ancêtres du *Premier Manifeste,* par-delà ses ambiguïtés ironiques, n'a pas pour fonction de fournir des garants à l'aventure surréaliste, en application d'une sorte de principe d'autorité ou de légitimation qui jouerait à partir de quelques noms magiquement consacrés; son objet est bien plutôt de constituer une histoire autre (ce sera aussi l'un des buts de l'*Anthologie de l'humour noir*) qui corrode l'histoire officielle et rende évidente sa partialité.

Importance de l'écrit

On pourrait donc être tenté d'analyser tout ce que Breton doit à ses ancêtres en révolte. Cela aurait simplement le défaut de passer sous silence l'autre aspect, tout aussi important, de son écriture, et qui est ce par quoi elle s'ancre dans les événements contemporains. N'insistant que sur ce qui poursuit chez lui une certaine tradition, on occulterait ce qui constitue sa participation irremplaçable au débat intellectuel du XXe siècle. Ce qui est en revanche notable, c'est la continuité qui existe entre ses différentes proses majeures : dès *Nadja,* les thèmes fondamentaux de l'œuvre

3. D'où, nous semble-t-il, la vacuité d'appellations du type « néo-surréaliste » appliquées par certains groupes d'« avant-garde » aux productions des amis de Breton, surtout depuis la mort de ce dernier — ce qui revient à assimiler le surréalisme à sa personne et prouve une incompréhension radicale de ses positions en même temps qu'une compréhension bien théologique de l'histoire de la pensée.

sont répertoriés, comme en puissance, attendant que la vie elle-même leur donne l'occasion de connaître un plein développement. Et de ce point de vue, *les Vases communicants, l'Amour fou* et *Arcane 17* ne font que lancer à nouveau les mêmes sondes vers l'inconnu, que réitérer certains paris essentiels. Cependant, d'un titre à l'autre, la répartition des attaques se modifie en fonction des circonstances et de l'expérience acquise. Et c'est pourquoi on peut dire aussi bien qu'il n'existe jamais de solution définitive, que la quête est inachevable : l'action du surréalisme doit être également une réaction au monde contemporain, sans quoi elle se perdrait dans un angélisme ou un idéalisme complet. Cette action, pour respecter les conditions mêmes d'une efficacité véritable, doit être soucieuse d'un inlassable réajustement de ses ambitions et de ses exigences à ce qui fait obstacle à leur aboutissement. Le texte fait alors le point sur ce réajustement, en même temps qu'il fixe les objectifs circonstanciés, en fonction des événements de la propre biographie de Breton autant que des modifications de la situation générale. C'est dire que l'écriture de Breton est tendue entre l'affirmation des buts les plus larges et la prise en considération des étroites contraintes que l'existence impose à celui qui lutte pour « la liberté, l'amour, la poésie ».

Cette tension, qui prendra tour à tour et *indifféremment* (car s'il nous paraît artificiel de distinguer chez Breton différents tons, différentes humeurs, il est juste de ressentir dans les variations apparentes de sa prose les changements de l'*angle d'attaque* qu'il adopte en fonction des circonstances) les couleurs de l'exaltation ou du mépris, de l'enthousiasme, de la colère ou de la sérénité, c'est, dans l'écriture, l'équivalent du sentiment intime de la nécessité. Si l'écriture n'est plus un métier, si la littérature est renvoyée au néant, on ne peut écrire que lorsqu'il y va de ce qui est essentiel : chaque ligne répond alors à une sorte d'appel émanant de ce qui, dans l'être, veut vivre. L'exemple de Jacques Vaché a détourné Breton, on le sait, de toute préoccupation étroitement littéraire, mais on peut considérer aussi que la pratique de l'automatisme, par quoi le surréalisme fut inauguré, a confirmé que, en deçà (sur le plan formel) et au-delà (sur le plan du contenu) de l'ordre littéraire, une expression plus radicale demande à être formulée. Breton n'admettra pas d'autres textes que ceux où cette demande trouve, d'une manière ou d'une autre, l'occasion (parfois très ponctuelle : dans de nombreux articles, Breton profite d'une divergence d'opinion sur un point précis pour dépasser rapidement ce qui risque d'apparaître plus tard comme anecdote mineure et porter le débat au niveau des valeurs essentielles du surréalisme; exemple : *Sucre jaune*) de se faire entendre, soit immédiatement par la plongée dans le flux de la pensée non censurée que permet l'écriture automatique, soit de façon plus médiatisée (mais il s'agit alors de contrôler les médiations pour qu'elles ne réintroduisent pas toutes les formes de refoulement) par l'écriture plus « normale » des récits. Une preuve en est dans la comparaison que l'on pourrait établir entre l'écriture des récits et celle de sa correspondance, pour montrer qu'elles obéissent aux mêmes exigences : la correspondance, dans la mesure où elle ne s'adresse au départ qu'à un seul lecteur, abandonne un peu de la rhétorique oratoire qui se rencontre fréquemment dans les récits, la confidence se faisant en quelque sorte à mi-voix, puisque Breton ne vise plus une collectivité de lecteurs possible. Mais on remarquera que l'écriture des lettres est aussi dominée, que la dialectique de l'argumentation, l'alternance des affirmations, des restrictions ou des corrections sont aussi rigoureuses que dans *Nadja* ou *les Vases communicants.* Si l'on compare ce que l'on connaît de la correspondance de Breton avec, par exemple, celle d'un Flaubert, on constate chez Breton l'absence d'écart entre l'écrit public et l'écrit privé et la poursuite d'une même et constante tension. Non parce que Breton aurait soigneusement prévu la publication future de ses lettres (rappelons qu'il a interdit une telle publication pour une durée de cinquante ans après sa mort), mais parce que, dès qu'il recourt à l'écriture pour s'adresser à quelqu'un, que ce quelqu'un soit unique ou multiple, l'écrit, si modeste soit-il, acquiert une importance à ses yeux capitale du seul fait qu'il participe d'un effort de clarification de la pensée, et donc de libération.

Même remarque en ce qui concerne le texte de ses

Entretiens : on a cru pouvoir tirer argument du fait qu'il exigea que les questions lui en fussent transmises à l'avance, afin de pouvoir en rédiger les réponses et donc de n'y rien laisser passer qui pût ultérieurement lui paraître regrettable, pour dénoncer une contradiction entre ce contrôle de ses déclarations et ses éloges (qui seraient dès lors purement théoriques) de la spontanéité. En fait, il n'y eut, dans ce domaine encore, rien d'autre chez Breton que le souci de peser très exactement ce qui serait non seulement entendu, mais *lu,* et qui constituerait donc un élément non négligeable dans les luttes idéologiques des années 50 en même temps qu'un texte indéfiniment consultable. Dès que l'oral est ainsi transformé en écrit, il devient nécessaire que s'y expriment sans ambiguïté les buts poursuivis et la tactique utilisée. En ce sens, les *Entretiens* ont, à trente ans d'écart, la même fonction de reprise en mains que *les Vases communicants.* Que Breton ait intégralement rédigé ses réponses témoigne seulement de son sens aigu de ses responsabilités.

Si nous nous reportons à ses textes critiques, nous vérifierons que le moindre écart par rapport à la ligne de crête que constitue l'écriture lorsqu'elle répond à une authentique nécessité et engage la responsabilité entière de l'écrivain sera sévèrement condamné, que cette « faute » soit décelable au niveau du contenu ou à celui de la forme, véritablement indissociables si le texte est suffisamment motivé : on ne saurait en effet excuser une faiblesse, dans le style ou la pensée, sous prétexte que l'écrivain n'est pas toujours « en forme ». Pourquoi dès lors s'est-il cru obligé d'écrire *quand même?* Et de ce point de vue, les précautions contre toute entreprise visant à récupérer (émonder) l'esprit de révolte peuvent n'être jamais suffisantes : ne voit-on pas Breton reprocher à Rimbaud de n'avoir pas su déjouer à l'avance les interprétations piégées de Claudel?

Pour qui écrivez-vous?

A partir des remarques précédentes, il devient assez facile de repérer les critères auxquels obéit un texte surréaliste : écriture poétique et non banalisée, qui réponde à une nécessité interne et ne sacrifie jamais rien à la gratuité, qui entretienne avec la vie de l'écrivain des rapports, non pas de détachement, mais au contraire de proximité très spéciale, au sens où l'écrit aide à la cristallisation du sens de la vie, écriture qui ne connaisse pas d'autre contrainte que celle provoquée par le souci de l'adéquation la plus précise entre le contenu et la forme, écriture enfin où passe en permanence le sens de la révolte, où se dessine l'ouverture à l'inconnu. Le récit dès lors participera bien de l'attitude du guetteur, de celui qui attend, puisque, « indépendamment de tout ce qui arrive, n'arrive pas, c'est l'attente qui est magnifique ». Il s'agit, en balayant les contraintes du style, de la narration, de la cohérence même *s'il le faut,* de transformer l'acte d'écrire en ouverture au monde et à la vie, en instrument favorisant la disponibilité maximale.

L'automatisme, qui, même si son histoire témoigne finalement d'une « infortune continue », « demeure ce qui a été inventé de mieux pour confondre la vanité littéraire et artistique », a démontré à quelles richesses intérieures, méconnues jusqu'alors parce qu'elles n'avaient pas droit à la parole, cette disponibilité permet d'accéder. De façon qui pourra paraître paradoxale, il constitue le modèle lointain du récit, dont les articulations (ou leur absence) n'obéissent à rien d'autre qu'à une certaine « dictée de la pensée ». La différence réside évidemment en ce que la pensée qui dicte n'est plus la même : inconscient dans *les Champs magnétiques,* mémoire parfaitement consciente, ou même observation quasi immédiate du vécu, dans *Nadja* ou *l'Amour fou.* Reste à savoir si cette différence a une réelle importance.

Dans les deux cas en effet, c'est le désir qui se révèle : soit qu'il traverse plus ou moins symboliquement le texte, soit qu'il émane du travail d'interprétation auquel Breton soumet les données conscientes. L'écriture est toujours révélatrice de ce qui n'est pas encore, des lacunes du passé et du présent — que ces dernières se dessinent en creux par le jeu des phrases automatiques, ou qu'elles soient déduites de ce qu'offre le quotidien —, mais il n'y a peut-être pas entre ces deux modes de révélation toute la différence que l'on croit. N'est-ce pas d'ailleurs une des leçons des *Vases communicants?* Le pari incessant de Breton lorsqu'il écrit, c'est que doit s'esquisser par cette pratique son visage futur.

Un tel choix ne débouche-t-il pas sur un texte en comparaison duquel le premier journal intime venu semblera étonnament modeste, si, quoi qu'il dise, Breton ne parle, en dernière analyse, que de lui seul? Autrement dit : en quoi cette interminable confidence, avec ses alternances de clarté et d'ombre, pourra-t-elle concerner le lecteur que je suis? Dans le même ordre d'idées, la tendance à la discrétion, sinon au secret, décelable lorsque le *Second Manifeste* réclamera « l'occultation du surréalisme », même si elle fut déterminée par les circonstances, n'apparaît-elle pas en contradiction avec les affirmations de certains tracts de l'époque héroïque qui prétendaient que l'automatisme était bien à la portée de toutes les mains et de toutes les plumes?

On connaît la réponse que la mentalité classique apporte à notre première question : parlant de lui, Breton (tout comme Montaigne, Rousseau, Amiel, Gide, etc.) parle de l'homme en général, et donc de moi. Il serait assez paradoxal qu'une solution aussi facile puisse être satisfaisante et que la conciliation entre le moi et l'autre soit aussi rapide. En fait, on devine que cette réintroduction de Breton dans une tradition, tout à fait officielle celle-ci, n'est guère concevable, pour peu que l'on soit sensible à ce que ses textes ont d'unique. Par contre, son rattachement, de signe opposé, aux écrivains dont il a favorisé la redécouverte constitue un fait supplémentaire qui nous oblige à poser la question du public visé par le texte surréaliste, puisque les œuvres sur lesquelles il a ainsi attiré l'attention étaient précisément dédaignées par la majorité des lecteurs, même (surtout?) « cultivés ». Faut-il admettre que la marginalité est une situation indéfiniment renouvelable, et que Breton, finalement, n'a lutté dans ce domaine que pour la constitution, en permanence, d'une minorité favorisée qui sache se soustraire aux contraintes pour goûter les charmes d'une liberté un peu frauduleusement conquise? N'y a-t-il pas au contraire dans ses écrits un appel à l'universalisation de l'expérience (ou de l'expérimentation) surréaliste? Ce n'est qu'après avoir précisé les différents moments de la trajectoire textuelle de Breton que nous pourrons comprendre (*cf.* notre dernier chapitre) comment l'écriture la plus personnelle est aussi, de par son fonctionnement particulier, l'écriture la plus authentiquement universelle, sinon l'universalisation de l'écriture.

> La poésie n'aurait pour moi aucun intérêt si je ne m'attendais pas à ce qu'elle suggère à quelques-uns de mes amis et à moi-même une solution particulière du problème de notre vie.
>
> *Les Pas perdus*

3

Les modes de transformation de l'écriture

La question préalable

A une époque où la critique s'est enfin débarrassée d'un certain nombre de complexes, tous liés à l'invraisemblable ambition d'antan qui consistait à vouloir atteindre la *vérité* intemporelle de l'œuvre, à une époque où une interprétation fonde sa *validité* essentiellement sur la cohérence interne de ses éléments d'explication, les infortunés amateurs du surréalisme risquent de passer pour les survivants d'une espèce disparue, dans la mesure où les textes surréalistes, en particulier ceux de Breton, ont l'air d'exiger une exactitude, une fidélité toute scientifique qu'un Aragon appelait déjà de ses vœux, dans ses années les plus agressives et dans son œuvre la plus virulente, le *Traité du style :*

> Je demande à ce que mes livres soient critiqués avec la dernière rigueur, par des gens qui s'y connaissent et qui sachant la grammaire, et la logique, chercheront sous le pas de mes virgules les poux de ma pensée dans la tête de mon style.

Le liminaire des *Prolégomènes à un Troisième Manifeste ou non* rappelle d'autre part de façon hautaine le refus de Breton de se laisser récupérer, trahir, comme Rimbaud, Freud ou Robespierre, par l'opinion publique, lénifiante et aliénante. Il note avec une cruelle lucidité que chaque fois qu'un grand homme a le malheur d'être vénéré par la « masse », celle-ci altère son enseignement. Le cas de Rimbaud est le plus frappant : dans un mouvement de colère du *Second Manifeste* Breton ira jusqu'à reprocher à l'auteur des *Illuminations* d'avoir permis à la critique catholique de s'infiltrer par quelques failles dans son œuvre [1].

Tous ces avertissements sont quelque peu terrifiants. Par bonheur l'œuvre de Breton est jalonnée d'essais critiques où l'on peut puiser pour tenter d'être fidèle à son esprit. *Flagrant délit* reste le modèle : le 19 mai 1949 *Combat,* dans sa page littéraire, publie un « inédit » de Rimbaud que Breton dénonce immédiatement comme un faux. Cette affaire l'opposera bruyamment à Maurice Nadeau, Pascal Pia et Maurice Saillet qui s'étaient plus ou moins prêtés à la mystification. La victoire de Breton sur tous les mystifiés qui ont acheté *la Chasse spirituelle* et l'ont appréciée par vénération à son auteur, c'est celle de la critique affective sur la lecture érudite, de la compréhension interne d'un texte sur son exégèse externe. L'attaque du poète surréaliste contre M. Bouillane de Lacoste qui fonde son interprétation de la chronologie rimbaldienne sur des tests graphologiques s'explique ainsi [2]. Tirant la morale de cette aventure Breton affirme qu'il faut aimer une œuvre, l'aimer profondément avant de la comprendre, que l'on progresse dans l'intelligibilité peu à peu, que par conséquent plus l'œuvre semble lointaine *a priori,* plus l'émotion et le plaisir de la découverte seront considérables. Le critique, de cette façon seulement, entrera dans l'*organisme* de l'œuvre, s'identifiant à son destin.

Il s'agirait donc d'une critique d'identification absolue, d'une remontée au processus de la création, *par l'intérieur,* d'une remontée du signifié au signifiant, d'une recréation. Ni l'ancienne critique, ni la nouvelle n'offrent de solution miraculeuse à qui veut aborder l'œuvre bretonnienne. Toutefois, pour prendre un exemple éclairant, entre l'édition de

---

1. Ne tient-on pas ici l'exact motif de la condamnation de Carrouges par Breton? Le critique « piégeait » Breton, à partir du moment où il envisageait une conciliation de la foi et du surréalisme.
2. *Cf.* le détail de l'affaire dans J.-L. Bédouin, *Vingt ans de surréalisme.*

l'*Ode à Charles Fourier* préparée par Jean Gaulmier, qui répond aux critères les plus anciens de la critique savante, et l'étude de G. Schaeffer, *Un petit matin de 1937,* qui se présente comme un essai d'appréhension de la poétique de Breton, la seconde a l'avantage de nous emporter dans son dynamisme créateur [3].

Comment saisir ce « sentiment de vie organique » (Breton) qui se dégage de toute œuvre poétique, et qui plus est surréaliste? Nous venons de montrer que l'exemple de Breton peut nous aider à répondre à cette question. Comment communiquer, par la parole, par l'écrit, l'émotion ressentie (sans tomber dans le verbiage des lectures « poétiques » : les lectures que Breton fait des poètes qu'il aime sont toujours claires et précises)? Ici la difficulté s'accroît : l'amoureux qui veut expliquer son amour à autrui tombe soit dans la pornographie, soit dans le lieu commun. Or expliquer l'amour ou commenter la poésie revient à peu près au même puisqu'il y a entre amour et poésie des rapports essentiels : « L'acte de l'amour, au même titre que le tableau ou le poème, se disqualifie si de la part de celui qui s'y livre il ne suppose pas *l'entrée en transe » (Ajours).* Ce qu'il faut trouver, c'est le secret de la lecture *érotique.*

Ne pourrait-ce pas être une lecture dérivant de la lecture du psychanalyste? Non pas à la façon d'une Marie Bonaparte (il y a quelque chose de morbide dans cette dissection des fantasmes qu'elle tue avant de les examiner), mais à la façon dont effectivement l'analyste lit l'analysé, comprend son discours. Refusant le sens premier de ce discours, le fil qu'il prend, il laisse son esprit « flotter » vers son sens véritable, dénouer le fil qui entrelace en profondeur les parties du discours. Comme toute œuvre de fiction, le texte, construit par l'élaboration secondaire, laisse filtrer des processus primaires. A l'analyste de recueillir ces traces. Recueil non volontaire d'ailleurs : c'est l'inconscient de l'analyste qui les saisit. Comme le dit André Green, c'est l'analyste qui devient à ce stade l'analysé du

---

3. Toute une partie du *Surréalisme, Théories, thèmes, techniques* (Larousse, 1971), est consacrée aux essais critiques de Breton sur ses propres œuvres. *Cf.* aussi, au chapitre 6 du présent livre l'étude de *l'Amour fou.*

texte. Son interprétation sera le résultat que l'analyse du texte aura porté sur son propre inconscient. Communiquant son interprétation du texte, l'analyste dévoile en même temps sa propre interprétation, avec toutes les failles et carences de son inconscient qui s'est autant lu dans le texte qu'il ne l'a lu. D'où l'impression qu'il donnera de *délirer.* Mais est-il possible, demande encore A. Green, de *délier* les processus primaires d'un texte sous l'élaboration secondaire, sans se livrer à ce *délire?* Le délire de l'analyste est *vrai* en ce sens qu'il est sa réponse aux *désirs* produits en lui par l'univers fantasmatique du texte.

Communiquer son interprétation d'un texte poétique, surtout surréaliste, c'est toujours communiquer son *délire.* Délire qui fonde une lecture vraiment érotique. Délire qui se justifie dans la mesure où il produit chez le lecteur une sympathie dévoilant une communauté de fantasmes à l'occasion du texte saisi comme lieu de communication entre trois inconscients, ceux de l'auteur, de l'interprète, du lecteur de l'interprète. Sur le plan technique cette conception de la lecture des textes surréalistes suppose la même réconciliation entre psychanalyse et rhétorique que celle qui nous a paru expliquer la cohérence même des produits automatiques. Réconciliation qui s'effectue au niveau des tropes : en effet la structure du langage inconscient fonctionne comme la structure du langage poétique dans la mesure où un signifiant ne renvoie pas au signifié habituel, mais à un autre signifié qu'il recouvre et découvre à la fois. C'est pourquoi l'interprète de textes surréalistes doit se livrer à un décryptage du non-dit du texte, ce non-dit étant l'envers du texte, comme on parle de l'envers d'une étoffe. Toutefois il serait absurde de ramener cette forme d'analyse à un pur exercice de rhétorique classique; les rapports entre le signifié 2 et le signifié 1 ne sont jamais réductibles par un exercice de raisonnement discursif (qui permet, par exemple, de comprendre pourquoi une faucille d'or dans un champ d'étoiles *est* un croissant de lune); les rapports entre ces deux signifiés sont d'ordre symbolique, obéissent au fonctionnement symbolique de l'insconscient. Ainsi quand Breton écrit : « Le jour des Morts, je naissais dans une prairie affreuse parmi les coquillages et les cerfs volants », il faut se référer aux significations symboliques du coquillage (mort et sexe féminin), du cerf (virilité, violence), etc. Il s'agit donc de revenir aux méthodes de la rhétorique, mais non d'en appliquer les schémas de façon mécanique.

Cette procédure semble être la seule qui puisse répondre au vœu double et apparemment contradictoire de Breton qui exige de son commentateur une adhésion sentimentale, émotionnelle, absolument totale, et en même temps un déchiffrement patient. Dans *les Vases communicants,* dans *Position politique du surréalisme,* il appelle à une interprétation lucide des produits automatiques et des récits de rêves. Ces déchiffrements tuent-ils les œuvres? Non, car il est douteux qu'ils puissent être exhaustifs, le continent de l'inconscient d'où ils proviennent n'étant pas près de nous livrer tous ses secrets. D'autre part, le fait d'interpréter est lui-même désir, plaisir de *voyeur.* Enfin la pénétration de l'être poétique, comme la possession de l'être aimé, ne fait qu'augmenter la jouissance, dans la mesure où la finitude de l'acte est constamment dénoncée comme telle par l'infini de l'être pénétré qui nous pénètre, de l'être possédé qui nous possède : « Le désir de comprendre, que je n'ai pas l'intention de nier, a ceci de commun avec les autres désirs que pour durer il demande à être incomplètement satisfait » (Breton, *la Révolution surréaliste,* n° 4).

La mort du « pohète »

Exercice périlleux, mais préalable à toute étude des premiers textes de Breton : comment ses admirations de jeunesse ont-elles effectivement agi sur lui en tant qu'écrivain? Entendons-nous bien : il ne suffit pas de faire le traditionnel relevé des « précurseurs » du surréalisme, mais de définir comment et pourquoi leur influence a fécondé la pensée de Breton, et, à travers lui, le surréalisme.

La célèbre liste d'honneur qui se lit dans le *Premier Manifeste,* avec les réflexions marginales qui l'accompagnent sur Apollinaire, Ducasse et Nerval, fournit un panorama exhaustif de ces influences (en vérité il manque un nom, celui de Valéry : il faudra expliquer cette absence qui est une confidence). Rendons encore hommage à Breton pour son honnêteté intellectuelle : après avoir lutté contre les tendances mallarméennes qui lui ont dicté ses premiers textes, il n'oublie pas en 1924 de préciser la nature du « surréalisme » de Mallarmé. Cette liste, nous la retrouvons pratiquement telle quelle dans *Perspective cavalière,* recueil posthume des derniers essais et entretiens de Breton [4]. Avec cet avantage qu'elle est établie dans l'ordre chronologique des découvertes faites par le jeune poète. Or, nous le voyons, à seize ans, en 1912, admirer Valéry auquel il dédie un sonnet « tout en volutes ». L'accueil généreux du *grand homme* est décisif : « Ses critiques, ses conseils, à propos de menus textes que je lui soumettais, j'en ai fait alors mon profit pour toujours ». C'est surtout l'auteur, ou plutôt le créateur de *M. Teste* qui fascine Breton : il avoue dans les *Entretiens* que ce personnage fut sa première « rencontre », que ses exigences ne se sont pas tues en lui. D'autre part l'érotisme subtil de Valéry le trouble, tandis que l'éblouit le silence volontaire auquel, comme Rimbaud, il s'était alors condamné. Ces relations avec Valéry durèrent des années : Breton y apprit à être difficile envers lui-même, à choisir toujours les hauteurs intellectuelles et morales pour respirer mieux. S'il rompit, ce fut à cause de l'évolution du maître (dont il stigmatise la trahison intellectuelle dans *les Pas perdu*). Pourquoi ce retour aux vers alambiqués de *Charmes?* Pourquoi cette carrière officielle? Jean Laude a raison d'appeler à un approfondissement de ce dialogue Valéry-Breton. En effet de nombreux traits de l'éthique surréaliste sont en germe dans *M. Teste.* D'autre part s'y montre le vœu d'atteindre le fonctionnement réel de la pensée. Enfin le dépit de Breton se lit si bien entre les

---

4. Une autre énumération très importante : celle de la *bibliothèque poétique* proposée à Jacques Doucet, en octobre 1922 (quelques mois après le projet de *bibliothèque idéale*). Etant à fonction privée, cette énumération est moins sectaire et fait davantage place au passé. On y trouve les noms de Dante, Villon, Shakespeare, Racine (pour ses *Cantiques*) Byron (pour *Don Juan*), Chateaubriand, Hugo, Bertrand, Nerval, Baudelaire, Rimbaud, Lautréamont, Cros, Mallarmé, Nouveau, Jarry, Griffin, Ghil, Apollinaire, Cendrars, Reverdy, Tzara, Picabia, Eluard, Soupault, Whitman. Citant cette liste, P.-O Walzer *(Une bibliothèque idéale)* y adjoint les fragments de correspondance de Breton, expliquant que la création d'un mouvement moderne doit toujours s'inscrire dans une évolution qui tienne compte des apports et des failles de la tradition. *Cf.* l'épisode de la notation de Hugo par les Dadas (*le Surréalisme, théories, thèmes techniques,* p. 31).

lignes de sa vie, si l'on peut dire. Pourquoi cette exclusion du *Premier Manifeste?* Pourquoi aussi, après avoir inscrit *Rieuse,* ce sonnet mallarméen écrit à son attention dans *Mont-de-piété,* s'être « vengé » de l'accueil glacial que Valéry fit à *Pour Lafcadio* (1918), poème où d'un seul coup Breton s'émancipe du symbolisme, en lui assénant *Monsieur V.?*

Quoiqu'il y ait certains rapports entre l'attitude de Lafcadio et d'un Jacques Vaché, il ne faut pas croire que Breton allait miser Gide contre Valéry. Gide, c'est pour les surréalistes, le littérateur professionnel, l'individu persuadé qu'il a des messages à transmettre, qui écrit d'abondance pour mieux s'assurer sa place dans la postérité. Ses coquetteries, ses compromissions, ses inconséquences, l'incertitude de son goût le condamnent, encore que son courage politique, moral et même physique force l'estime de Breton qui a su rendre hommage à l'authenticité de son aventure, si étrangère fût-elle à la sienne propre *(cf. Sur André Gide* et *l'Anthologie de l'humour noir).* A travers la présence de Valéry, c'était l'influence de Mallarmé que Breton recherchait. Il écrivait alors des poèmes et proses de forme mallarméenne : « Je dis de *forme* car, du fait de mon inexpérience humaine, encore une fois le fond manquait ». Grâce à une remarque incidente de *Fronton-Virage,* on sait que c'est par hasard, à l'âge de quinze ans, que Breton se laissa « enchanter » par la lecture d'un sonnet de Mallarmé dont il fit alors la découverte. A dix-huit ans il publie ses trois premiers poèmes de cette veine mallarméenne, dans *la Phalange.*

Même si la position finale de Breton peut être considérée comme diamétralement opposée à celle de Mallarmé, celui-ci tendant à abolir le hasard pour reconquérir la totalité de ses pouvoirs, celui-là s'abandonnant au contraire au même hasard pour toucher au secret primordial, il n'en reste pas moins que leurs conceptions sont également prométhéennes, et obéissent aux mêmes principes, comme l'a bien vu Rolland de Renéville :

> A la Conscience absolue que son maître tentait de restituer à l'homme par l'abolition de tout ce qui échappait à son contrôle, Breton tenta de retrouver par la

suppression momentanée du centre de conscience la totalité même de l'esprit. Que ces deux expériences antinomiques dans leurs moyens nous apparaissent se rejoindre dans leurs fins ne fait que manifester la nécessité qui s'attache à une recherche qui prend l'idée et la parole comme guides dans sa marche vers l'unité. *(Situation d'André Breton)*

Des épigones de Mallarmé, en dehors de Valéry, des poètes symbolistes continuant alors de produire, André Breton, dans les *Entretiens* dit beaucoup de bien. Leur souverain mépris des contingences du moment l'emplit de « vénération ». Il dit sans aucune honte l'exaltation qui était la sienne quand un Vielé-Griffin, un René Ghil, un Saint-Pol Roux l'honoraient d'une lettre ou d'un rendez-vous. Il s'en sentait purifié, « dignifié ». A vrai dire, sans avoir tenu les promesses des trois prophètes que furent Mallarmé, Rimbaud et Lautréamont, ces poètes ont maintenu vivante l'idée que l'accès au secret de l'homme, de l'univers, passe par cette opération de grande envergure sur le langage que Breton prendra à son compte de façon systématique. C'est pourquoi, tout en tournant quelque peu en dérision les naïvetés des « fortes têtes mallarméennes », Breton, même dans ses années les plus dures, leur saura gré d'avoir prouvé par leur obstination que la poésie est « art difficile et sacré » (René Ghil). Parmi ces poètes qui ont formé la pensée (et en grande partie le langage poétique) de Breton, Saint-Pol Roux mérite une attention particulière. Il n'est pas seulement le héros du déplorable banquet de 1925. A ses yeux « il demeure, de tous ceux de sa génération, le plus hautement, ou, pour mieux dire, le seul qualifié pour intervenir dans le débat qui nous passionne : ordre ou aventure, raison ou divination, Occident ou Orient, esclavage ou liberté, non-rêve ou rêve » *(le Maître de l'image).* Pour répondre à ces questions Saint-Pol Roux a mis en place « l'élément générateur » par excellence, qu'est *l'image.* Ce terme d'image, Breton l'associe dans ce texte à ceux de « révolution », de « tremblement de terre ».

Puis ce fut la guerre, « ce carnage injustifiable, cette duperie monstrueuse », qui persuade Breton que la parole poétique ne doit pas se contenter de charmer, mais se doit d'intervenir dans l'ordre du monde. Une rencontre à haute tension allait précipiter l'évolution de Breton : celle de Jacques Vaché. « Vaché est surréaliste en moi. » Comment mieux dire le caractère à la fois unique et ineffable de cet événement dans la vie de Breton? Celui-ci lui consacre deux essais dans *les Pas perdus,* élucidant son humour si étrange, illustrant son sens de l'insolite, de l'éperdu, de l'insubordination absolue. Il le remercie de lui avoir évité de devenir un *pohète,* d'avoir secoué ses admirations, de lui avoir appris comment déserter à l'intérieur de soi-même. Il décrit les bizarreries de son comportement avec la précision et l'amour que l'on met à parler d'un texte que l'on aime. Car le dandysme de Vaché écrit un poème dans l'espace, dans le temps. Sa vie est un poème, justifie l'insertion de son nom dans la liste du *Manifeste.*

Evitons de simplifier : Breton ne cherche pas à s'identifier à son ami, dans cette année 1916; il n'adopte pas toutes ses idées. Bien au contraire, on le voit s'initier alors à l'œuvre de Rimbaud que Vaché exècre. Celui-ci l'a obligé à réviser son échelle de valeurs, le dirige à son insu vers Dada et les manifestations de l'Esprit nouveau, le détourne des symbolistes de la veine mallarméenne vers le terroriste du symbolisme qu'est Alfred Jarry. Dès janvier 1918, Breton, dans une lettre à Rachilde, exprime son estime pour l'œuvre de Jarry que Vaché lui a fait comprendre. Un an plus tard il publie sur lui une étude (reprise dans *les Pas perdus*) où il insiste sur le fait que Jarry a conformé son existence au modèle du père Ubu. Comme Vaché il a su faire de sa vie son œuvre magistrale. L'éthique précède l'esthétique, lui prête et sa substance et sa validité. Plus tard Breton reviendra, dans *Caractères de l'évolution moderne,* sur cet éloge, mais modérément, alors qu'il attaquera vigoureusement Apollinaire. Jarry avait comme Vaché le sens de l'inutilité théâtrale de tout, le comble en ce domaine étant la création de la Pataphysique dont le propre est « d'être une façade... sans rien derrière ». Ce qui recoupe la formule de Vaché : « Il est dans l'essence des symboles d'être symboliques. » Notons au passage que si cette conception aboutit au spectacle pour le spectacle, au scandale pour le scandale des Dadas, elle se révèle, par ses fruits mêmes, pour ce qu'elle est dans le destin de Breton : une tentation, une table rase.

Comme l'écrit N. Arnaud, « il faut beaucoup de choses à Breton derrière la façade ». De Jarry part toute la réflexion de Breton sur l'humour objectif. Le grand sphinx noir et négateur du surréalisme en face du grand sphinx blanc et triomphateur, le hasard objectif.

Cette influence de Jacques Vaché, rappelle Breton,

> était loin de me soustraire à celles, passablement contradictoires mais finalement conjugables sur le plan poétique, de Valéry et d'Apollinaire. Je cherchais à trouver mon chemin entre eux. [...] Ce qui me subjuguait chez Apollinaire, c'est qu'il allait prendre ses matériaux dans la rue, qu'il parvenait à dignifier, pour peu qu'il s'avisât de les assembler en poèmes, jusqu'à des bribes de conversation.

De mai 1916 jusqu'à sa mort, Apollinaire reçut presque quotidiennement la visite de son jeune interlocuteur, fasciné par le mythe qu'il incarnait, par sa refonte permanente de ses moyens, par sa lutte contre les poncifs. « Il fut un 'voyant' considérable » *(Entretiens).* Mais son comportement pendant la guerre et surtout la faiblesse du manifeste *l'Esprit nouveau et les poètes* font grandir la suspicion chez Breton déjà inquiété par les tentations nationalistes de son aîné : on peut voir nettement cet écart se creuser de 1917 à 1922 en comparant l'article admiratif intitulé *Guillaume Apollinaire* et les *Caractères de l'évolution moderne* (dans *les Pas perdus*). L'homme qui avait pressenti la force du désir, qui avait proclamé la proximité de l'érotisme et du mysticisme, qui avait approfondi l'esthétique de l'insolite, n'était-il pas finalement un littérateur professionnel, un « spécialiste »? Le démiurge de la modernité n'aurait-il été que le prestidigitateur des nouveautés? En 1954, Breton lui conférera le titre de *prophète* qui, en tous ses sens, est celui qui lui convient le mieux par rapport à l'histoire de la poésie en ce siècle. Il est intéressant de voir, dans les *Caractères,* Breton opposer la laxité d'Apollinaire à la rigueur de Reverdy qui, hors du circuit littéraire mondain, « parle à mots couverts de ce que personne ne sait ». Breton admire comment sous sa plume le mot naît « à une existence figurée jusqu'à se perdre dans l'indéfini ». Cette formule annonce le grand hommage du *Premier Manifeste* où la définition de l'image surréaliste est empruntée au théoricien le plus exigeant de la génération. Toutefois Breton lui reprochera de limiter abusivement son univers et de ne pas dépasser ses préoccupations néo-cubistes. Notons pourtant que, contrairement à celle d'Apollinaire, l'influence de Reverdy est restée toujours vivace chez Breton et constitue une des forces de son génie. Il faudrait distinguer chez le poète surréaliste les « rencontres » qui l'ont profondément troublé à une époque déterminée, qui l'ont poussé hors de lui-même et fait évoluer, et les « influences » qui ont favorisé l'essor d'une des tendances de sa personnalité : Reverdy est de celles-ci.

En 1916, trois découvertes : Vaché, Apollinaire et Rimbaud. Sans la troisième, et sans celle qu'il fera, deux ans plus tard, de Lautréamont, Breton n'aurait certes pas façonné le surréalisme comme il le fera. A Nantes, il s'imprègne de la modernité rimbaldienne. La voyance, l'alchimie du verbe répondent à la quête passionnée que même les sarcasmes de Vaché, les prudents conseils de Valéry ne sauront détourner. Dans la *Réponse à l'enquête* du *Figaro* sur l'avenir de la poésie française, reproduite dans *les Pas perdus,* Breton n'associe pas par hasard les noms de Lautréamont et de Rimbaud. D'abord, tous deux n'ont pas fait profession d'écrire : leur attitude d'hommes « laisse loin leurs mérites d'écrivains », elle est leur véritable chef-d'œuvre. Cette appréciation se conclut sur cet aveu : « La poésie n'aurait pour moi aucun intérêt, si je ne m'attendais pas à ce qu'elle suggère à quelques-uns de mes amis et à moi-même une solution particulière du problème de notre vie. » Remarque qui résume assez bien la conception que Breton se fait de la poésie dans les années 20, et qui explique ses enthousiasmes temporaires mais absolus, ses non moins violents rejets, quand il sent qu'une nouvelle étape en lui-même est dépassée. La « sympathie » émotionnelle joue un rôle essentiel chez lui : il se conduit envers les œuvres de ses aînés comme il se comportera envers les membres du groupe surréaliste. L'adhésion et l'exclusion... Avec la découverte de Lautréamont qui synthétise en son œuvre l'humour, la rhétorique, le lyrisme (et l'anti-lyrisme), l'alchimie verbale, la transfiguration sous toutes ses formes, Breton achève sa formation personnelle. Désormais les aventures intellectuelles, spirituelles, se feront en groupe, mais l'acquis fondamental est constitué. Isidore Ducasse aura enseigné au futur chef du surréalisme que la poésie est le refuge de ceux qui croient à l'impossible, que la contradiction qui inquiète les logiciens est féconde, annonce la résolution des principaux problèmes humains, que la métaphore est plus enrichissante que le raisonnement discursif, qu'il n'est pas d'action poétique hors d'une subversion du langage. A cette formation « littéraire » il convient bien sûr d'ajouter la formation scientifique qui à cette époque se confond avec la découverte de la thérapeutique psychanalytique. L'écriture automatique de 1919 montre que la synthèse entre ces deux formations vient de se réaliser.

Le surréalisme en gestation

Le premier recueil, *Mont-de-piété* (1919), est naturellement parcouru de toutes ces influences. On sait que dans les éditions ultérieures Breton supprimera ses poèmes mallarméens, ne gardant que ceux qui révèlent sa volonté de libération, c'est-à-dire neuf sur quinze. Mais même dans *Forêt noire* qu'il met six mois à écrire, et qui en un langage sybillin d'apparence cubiste met en scène un épisode de la vie de Rimbaud, il n'atteint pas son objectif : ce poème a beau se présenter comme une énigme qui sollicite du lecteur la patience du détective, le non-dit du texte étant bien plus important que le dit, il n'en reste pas moins un exercice d'école [5]. Les deux derniers textes *une maison peu solide* et *le Corset mystère* semblent cependant déjà obéir à une poétique plus personnelle. Dans le premier, une prose, on voit le gardien d'un immeuble, portant le nom d'Apollinaire (tous les poèmes de *Mont-de-piété,* qui porte ainsi bien son nom, sont d'une façon ou d'une autre dédiés aux poètes que Breton a admirés dans les années antérieures), sauver un jeune enfant, nommé Lespoir et âgé de 7 ans (l'âge de

5. On se reportera à la précieuse exégèse de ce texte par Henri Pastoureau dans son étude *Des influences dans la poésie présurréaliste d'André Breton* (*André Breton,* La Baconnière).

raison), de l'effondrement de l'immeuble (situé comme, par hasard, rue des Martyrs). Apollinaire paye de sa vie ce geste de courage : à vrai dire, la construction, entreprise en dépit de toutes les règles du bon sens, menaçait depuis longtemps de s'écrouler, comme si le seul plaisir de la nouveauté avait animé ses bâtisseurs imprudents. Apollinaire n'a-t-il pas bâti ainsi la poésie moderne, sans plan, sans ordre, sans théorie? Ce gardien de l'art moderne (qui a bien mérité d'obtenir la médaille du travail comme ce gardien d'immeuble) ne pouvait qu'être la victime de ses candides fantaisies. Cet art de la parabole dont Breton fait preuve ici, on se demandera s'il ne constitue pas un trait fondamental de sa poétique en clair-obscur. Et si l'on s'interroge sur ce qui apparente ces deux textes à ceux qui les précèdent, c'est-à-dire sur l'unité du recueil, on retrouvera ce qui fonde l'interrogation poétique de Breton : le problème du langage. La suggestion mallarméenne, l'ellipse cubiste, le langage décalé de la parabole, le métalangage correspondent à la même obsession centrale : quels sont les rapports de causalité, de finalité entre ce qui est, ce que je dis, ce que je pense? Dada apportera quelques réponses à Breton.

Dans les premières pages d'*Arcane 17,* Breton relate un souvenir d'enfance : « la détente, l'exaltation et la fierté » que lui causa dans un cimetière la découverte d'un monument funéraire où ces simples mots : NI DIEU NI MAITRE, étaient gravés. Toujours un drapeau noir s'est mêlé, dans le cœur du poète, aux reflets du drapeau rouge. L'idée de la liberté désire parfois être aimée *à la folie...* L'homme qui veut dispenser aux autres le meilleur de lui-même doit s'offrir en holocauste. C'est dans cet esprit que nous voyons le jeune écrivain de 1919, pétri de toutes les influences avant-gardistes de son temps, ayant déjà découvert l'écriture automatique, c'est-à-dire le surréalisme, se baigner dans le bain de jouvence dadaïste, car il s'agit rien de moins que de retrouver une certaine *jeunesse* en se débarrassant du bagage culturel dont *Mont-de-piété* est surchargé.

C'est d'ailleurs le sentiment d'insatisfaction qu'il éprouve devant cette plaquette, comme celui qu'il ressent devant la création de la revue *Littérature,* qui le pousse à entretenir durant l'année 1919 une correspondance fournie avec Tristan Tzara, dans lequel il semble bien avoir recherché l'image de Jacques Vaché, mort après l'absorption d'une trop forte dose d'opium. Le 17 janvier 1920, Tzara s'installe à Paris. Breton a fait dans sa vie deux récits de son aventure dadaïste. Le premier est involontaire : il s'agit du recueil d'articles et essais, *les Pas perdus,* qui sont contemporains des événements. Le second se présente comme la mise en forme définitive : bien évidemment, les *Entretiens.*

Dans *les Pas perdus* on trouve : *Deux Manifestes Dada, Pour Dada, Après Dada, Lâchez tout, Clairement, Caractères de l'évolution moderne,* autrement dit : l'exaltation, la déception (et la rupture), la théorisation; schéma typiquement bretonien. Dada, c'est un état d'esprit, écrit Breton, dans son premier manifeste Dada, le refus de tous les dogmes : la morale, le goût. C'est le doute absolu jeté sur tout, la négation de la logique, condition *sine qua non* de la liberté absolue. A partir de ces principes s'élabore une sorte d'anti-théorie dont *Pour Dada* (malgré ses obscurités) donne assez bien l'idée : l'auteur s'y livre à une table rase de toutes les connaissances établies, de la littérature qui se donne comme finalité la communication de ces connaissances. Il présente d'autre part le groupe comme la rencontre hasardeuse d'individus que surtout lient leurs différences. Depuis Descartes tout le monde sait qu'on ne peut reconstruire que là où l'on a fait l'expérience de la destruction : *Après Dada* insiste bien sur l'aspect éphémère de l'épisode dadaïste chez les surréalistes. En dehors des oppositions personnelles entre Tzara et Breton, deux faits sont plus significatifs : Breton refuse la « commodité » de vivre dans une anarchie plus ou moins mondaine qui confère à Dada une image où il ne se reconnaît pas; il précise que son activité intellectuelle est orientée par la *recherche* du « lieu et de la formule », par l'exploration des idées. Ce qui s'éclaire dans le texte suivant (de 1922) où se trouvent des définitions purement surréalistes, comme celle-ci, inspirée de Hegel : « On se fait de nos jours une idée de la précipitation de toute chose en son contraire et de la solution de tous deux en une seule catégorie, celle-ci conciliable elle-même avec le terme initial et ainsi de suite jusqu'à ce que l'esprit parvienne à l'idée absolue, conciliation de toutes les oppositions et unité de toutes les catégories. » Ceci signifie qu'aucune idée ne peut en soi atteindre la vérité, mais aussi que c'est moins dans leur subversion que dans leur contradiction qu'il sera nécessaire de se frayer désormais un chemin. Le but de Breton est affirmé de la façon la plus nette dans le texte intitulé *Clairement :* après le dadaïsme qui a eu le mérite de maintenir certains esprits (les créateurs historiques du surréalisme) « dans cet état de disponibilité parfaite », ceux-ci n'ont plus qu'à s'« éloigner avec lucidité vers ce qui [les] réclame. » Les *Caractères de l'évolution moderne* proposent un bilan de deux années d'anarchie. Breton y explique sa rupture avec Dada et, avec de nombreux exemples (ceux de Picasso, Max Ernst, Picabia, Duchamp, Man Ray, Reverdy, Aragon, Eluard, Péret), essaie de caractériser la modernité post-apollinarienne : la contestation de l'antinomie de la raison et des sens, la panique de l'intelligence, l'exploration de soi, l'approfondissement de la voyance, la célébration de l'imagination (« Pour Ducasse l'imagination n'est plus cette petite sœur abstraite qui saute à la corde dans un square; vous l'avez assise sur vos genoux et vous avez lu dans ses yeux votre perdition »), les intuitions prophétiques, la force de l'humour. Le bilan, Breton l'établit trente ans plus tard dans ses entretiens avec André Parinaud. L'abondance des précisions n'empêche pas qu'une mise au point vienne situer exactement les rapports entre Dada et le surréalisme [6] :

> Il est donc inexact et chronologiquement abusif de présenter le surréalisme comme un mouvement issu de dada ou d'y voir le redressement de dada sur le plan constructif. La vérité est que, dans *Littérature,* aussi bien que dans les revues dada proprement dites, textes surréalistes et dada offriront une continuelle alternance. [...] Dada et le surréalisme — même si ce dernier n'est

6. Rien de plus dérisoire que les querelles sur la date d'apparition de tel ou tel thème chez Breton, Tzara ou quelque autre. Il est vrai que Breton n'a pas échappé à ces disputes assez misérables. Constatons seulement que ni sur le plan éthique, ni sur le plan linguistique, ni sur le plan philosophique le surréalisme n'est dada. En revanche il fait sa crise de maturité à travers Dada, à la façon dont l'esprit de révolution trouve le sens de sa *responsabilité* en se distinguant de l'esprit de révolte, d'où il sort décanté.

encore qu'en puissance — ne peuvent se concevoir que corrélativement, à la façon de deux vagues dont tour à tour chacune va recouvrir l'autre .

Il est probable que les rapports entre les deux mouvements s'éclairciraient, si on les plaçait dans une perspective socio-historique. Dada est du côté de tous les mouvements d'insurrection qui ont succédé à la guerre, insurrection totale qui répond à la brutalité du massacre. Le surréalisme, lui, appartient au champ révolutionnaire moderne qui n'en est qu'à ses débuts, celui de la Révolution espagnole, celui que domine la figure de Trotsky.

Enfin la formation de Breton a-t-elle été influencée par les rencontres qu'il fit d'Aragon, d'Eluard, de Soupault, etc...? Etrangement on le voit placer très haut les peintres (Picabia, Duchamp, Max Ernst), alors que, dès le début, le ton envers ses amis écrivains ou poètes est assez paternaliste. Il se moque avec une certaine outrecuidance des lectures d'Aragon, il n'apprécie leurs productions que dans la mesure où ils suivent sa propre évolution (et ceci bien avant le *Premier Manifeste*). Même s'il admet les découvertes d'autrui, celles-ci doivent passer par sa codification personnelle. Il régnera sur la Centrale surréaliste, sur les revues. Les différents Manifestes — surtout le second — attribueront des certificats de bonne conduite surréaliste et éterniseront les exclusions, assaisonnées d'injures devenues célèbres. Selon quel critère est-on ou non surréaliste, d'après Breton? Il s'en explique clairement devant les étudiants de Yale en 1942. S'exclut lui-même du groupe surréaliste tout artiste *ayant démérité de la liberté.* On peut démériter de la liberté en revenant aux formes fixes, en s'inscrivant à un parti totalitaire, en s'asservissant à l'argent... On a souri de cette tyrannie de la liberté qu'imposait Breton à ses amis. On oublie trop que sa métamorphose a été pénible, comme toute conquête sur soi-même menée jusqu'à son terme. Il a l'impression de jouer pour lui et pour ses amis une partie *sérieuse,* peut-être décisive. Le sort de l'homme, éventuellement le sort du monde est engagé. Aussi la cohérence du groupe ne peut-elle être assurée que par la dépendance de ses membres à une autorité qu'incarne, avec l'assentiment de tous, la personne du « pape », sans laquelle chacun irait satisfaire ses tendances personnelles, choisissant de « faire carrière » dans l'art, la littérature, la politique, etc... Alexandrian voit en lui un anti-père, c'est-à-dire quelqu'un qui, contrairement au père (dont la fonction est d'imposer des devoirs), revendique des droits. Il aurait ainsi succédé à Gide et précédé Sartre. Opposé au pontificat sous toutes ses formes, à la religion du travail et au culte de la science, il réapprenait aux hommes à *jouer,* c'est-à-dire à redevenir eux-mêmes. Opposé aux formes et aux autorités du passé, il faisait confiance aux apports des nouvelles générations. Il se voulait le lieu de rencontre des courants novateurs de son époque. Peut-être ses amis (ou ses disciples) se détachaient-ils de lui lorsqu'ils avaient accompli pour eux-mêmes, en eux-mêmes, la métamorphose qu'il connut lui-même entre 1913 et 1922 et qui permit au petit grimaud mallarméen de devenir André Breton. Les initiés refont le chemin qu'a fait l'initiateur. Le psychanalyste a, lui aussi, été analysé.

« Les champs magnétiques »

Expérimentant le principe selon lequel « la vitesse de la pensée n'est pas supérieure à celle de la parole, et ne défie pas forcément la langue, ni même la plume qui court », Breton propose à Philippe Soupault, en 1919, de rédiger sans plan préconçu, en toute liberté, sans ratures ni remords, un ouvrage où leur imagination, lancée à bride abattue, s'affranchirait de tout souci littéraire. Malgré les vices de construction, les défauts du produit, l'ouvrage les projette, pendant les quinze jours de sa rédaction, dans un état de plaisir et d'enthousiasme exceptionnel, non sans que quelques signes d'angoisse se profilent à l'horizon : c'est le tribut qu'il faut payer, à qui tente de toucher aux « limites » de l'interdit, aux frontières de l'Inconscient.

En dehors du texte de base, *Secrets de l'art magique surréaliste* (in *Premier Manifeste*), Breton [7] s'est à différentes

7. En particulier dans ses notes intitulées *En marge des « Champs magnétiques »,* in *Change,* nº 7, Le Seuil, 1970.

reprises expliqué sur son état d'esprit lors de cette tentative. Ainsi on lit dans les *Entretiens :* « Nous vivons à ce moment dans l'euphorie, presque dans l'ivresse de la découverte. Nous sommes dans la situation de qui vient de mettre au jour le filon précieux » et « Pour obvier à une monotonie indéniable, très tôt nous avons été portés à varier les vitesses de captation du message, depuis l'écriture à peu près *posée* jusqu'à celle assez rapide pour pouvoir tout juste se relire. » Ces deux remarques sont extrêmement importantes pour entreprendre une lecture des *Champs.* De texte en texte, le processus de la découverte se dévoile, au point que l'on pourrait affirmer que *les Champs* sont le roman de la découverte de l'écriture automatique. C'est un langage sur la mise à jour d'un nouveau type de langage. Quant aux phénomènes de vitesse, ils expliquent en grande partie la différence de lisibilité et d'opacité des textes qui composent le livre archétypal du surréalisme. Cet ouvrage est le journal d'un inventeur, et non le produit de ses recherches [8].

Suzanne Bernard, s'appuyant sur une citation du *Manifeste* où Breton signale que l'absurdité immédiate du produit automatique cède à un examen quelque peu approfondi, a raison de relever des degrés d'incohérence très différents dans cet ensemble. Certains textes s'organisant en histoires de construction traditionnelle, d'autres sont des évocations lyriques, d'autres reconstituent, à la manière de Rimbaud, un paysage mental à partir d'impressions sensorielles, associées, simultanées. Enfin S. Bernard relève des « compilations dadaïstes » (ne craignant pas ainsi l'anachronisme), comme : *« Suintement cathédrale vertébré*

---

8. Les *Souvenirs* de Philippe Soupault (*N.R.F.,* avril 1967) sur ces journées « historiques » du surréalisme permettent de mieux saisir le sens qu'eut cette aventure dans la vie personnelle de Breton. Inquiet, fébrile, tendu, celui-ci semble avoir l'intuition de jouer une partie vitale. D'où le sentiment de libération qui l'envahit, l'expérience terminée. Le rire l'emporte chez lui sur toute autre réaction. Peut-être vient-il de réussir ce qu'à travers Vaché il essayait d'obtenir : la mort en lui du « pohète », de Mallarmé, de Valéry. Cette rupture se double du désaccord assez dramatique qui l'oppose alors à ses parents (lesquels auraient souhaité qu'il continuât sa médecine). Tous les souvenirs d'enfance qui abondent dans *les Champs* n'indiquent-ils pas une liquidation de ce côté-là aussi?

supérieur ». Ce qui est un commentaire étrange d'une image assez claire :

a) Le contexte justifie le terme « cathédrale ». Il est question d'un *dieu* qui vient d'apparaître et de *disparaître* tout à la fois.

b) Avec un peu d'imagination, on conçoit assez bien qu'une cathédrale avec sa nef, ses ogives, ses voûtes *ressemble* à un vertébré de grande taille (« supérieur »). Ce rapprochement a en outre l'avantage d'insister sur le caractère squelettique, fossilisé de la religion : on se croirait au Muséum d'histoire naturelle.

c) Avec une simple substitution de lettre, *Suintement* devient *Saintement...* Même idée dépréciative de la religion, mais aussi corrélation avec une autre notation du contexte. Le dieu dont il s'agit est « né des embrassements fortuits des mondes délayés ».

d) L'image est reprise un peu plus loin sous une forme légèrement différente : « une église de homard ».

Il faut prendre au sérieux ce que dit Breton sur le déchiffrement des textes surréalistes. *Les Champs magnétiques* sont un gibier de choix : les auto-corrections involontaires qui altéreront l'authenticité des textes ultérieurs y jouent un moindre rôle.

Les Champs magnétiques comptent neuf sections, dont voici le panorama :

1. *La glace sans tain*[9]. Comme « Poisson soluble » plus tard, ce titre abroge la nature même de l'objet qu'il prétend citer. Une glace sans tain est une vitre. Langage symbolique, mais clair : fini le plaisir de se mirer dans la poésie. Il faut, comme Alice, passer à travers le miroir (en faire une vitre) pour *voir.* Ce premier texte est un art poétique, comme l'annonce son titre : à l'émerveillement facile (d'Apollinaire) devant la vie quotidienne, aux fleurs rares et aux paysages extraordinaires du symbolisme, à la vaine chevauchée rimbaldienne à travers le monde, à l'albatros de Baudelaire, au cygne de Mallarmé, même à la tentative maldororienne,

9. Un tableau de Matisse porte aussi ce nom.

les deux amis opposent la découverte vertigineuse de l'écriture automatique qui ouvre sur des horizons si effrayants que leurs propres compagnons ne peuvent les comprendre. « La fenêtre creusée dans notre chair s'ouvre sur notre cœur ». Ils se moquent d'avance de ceux qui leur reprocheront de se laisser « emporter par leurs imaginations fiévreuses ». Leurs détracteurs se contentant de « tirer du mâchefer les verroteries qui apprivoisent certaines peuplades », méprisent les oiseaux des grands espaces. Aneries qui font rire Breton et Soupault : « Je ris, tu ris, nous rions aux larmes en élevant le ver que les ouvriers veulent tuer ». Calembour moins facile qu'il ne paraît : *le ver = le verre,* mais non seulement le verre pour boire. Ils élèvent le verre (la vitre) que les ouvriers (les faux poètes) veulent recouvrir de tain, et ainsi tuer (on retrouve le thème du *verre* dans cette *verroterie* tirée du mâchefer); *le ver = le vers,* c'est-à-dire qu'ils sauvent la poésie, en l'élevant au-dessus des manipulations des fabricateurs.

2. *Saisons.* Rêverie automatique, plus qu'écriture automatique. Des souvenirs d'enfance s'égrènent, s'associant de façon imprévisible et libre. Après le premier texte qui faisait le point sur la situation intellectuelle des deux poètes en 1919, un retour aux miracles simples de l'enfance (et à ses fantasmes). Les souvenirs scolaires, les vacances, les promenades avec les parents : un monde où le souvenir et le rêve se mêlent.

3. *Eclipses.* Dans le texte précédent, les dernières pages présentent un degré d'incohérence beaucoup plus net que tout ce qui précède : l'automatisme avec son efflorescence sauvage et baroque apparaît. Le procédé s'affirme ici. « Simplicités des lunes anciennes, vous êtes de savants mystères pour nos yeux injectés de lieux communs ». Ce qu'il y a de plus simple, de plus ancien — les vieilles lunes — n'est plus perceptible à nos yeux aveuglés qui ne voient qu'*éclipses* là où elles rayonnent. L'écriture automatique ne pourra-t-elle pas dessiller nos yeux, tourner notre regard vers notre inconscient *éclipsé* par notre conscience? Nous verrons alors le monde tel qu'il est, avec ses cycles de destruction et de résurrection, ses abîmes apocalyptiques et ses promesses de l'âge d'or. Tout le texte est une grandiose

évocation de ces métamorphoses cosmiques : alors que les villes sur la montagne sont habitées par la joie, les vallées regorgent de fumée, les murs sont pollués d'ordures; dans le feu et l'incendie, les éléments se déchirent; puis la vie reprend autour de l'homme ressuscité, une vie éthérée, lumineuse : « Les planètes s'approchaient à pas de loup et des silences obscurs peuplaient les étoiles. Les collines s'entourent des moindres lenteurs. Il ne reste plus sur les marais que les souvenirs des vols ». Mais l'âge d'or est à son tour menacé. Le monde dans la fureur de la guerre se désagrège à nouveau. Les croiseurs remplacent les régates. Les explosions déforment Paris. Débandade universelle qui atteint même le monde animal. Les ours blancs se préparent pour le bal, les singes enlèvent les femmes, les éléphants et les lions franchissent les mers, les crocodiles récupèrent leur peau dont on a fait des valises...

4. *En 80 jours.* Bien entendu il s'agit d'un voyage. Le texte commence d'ailleurs par le *départ* d'un voyageur qui, après avoir quitté maison, serviteurs et animaux domestiques, s'en va errer sur les routes. Mais les pays exotiques le déçoivent, il préfère ses voyages intérieurs. A l'intérieur de sa tête, il perçoit des « insectes musclés qui parcouraient d'un vol les méandres de ses hémisphères cérébraux ». Aucun paysage n'étanchant sa soif de nouveauté, un ennui mortel le saisit (comme Rimbaud?) : « J'ai vendu des crimes et des larmes inodores, j'ai trafiqué avec orgueil et j'ai soif encore. » Il se réfugie finalement à Paris, dans l'appartement d'un ami qui, avec des allures d'alchimiste, lui enseigne un langage jamais ouï : « Des paroles passaient : c'était un vol triangulaire et furtif : il n'y avait donc plus rien à faire, qu'à marcher sans but; les asiles d'aliénés sont peuplés de ces fragments de rêves qui conduisent les hommes devant un mur inexistant. [...] Les mots tombaient, entraînant tous nos élans dans leur chute. » Cette fable des deux alchimistes se livrant à la recréation du Verbe ne peut être plus claire... « Mais le vent avait ouvert toutes grandes les portes et ils se précipitèrent dans la nuit d'argile. Ils voyaient au-delà des brouillards [...]. A la lisière des sapinaies lapidées dans les souterrains retrouvés, les yeux s'habituent à cette lumière rigoureuse. » Ce récit de voyage intérieur a même une

conclusion qui en résume toute l'idée : la poésie ne se trouve ni dans l'exotisme baudelairien, ni dans les poncifs éculés (« Les clairières des forêts maritimes et des ports connus sont trop parfumées »), mais dans les sables de l'inconscient et sur les routes nouvelles qu'aucun véhicule n'aura encore frayées : « Un fossé sablonneux, une route sans ornières abritent les plus grandes pensées. »

Ce que l'on sait de Soupault à cette époque, désabusé de la « vieillerie poétique », *très grand admirateur des voyageurs,* comme le note Breton dans les *Entretiens* (« Il aimait, sans grand discernement, tous les voyageurs — Rimbaud, peut-être en grande partie à ce titre, le Valery Larbaud de *Barnabooth,* le Cendrars du *Transsibérien* qu'il connaissait personnellement et qui lui avait découvert Arthur Cravan »), autorise certainement une interprétation complémentaire : n'est-ce pas un résumé de son itinéraire poétique jusqu'à sa rencontre avec Breton et leur expérience de magnétisme verbal?

5. *Barrières.* Ce texte est composé de cinq séries de dialogues, qui comptent de deux à quatre pages. On reconnaît fréquemment à leur ton, à leurs sentences, les deux « alchimistes » du verbe dont on vient de nous décrire la rencontre [10] :

— Premier dialogue : il débute sur des notations de distance, de séparation. Les deux hommes marchent sur un trottoir différent. Au premier qui a foi dans la force de sa mémoire le second répond qu'il faut surtout regarder le présent et l'avenir : « Les souvenirs les meilleurs sont les plus courts et, si vous m'en croyez, regardez les rages bousculées de ces peintres en bâtiment ». Une maxime : « Tout est à refaire ».

— Second dialogue : les « histoires de brigands » qui

10. *Cf. Manifeste :* à propos de *Barrières,* Breton écrit : « Chacun [des deux interlocuteurs] poursuit simplement son soliloque, sans chercher à en tirer un plaisir dialectique particulier et à en imposer le moins du monde à son voisin. Les propos tenus n'ont pas, comme d'ordinaire, pour but le développement d'une thèse, aussi négligeable qu'on voudra, ils sont aussi désaffectés que possible [...]. Les mots, les images ne s'offrent que comme tremplins à l'esprit de celui qui écoute ». Importantes remarques techniques, certes, mais qui n'excluent pas que *du sens* se réintroduise à l'insu des émetteurs.

enchantaient autrefois sont dépassées. La poésie moderne qui a été annoncée par un mystérieux jeune homme (ressemblant fort à Jacques Vaché) fait appel à de nouveaux codes (« la chanson télégraphique », « l'équation mathématique ») : une destination inconnue s'ouvre aux poètes. Comme dans le dialogue précédent l'un des deux interlocuteurs veut entraîner son compagnon hors des ornières de l'habitude.

— Troisième dialogue : pour s'ouvrir à l'avenir, il faut d'abord échapper aux mots d'ordre de *la loi.* D'où les évocations de malfaiteur poursuivi, d'évadé évitant les embûches. Le poète lui est semblable : « Il va plus vite que les mots les plus brefs. Je sais que derrière nous on ne peut que pâlir de frayeur. »

— Quatrième dialogue : lassitude, énervement. L'imagination en action a des effets corrosifs sur la réalité qui a tendance à se métamorphoser de façon inquiétante. Les fonds marins exercent un attrait irrésistible sur les deux promeneurs.

— Cinquième dialogue : « Il nous faut assurément établir un autre ordre », en le fondant sur le libre exercice de la pensée. « Les engrenages des prières naturelles laissent à notre esprit une grande liberté. » Mais les dangers de la récupération littéraire ne s'effacent pas : « Méfiez-vous des tableaux et des dessins ». La lumière de la nouvelle poésie peut être prostituée : « La lumière que vous absorbez vous rongera les poumons et votre habit sera taché de sang ». Enfin la culture revendiquera son tribut : « Un vieillard, c'est-à-dire la bibliothèque, me marchera sur le pied. »

Ces dialogues semblent définir les principales difficultés éthiques qui font obstacle au développement de la poésie moderne : thèmes qui se trouvent aussi dans *les Pas perdus.* Malgré le degré d'incohérence immédiate qui est bien plus grand dans ces échanges que dans les textes précédents, l'ensemble reste, en gros, compréhensible, d'autant plus qu'un des interlocuteurs prend volontiers un ton sentencieux, tentant de ramener son ami, à plus de *sérieux.* « Barrières » : ce sont les barrières qui doivent être renversées pour que l'affranchissement du langage (enfin réalisé dans le texte suivant) soit complet. Au terme de la démarche, quand l'écriture automatique sera vraiment « découverte », Breton et Soupault, comme le photographe, pourront enfin s'exclamer : « Ne bougeons plus! »

6. *Ne bougeons plus.* Une dizaine de pages réparties en historiettes, en aphorismes, en maximes déconcertantes, et en formules fulgurantes concentrées sur une image. Quatre textes (de dix à trente lignes) sont précédés de titres : *Hôtels, Trains, Lune de miel, Usine.* Il n'est pas possible de suivre un fil discursif, si ténu soit-il, entre ces éléments. En revanche les thèmes présentent une remarquable cohésion. Dès les premières lignes sont célébrés le renouveau du printemps, les fiançailles, la joie. Malgré les obstacles des contraintes sociales, les fantômes menaçants qui hantent les paysages hostiles, l'amour sera victorieux : « L'amour au fond des bois luit comme une grande bougie. » C'est encore l'amour qui illuminera l'un des plus beaux de ces textes, *Lune de miel :*

> A quoi tiennent les inclinations réciproques? Il y a des jalousies plus touchantes les unes que les autres. La rivalité d'une femme et d'un livre, je me promène volontiers dans cette obscurité. Le doigt sur la tempe n'est pas le canon d'un revolver. Je crois que nous nous écoutions penser mais le machinal « A rien » qui est le plus fier de nos refus n'eut pas à être prononcé de tout ce voyage de noces. Moins haut que les astres il n'y a rien à regarder fixement. Dans quelque train que ce soit, il est dangereux de se pencher par la portière. Les stations étaient clairement réparties sur un golfe. La mer qui pour l'œil humain n'est jamais si belle que le ciel ne nous quittait pas. Au fond de nos yeux se perdaient de jolis calculs orientés vers l'avenir comme ceux des prisons.

Enfin après l'adieu qui clôt le texte, notons ce conseil qui pourrait bien être la « morale » de l'expérience : « Ne dérangez pas le génie planteur de racines blanches, mes terminaisons nerveuses sous terre ». N'y aurait-il pas ici l'intuition qu'en communiquant avec ses propres profondeurs, le poète participe aussi du magnétisme cosmique, du système nerveux de l'univers? De même qu'ils se sont ouverts à la passion à travers l'écriture, les poètes se seraient sentis en contact avec cette Unité perdue, ce Point suprême qui fascinera par la suite les surréalistes. Se ressent de toute façon, dans cette partie des *Champs,* une soif d'absolu qui semble d'ailleurs dicter aux deux auteurs des remarques ironiques comme : « La volonté de Dieu ne dépasse pas 4 810 mètres en France, altitude prise au-dessus du niveau de la mer ». Qu'est-ce que ce Mont-Blanc en face de la poésie? Enthousiasmés par les fragments de continent perdu qu'ils viennent de découvrir, Breton et Soupault désirent plus que jamais rompre avec le vieux monde, mais éviter aussi les évasions faciles : les perles du désir pur se trouvent non dans le laisser-aller de la rêverie, mais au terme de l'ascèse.

— 7,8,9 *Gants blancs, La pagure dit.* « Un homme descend les marches du sommeil et s'aperçoit qu'il pleut ». Il rencontre un autre homme à la recherche de bonheurs inhabituels. « Leurs yeux se donnent des flammes soufrées et longtemps ils parlent de leurs merveilleux cris. » Ensemble ils font des calculs de distances et de probabilités. Ils s'amusent en retrouvant des proverbes ou des dictons. Mais « ils découvraient rarement un astre rouge comme un crime lointain ou une étoile de mer ». Ils sont attentifs à tout ce qui est difficile à saisir comme ces bernard-l'ermite qui sortent de temps à autre une pince de leur coquillage pour attraper ce qui passe à leur portée. « Le faux col qui est en quelque sorte la bouche de ces coquillages livre passage à une grosse pince dorée qui saisit quand on ne la regarde pas les plus jolis reflets de la vitrine ». Les deux amis sont deux bernard-l'ermite, c'est-à-dire deux pagures qui plongent dans la mer de l'inconscient avec leurs gants blancs, leurs pinces. *Gants blancs* est donc un texte-pivot qui annonce la double série de textes automatiques que « les pinces » des pagures auront saisis : 20 poèmes en deux salves (il y a en effet deux pagures)[11].

Après cette gerbe (de textes assez inégaux), une indication : « La fin de tout ». Fin du livre, fin de l'expérience. Fin de la littérature? Il faut aussi penser à l'expression

---

11. Seule la première salve est de la plume de Breton.

désabusée : « C'est la fin de tout ! », qui serait certainement celle de lecteurs déroutés par les fantaisies des deux poètes.

Après cette fin, encore un encadré (« André Breton et Philippe Soupault, Bois et Charbons ») et une dédicace à Vaché dont l'ombre plane en effet sur l'ensemble des *Champs,* comme si cet archange était venu guider Breton dans ses moments d'hésitation, donnant au livre une épaisseur dramatique : Vaché vient en effet de mourir, et il paraît constamment *parler* à Breton à travers l'écriture automatique. Ce dialogue avec l'invisible estompe le dialogue (finalement assez médiocre) avec Soupault qui, bien malgré lui, a joué les faire-valoir. Une lecture attentive permet souvent d'entendre la voix de Breton monologuer : il s'entretient avec « l'autre » qui est en lui et avec « l'autre » qui est mort.

Les mises au point du « Premier Manifeste »

De Dada au *Premier Manifeste* les événements et les rencontres se sont multipliés dans la vie de Breton. Pour simple mémoire, rappelons les principaux faits : le procès Barrès, l'échec du Congrès de Paris, la conférence sur les Caractères de l'évolution moderne, l'abondance et la qualité des adhésions au surréalisme (d'avant la lettre) : Max Ernst, Péret, etc..., l'approfondissement de la psychanalyse et de la parapsychologie, les expériences de sommeil hypnotique, les prises de position contre la logique, la morale et le goût traditionnels, la poursuite des expériences automatiques par les membres du groupe [12].

Avant le *Manifeste* qui fera connaître au public le sens général de l'activité surréaliste et ses multiples ressources, Breton a publié l'*Introduction au discours sur le peu de réalité* (septembre 1924) qui est plus qu'une première mouture du *Manifeste.* Réflexion intime qui précède le défi public, ce discours crispé, parfois obscur, exprime le problème existentiel de Breton : son impression de ne pas adhérer à la réalité, de sentir l'irréel poindre à tous les

---

12. *Cf. Entretiens,* p. 63 sqq.

défauts du réel, d'être lui-même pénétré d'autres êtres qui le hantent. Seule issue, loin de cet écroulement du monde, de soi, qui l'angoisse, la poésie ou l'amour, car dans ces deux univers se reconstitue, par la force du désir et de l'imaginaire, un monde *autre,* absolu, indubitable, enfin vivable. La poésie est une « mystification », et « de l'ordre le plus grave » :

> Elle montre de nos jours des exigences si particulières. Voyez le cas qu'elle fait du possible, et cet amour de l'invraisemblable. Ce qui est, ce qui pourrait être, que cela lui paraît insuffisant! Nature, elle nie tes règnes; choses, que lui importent vos propriétés? Elle ne connaît de répit tant qu'elle n'a pas porté sur tout l'univers sa main négativiste.

Si elle peut jeter un discrédit sur le réel, la poésie le doit aux vertus de l'imagination et aux facultés combinatoires de la langue en liberté :

> Qu'est-ce qui me retient de brouiller l'ordre des mots, d'attenter de cette manière à l'existence toute apparente des choses?

Pour brouiller l'ordre des mots, un outil, l'*Image.* Ce n'est pas un hasard si le Manifeste est construit *autour* de la définition de Reverdy. Elle constitue le point d'aboutissement de la recherche entreprise de façon toute intuitive dans les *Champs,* précisée sur le plan « philosophique » dans le *Discours,* profilée à travers les deux grands recueils contemporains *Clair de terre* (1923) et *Poisson soluble* (1924). Dans le *Manifeste,* où il montre que la fécondité de l'image se dévoile dans l'hallucination, la folie et le rêve, Breton avoue qu'il ne comprit pas tout de suite, à cause de ses préjugés mallarméens, la définition de Reverdy. C'est la découverte de l'écriture automatique qui en éclaira à ses yeux le sens profond : la première phrase automatique qui « cogna à la vitre » prit la forme d'une image : « Il y a un homme coupé en deux par la fenêtre ». Désormais la théorie surréaliste de l'image sera indissociable de l'automatisme.

Ainsi, pour Breton, une image forte ne peut se

préméditer, se préparer de longue main. Elle s'impose à l'esprit avec la même prégnance que les images de l'opium. L'esprit ne saisit pas les rapports de deux réalités en présence. « C'est du rapprochement en quelque sorte fortuit des deux termes qu'a jailli une lumière particulière, *lumière de l'image,* à laquelle nous nous montrons infiniment sensibles. » L'authenticité de ces images se mesurera à la puissance de leur emprise sur les esprits :

> L'esprit se convainc peu à peu de la réalité suprême de ces images. Se bornant d'abord à les subir, il s'aperçoit bientôt qu'elles flattent sa raison, augmentent d'autant sa connaissance. Il prend conscience des étendues illimitées où se manifestent ses désirs, où le pour et le contre se réduisent sans cesse, où son obscurité ne le trahit pas.

Breton, entre les innombrables images surréalistes, préfère celles qui présentent « le degré d'arbitraire le plus élevé » : il propose dans le *Manifeste* quelques éléments importants de typologie et fournit des exemples. On retiendra qu'il s'attache surtout aux images les plus (apparemment) irréductibles, ou les plus fuyantes à la réduction discursive. Puis il tire quelques conclusions : en déconcertant l'esprit, l'image le remet dans « le *droit chemin* », le replonge dans la vie exaltante de l'imaginaire où se déroule la meilleure part de l'enfance, lui fournit les armes de son indépendance [13]. Dans les textes ultérieurs, de nouvelles précisions sont apportées. La fréquentation de la peinture éclaire le poète sur les techniques (en particulier le collage) qui favorisent l'impression de dépaysement : ainsi rendant compte de *la Femme cent têtes* de Max Ernst (1929), il montre comment en détournant les objets et les signes de leur sens habituel, le peintre crée un univers merveilleux où tous les éléments semblent entretenir de mystérieux rapports. « Tout

13. A propos de Reverdy : traditionnellement on ne reprend que la phrase célèbre citée par Breton. C'est toute sa poétique qu'il faudrait étudier pour en apprécier les analogies avec celle des surréalistes : discontinuité de la phrase poétique, structure kaléidoscopique ou polyphonique du poème, vertu créatrice de l'image, puissance du rêve, supériorité de l'imaginaire sur le réel, génie de l'émotion, etc...

dépend de notre pouvoir d'*hallucination volontaire »,* écrit-il encore à propos de Dali (1929).

Il revient aussi fréquemment sur la valeur libératrice de l'écartèlement de la réalité par ces détournements sémantiques que sont les images. D'abord toute idée nouvelle (y compris l'hypothèse scientifique) lui paraît fille de la surprise. En effet rien d'inconnu ne peut surgir si on se borne à user des processus habituels de la pensée. Breton aime les navigateurs qui comme Christophe Colomb, *découvrent* une partie cachée de la réalité, en formulant une hypothèse *absurde,* c'est-à-dire, au sens propre, *discordante.* Le Nouveau Monde sera la *réalisation* d'une image poétique : « En certaines images, il y a déjà l'amorce d'un tremblement de terre » *(le Maître d'image)*[14]. D'autre part, toute idée nouvelle, créant le « désordre » par le fait même de sa nouveauté, est en soi révolutionnaire. Aussi Breton peut-il écrire que « c'est par la force des images que, par la suite des temps, pourraient bien s'accomplir les *vraies* révolutions » *(ibid).*

Il devra toutefois admettre que le terme *image* est bien vague. *Signe ascendant* (1947) établira d'utiles distinctions. Partant de sa conception cryptogrammatique de l'univers, Breton privilégie *l'analogie* sur le plan des catégories rhétoriques.

> L'analogie poétique a ceci de commun avec l'analogie mystique qu'elle transgresse les lois de la déduction pour faire appréhender à l'esprit l'interdépendance de deux objets de pensée situés sur des plans différents, entre lesquels le fonctionnement logique de l'esprit n'est apte à jeter aucun pont et s'oppose *a priori* à ce que toute espèce de pont soit jeté.

A côté de l'analogie, Breton — qui au passage exprime tout

14. Important aspect technique. Citant un texte du Magnifique sur la danse, Breton remarque : « Ce vertige, pour moi, n'est comparable qu'à celui de l'amour. » On peut se demander si, plus que la beauté intrinsèque d'une image fixe, ce n'est pas davantage la succession des images, et leur vitesse de succession, ainsi que la complexité de leurs angles d'attaque qui émeuvent Breton. A partir de l'incipit générateur s'ébranle une série d'images hallucinatoires constituant un réseau inextricable de correspondances dont il se sent l'heureux prisonnier.

son mépris pour les autres figures « que persiste à énumérer la rhétorique »[15] — cite l'intérêt de la comparaison et de la métaphore. Le mot *comme* (qu'il soit prononcé ou *tu,* c'est-à-dire qu'il s'agisse d'une vraie comparaison ou d'une métaphore[16]) lui paraît le mot le plus exaltant de la langue française, le mot *donc* le plus dégradant.

On s'est parfois étonné de voir Breton « ajouter » un aspect éthique à sa définition de l'analogie. L'image analogique « se meut, entre les deux réalités en présence, dans un sens déterminé, *qui n'est aucunement réversible.* De la première de ces réalités à la seconde, elle marque une tension vitale tournée au possible vers la santé, le plaisir, la quiétude, la grâce rendue, les usages consentis. Elle a pour ennemis mortels le dépréciatif et le dépressif. » C'est une conséquence logique de l'idéologie bretonienne selon laquelle « ce qui s'oppose est d'accord avec soi » *(les Vases communicants).* Gérard Legrand, s'appuyant sur Hegel, en fait la démonstration : « La synthèse admet un coefficient supérieur, un surcroît de conscience de la conscience, qui résulte du conflit « père de toutes choses ». Elle n'est pas seulement descriptive, mais créatrice, et du sein de l'immanence jaillit le chant transcendantal, quand l'homme saisit l'Absolu dans son irréductible duplicité » (« Le surréalisme est-il une philosophie? » *Le surréalisme même,* n° 1).

La poétique surréaliste et les poéticiens

Dès que la critique essaie de saisir le texte surréaliste, on est étonné de voir surgir sous les meilleures plumes, par exemple celle de Philippe Jacottet, des discours d'une décevante

---

15. Ironie du sort, un grand nombre d'études (ou de thèses) sur la poésie surréaliste s'intéressent spécialement à sa rhétorique. Breton, curieux pourtant de toutes les approches « scientifiques » de son œuvre, semble avoir négligé cet aspect. Il faut avouer que ses propos sur ce sujet sont assez vagues.

16. Dans *Du surréalisme en ses œuvres vives,* Breton écrit que « la métaphore... laisse loin derrière elle l'analogie ». Mais le terme d'analogie est pris ici dans un sens particulier, renvoyant à la théorie et aux méthodes de Fourier. Aussi l'affirmation de Marc Eigeldinger selon laquelle Breton a toujours considéré que la métaphore était supérieure à l'analogie, nous semble erronée. On lit dans *Signe ascendant :* [la métaphore et la comparaison] constituent le *véhicule interchangeable* de la poussée analogique.

généralité : relevés de thèmes, impressions de lecture, etc... Roger Caillois, lui, condamne ce qu'il ne peut comprendre : « J'admets que la force de l'image croisse avec l'éloignement des termes, mais je pose en principe que le rapport doit continuer d'être reconnu. » Autrement dit, tout ce qui outrepasse les facultés conceptuelles de Roger Caillois n'est plus poétique.

Les travaux des linguistes et des poéticiens sont plus satisfaisants, même si leurs analyses se limitent à des descriptions. Michael Riffaterre a ainsi donné un important article sur « La métaphore filée dans la poésie surréaliste » (*Langue française,* sept. 1969, nº 3). Il pose pour principe que les images surréalistes ne paraissent obscures et gratuites que parce qu'elles sont lues isolément. Situées dans leur contexte, elles deviennent aisément explicables, si l'on veut bien tenir compte de toutes les associations qui les entourent et les justifient. A l'intérieur du microcosme du poème s'impose une logique originale dont la métaphore filée est l'élément générateur : « La métaphore filée constitue typiquement un code spécial, puisque les images qui la composent n'ont de sens, individuellement comme en groupe, qu'en fonction de la première d'entre elles. » Une métaphore filée se définit elle-même comme une série de métaphores unies par la syntaxe et le sens, « chacune exprimant un aspect particulier d'un tout, chose ou concept, que représente la première métaphore de la série ». Ce qui distingue la métaphore surréaliste de la métaphore traditionnelle est que la marge d'acceptabilité entre la teneur et le véhicule de la métaphore primaire s'est considérablement élargie, et que le déroulement des métaphores dérivées s'effectue en dehors des règles logiques habituelles, l'automatisme favorisant en particulier toutes sortes d'associations au niveau des signifiants, sans tenir grand compte des signifiés qui leur répondent. D'autre part la fonction des conjonctifs change radicalement, car au lieu d'être employés à des fins d'affirmation ou de démonstration, ils relient des termes sans raison particulière, soulignant ainsi, par jeu, l'existence implicite de points communs entre véhicules et teneurs conçus jusque-là sans rapport visible. Par habitude, l'esprit tentera d'établir une relation sémantique entre des termes que la structure métaphorique a réunis. « Toutes les caractéristiques propres à la métaphore filée surréaliste ont ceci en commun qu'elles remplacent la fonction référentielle du langage par une *référence à la forme* même du message linguistique », écrit M. Riffaterre.

Cet emploi particulier du langage explique le désarroi des commentateurs se réfugiant dans les grandes classes générales : le fantastique, le rêve, l'ardeur, l'éphémère. Ils ne peuvent *suivre* un texte, en rationaliser la lecture. Désarroi d'autant plus grand que même la métaphore primaire est arbitraire, que le non-référentiel est donc à la naissance du système. Exercice de langage où les mots n'ont rien d'autre à faire qu'à se refléter les uns les autres. Cependant le degré de gratuité de l'incipit n'est pas toujours aussi grand qu'il paraît. « La métaphore primaire peut être perçue comme la transformation d'une forme connue : dès lors, en vertu du rôle de la métaphore primaire comme clef du code spécial qu'elle engendre, cette transformation devient un indice de permutation qui affecte semblablement toutes les dérivées ». Ainsi, par exemple : *Le doux fer rouge de l'aurore / Rend la vue aux aveugles* (Eluard), s'élucide, si on y perçoit l'antiphrase : il est admis communément que « le fer rouge ôte la vue aux voyants », donc il est concevable que « le *doux* fer rouge rende la vue aux aveugles ». Ces retournements semblent être un des principaux moyens stylistiques du surréalisme (ce qui expliquerait en effet mieux la fascination exercée par Lautréamont sur Breton). Ils jettent aussi une lumière sur le plaisir éprouvé par le lecteur soudain dépaysé, mis en présence d'un monde innocent, à refaire, originel.

Constatant que les définitions traditionnelles de l'image sont naïves et floues, que les classifications généralement proposées sont aussi confuses que leurs critères d'appréciation, Henri Meschonnic *(Pour la poétique,* 1970*)* explique que tant d'obscurité n'a guère jusqu'ici permis d'apprécier vraiment l'originalité de l'image surréaliste. L'analogie surréaliste « est plus vaste que l'analogie aristotélicienne, romantique, symboliste. Non seulement elle est plus logiquement compréhensive, incluant la différence et la contradiction, et n'est plus comprise comme ornement (elle ne vise ni la clarté, ni l'agrément, ni la surprise pour elle-même), mais elle est création de la fable, rencontre littérale, rencontre et littéralité... Un rapport nouveau entre la figure et son sens, entre le langage et son utilisation, transfigurent l'espace tropologique connu »[17]. Le travail effectué par les surréalistes n'est pas un travail *sur* le langage, mais *dans* le langage. A travers lui, c'est l'ordre de l'univers qui est en cause : « Le poème désensibilise l'univers au seul profit des facultés humaines, permet à l'homme de voir autrement, d'autres choses. Son ancienne vision est morte, ou fausse. Il découvre un nouveau monde, il devient un nouvel homme » (Eluard). S'ils se méfient de la rhétorique comme esthétique de la langue, les surréalistes ne l'excluent pas comme « morale » : « cette Anti-Rhétorique est une conscience extrême de la responsabilité, des pouvoirs de la rhétorique. » Elle fonde la littéralité et la « métaphysique » surréalistes. Meschonnic note enfin que la sémantique et la logique moderne justifient la définition surréaliste de la métaphore, conçue comme création. Il propose comme cadre de recherche une étude concrète des œuvres, qui permette de reconnaître leur mode particulier de discursivité, leur pente métaphorique. Enfin il rappelle utilement qu'une œuvre est « objet et sujet, fermée comme système, ouverte à l'intérieur d'elle-même comme créativité, et au-dehors comme lecture ».

Les poèmes en 1924 : « Clair de terre »

Clair de terre, qui date de 1923, débute avec la rédaction de cinq rêves, et compte ensuite 25 textes, proses et poèmes (dans l'édition Poésie/Gallimard). Ces textes écrits pendant la dernière phase de formation du surréalisme sont de différents genres selon Alain Bosquet qui distingue dans ce recueil des « poèmes proprement dits, [des] poèmes en prose plus ou moins apparentés à des récits de rêves,

17. L'aspect non formalisable de la poésie surréaliste explique aussi, selon Meschonnic, que la réflexion formaliste et rhétorique se détourne prudemment d'elle.

[des] jeux typographiques tels que le mot *Ile* disposé en caractères d'affiche sur toute la longueur de la page, et [des] fragments divers, pour bien marquer que le livre peut aussi s'accompagner de corps étrangers, telle que cette page d'annuaire téléphonique qui aligne tous les Breton domiciliés à Paris. » Ces deux dernières catégories sont des séquelles futuristes selon Bosquet qui constate d'autre part que dans les poèmes l'image explosive « n'est pas encore mûre », la désintégration des éléments se produisant, mais non leur point de réintégration. De même, l'écriture automatique « capte tout ce qu'elle trouve sur son passage, le déréglement des sens étant acquis, mais non point encore l'aimantation dans une direction précise, au détriment de toutes les autres ». Ces restrictions entraînent Bosquet à préférer les récits de rêve, où le sens du merveilleux bretonien (intuition du hasard objectif, vertige de la rencontre) nous séduit, aux poèmes trop secs, trop impérieux. C'est sous-estimer, à notre avis, la nouveauté des poèmes qui ne se contentent pas d'amorcer la poétique surréaliste. Celle-ci y est déjà tout entière. Ce qu'il faut maintenant démontrer. En revanche les rêves ne nous convainquent pas; trop « allégoriques », ils restent marqués par un certain symbolisme fièrement drapé dans un hermétisme qui ne cesse de lancer des clins d'œil au déchiffreur professionnel.

Clair de terre : une citation, mise par Breton en exergue, élucide le sens de ce titre. « La terre brille dans le ciel comme un astre énorme au milieu des étoiles. Notre globe projette sur la lune un intense clair de terre. » (*Le ciel,* Nouvelle astronomie pour tous). L'astronomie (*pour tous,* comme la poésie selon Lautréamont) nous donne une leçon de surréalisme : notre conception des choses est relative à notre angle de vision; en refusant l'anthropocentrisme totalitaire, le regard redevient innocent, donc créateur; le poète est celui qui derrière le clair de lune sur la terre *voit* le clair de terre sur la lune. Ce *clair-obscur* où naît le poème constitue la structure fondamentale du recueil : rêver (*cf.* les cinq rêves) n'est-ce pas déjà projeter la lumière de la conscience dans la nuit du sommeil? Mais surtout relevons quelques-uns des incipit qui concilient le jour et la nuit :

Un peu avant minuit près du débarcadère

Si une femme échevelée te suit n'y prends pas garde

C'est *l'azur*

Si seulement il faisait du *soleil* cette *nuit*

ou une idée de clarté et d'obscurité :

Le grand frigorifique *blanc* dans *la nuit* des temps

La voyageuse qui traversa les Halles à la *tombée* de *l'été*

Près de dix ans avant le *Second Manifeste,* apparaît dans l'œuvre elle-même l'ambition de résoudre les antinomies, celle de la nuit et du jour étant la plus obsédante pour l'imagination de Breton.

Les *cinq rêves* sont dédiés à Chirico. Il faut avouer que leur netteté de trait, leur précision quasi photographique, mais aussi leur dureté, leur insolite et leur mise en scène symbolique rappellent étrangement les tableaux du peintre. Les personnages et les paysages y sont énigmatiques. Les masques attendent de tomber pour qu'une vérité, éclatante ou terrifiante se révèle. Ces rêves ne sont-ils pas justement un peu trop « fabriqués »? A partir de traces mnémoniques laissées dans l'inconscient par l'œuvre de Chirico? Ce n'est pas de notre part une critique sans appel : bien au contraire, cela légitime ce que Breton a toujours dit de sa compréhension des œuvres qu'il admirait. Emotion, sympathie, participation à la vie onirique du peintre lui permettent de retrouver en lui-même ce qui a vécu dans Chirico à l'heure de sa création. Il lui emprunte sa construction de l'univers, car son imagination a pénétré celle du peintre. Leurs vies mentales font l'amour dans l'acte de création. Examinons deux de ces rêves : le premier et le quatrième.

Le premier est presque une allégorie. Breton entre (la nuit) dans un immeuble qui est soit un *abri,* soit *« à louer »* (donc qui est disponible, qui demande à être occupé). Accueilli par un personnage « qui fait dans la suite du rêve figure de génie », il descend un escalier orné de moustaches de grands ancêtres (sympathiques au promeneur : Baudelaire, Nouveau, Barbey). Arrivé à destination, il voit trois pièces : *dans la moins éclairée,* travaille Georges Gabory (qui a réellement existé : un rococo lettré dans le style Pellerin); dans la seconde, *mieux éclairée,* Reverdy « m'inspirant, par contre, une sympathie réelle »; dans la troisième, un fauteuil et du papier immaculé attendent Breton : il obéit à la suggestion et saisit le papier, mais « je n'arrive à écrire sur le premier feuillet que ces mots : La lumière... ». Sur les autres feuillets il ne pourra écrire rien d'autre que ce mot. Cette descente aux enfers (évident souvenir d'Orphée) devient donc une descente dans le rêve, car ce n'est qu'au bout de la nuit du sommeil que se trouve la lumière. N'oublions pas que c'est l'époque à laquelle Breton et ses amis qui viennent de découvrir les puissances méconnues du rêve, savent que *la place est à prendre* après le dérisoire « fantaisisme » et l'échec du cubisme.

Voici le quatrième rêve. Plus complexe, mais mêmes structures.

C'est le matin : Breton conjugue un nouveau temps du verbe être, acte qui jette un discrédit sur le réel actuel en supposant des dimensions cachées de la structuration de l'être en dehors des catégories éprouvées.

L'après-midi : il rédige d'abord un *article* (brillant, mais peu profond), poursuit ensuite un *roman :* deux genres factices *qui ne touchent pas l'être.* Mais, à la recherche d'un renseignement, Breton puise dans sa bibliothèque un ouvrage ressemblant à un *traité de philosophie :* en fait c'est un traité d'*Enigmatique* (ce qui rejoint la conjugaison du matin : son nouveau temps du verbe « être » étant comme une hypothèse, une imaginaire, comme on dit en mathématique, lancée dans l'énigme de l'Etre). Dans cet ouvrage des représentations de personnages, fondées sur des phénomènes d'ubiquité. L'ubiquité n'est-elle pas un défi jeté à notre conception de l'Etre? *Je* est un, non multiple. La solution de l'énigme, Breton va alors la chercher dans *un livre d'observations médicales* (le surréalisme n'est-il pas une science de la mystique?). Dans ce livre, il trouve la photo d'une jeune femme qui s'anime et vient le menacer avant de disparaître. Est-il besoin de souligner que cette métamorphose de l'image en femme réelle, tourne en dérision la solidité de ce qui *est?* Comment le passé, le présent, le futur rendraient-ils compte du mode d'être de cette femme? Il poursuit ses investigations dans un *dictionnaire :* ce recueil de mots se situe au sommet de la hiérarchie des livres, car il contient virtuellement toutes les combinaisons du langage, donc de l'être. Alors s'engage une série de substitutions, d'abord de mots (souris, rhéostats, rongeur), puis de personnages, Charles Baron, Louis Aragon. L'être ne cesse de se multiplier.

Breton suit Aragon dans *la rue,* ce dictionnaire où prolifèrent les événements. Les deux compagnons déposent chacun un cadre vide contre l'Arc de Triomphe. L'Etre massif et autoritaire de ce dernier est ainsi ridiculisé par ces cadres ouverts sur Tout, tous les paysages, tous les passants. Ces cadres vides et mobiles saisissent tous les aspects de l'être, y compris ceux de l'imaginaire. Le cadre qu'avec son arcade dessine le monument, immobile, statique, c'est le verbe être qui, jusqu'à Breton, ne souffrait d'autre regard sur le monde que celui qu'imposait le *code* habituel. Inventer de nouveaux temps du verbe être, devient ainsi l'acte de subversion absolu.

Les pièces d'inspiration futuriste, volontairement provocatrices, sont aussi construites sur un jeu intellectuel. Leurs titres *Pièce fausse* et *PSTT* (Pst! + PTT...) sont assez clairs. Le premier de ces textes est dédié à Péret dont la poésie se trouve ainsi définie à travers quelques acrobaties morphologiques : « Du vase en cristal de Bohême... aux bulles qu'enfant tu soufflais... C'est là tout le poème... Aube éphémère de reflets ». Le second démontre qu'un annuaire téléphonique, lu de façon surréaliste, peut avoir une valeur poétique : l'homonymat entre tous ces Breton crée une relation évidente, mais aussi insolite : qu'est-ce que cette *famille* bizarre avec ses vétérinaires, ses dentelliers, ses députés, ses charbonniers...? Même leurs numéros de téléphone deviennent menaçants : Bergère 43-61, Archives 39-43, Saxe 57-86, comme un code secret. L'humour se mêle à ces impressions et devient manifeste avec la signature : Breton (André). Celui-ci, ce Breton *signe* la liste, au lieu d'être *désigné* par elle. Lui qui n'a pas le téléphone, mais qui est poète, réifie tous ces propriétaires, qui, tout biscuitiers ou mécaniciens qu'ils soient, dépendent de lui, de sa volonté de les nommer. On comprend alors mieux le titre : *Pstt* est un appel. Breton appelle à lui sa bande homonymique. Il est le chef de la bande.

Distinguons dans les poèmes plusieurs dimensions :

1. *L'amour :* l'amour et le rêve se confondent sans cesse; la plupart des textes de *Clair de terre* font apparaître des Lolita, de toutes jeunes filles aux songeries peu innocentes, quoique pures... Examinons un texte de près :

> *EPERVIER INCASSABLE*
>
> La ronde accomplit dans les dortoirs ses ordinaires tours de passe-passe. La nuit, deux fenêtres multicolores restent entr'ouvertes. Par la première, s'introduisent les vices aux noirs sourcils, à l'autre les jeunes pénitentes vont se pencher. Rien ne troublerait autrement la jolie menuiserie de sommeil. On voit des mains se couvrir de manchons d'eau. Sur les grands lits vides s'enchevêtrent des ronces tandis que les oreillers flottent sur des silences plus apparents que réels. A minuit, la chambre souterraine s'étoile vers les théâtres de genre où les jumelles tiennent le principal rôle. Le jardin est rempli de timbres nickelés. Il y a un message au lieu d'un lézard sous chaque pierre.

La ronde : suggère *a)* une danse de jeunes pensionnaires; *b)* la ronde des surveillantes qui passent et repassent (passe-passe).
Deux fenêtres multicolores restent entr'ouvertes : malgré la surveillance, malgré la nuit (obscurité), les rêves (fenêtres multicolores) restent permis, ne pouvant être réprimés. *Par la première s'introduisent les vices aux noirs sourcils :* rêves inavouables qui ont des allures d'Arsène Lupin de l'amour. *La menuiserie du sommeil :* menuiserie/minuiserie : substitution permettant d'accorder l'idée de fabrication d'ouvrages complexes et le souvenir romantique des minuits sentimentaux (rappel de Musset). *Manchons d'eau, sur les grands lits vides s'enchevêtrent des ronces :* confusion entre l'univers des rêves qui permettent de partir en voyage loin des lits (vides), des oreillers (flottant sur des silences), pour un parc naturel où l'amour est à l'affût.

L'eau, les ronces, symboles bien clairs. *La chambre souterraine s'étoile vers les théâtres de genre :* la chambre souterraine (l'inconscient) s'étoile (le rêve, c'est l'étoile dans la nuit du sommeil), vers la représentation mentale. Il faut aussi prendre l'idée de théâtre au sérieux : les jeunes filles rêvent non seulement de l'audacieux amant qui les enlèvera dans le jardin du pensionnat, mais aussi du chevalier servant qui leur offrira des « manchons », les fera briller aux loges du théâtre (prendre aussi *jumelles* dans ses deux sens : jumelles (jeunes filles qui rêvent aux 2 fenêtres entr'ouvertes), jumelles de théâtre. *Il y a un message au lieu d'un lézard sous chaque pierre :* le désir est presque devenu réalité, mais l'image du *lézard* montre combien cet espoir, comme le rêve est fugace.

2. *La liberté :* inséparable de l'amour qui enseigne justement à l'homme l'infini du désir qu'il porte en lui, qui lui ordonne de n'en pas démériter, c'est-à-dire d'accomplir sa liberté.

> Liberté couleur d'homme
> Quelles bouches voleront en éclats
> Tuiles
> Sous la poussée de cette végétation monstrueuse...

La liberté est bien la résultante de la poussée d'une végétation intérieure (les désirs) qui ne demande qu'à s'extérioriser, qu'à briser les limites, qu'à faire sauter les tuiles des édifices apparemment solides : « Le soleil chien couchant / Abandonne le perron *d'un riche hôtel particulier* ».

Ce texte, examiné dans son détail révélerait de nombreuses notations similaires : allusion à Persée et Andromède à travers le mythe de Saint-Georges délivrant une jeune fille, hymne à l'imagination, défense des procédés automatiques (toujours liés aux idées d'amour et de liberté). Surtout, il se termine sur une image qui nous donne la clé du recueil : « Tout le monde a entendu parler du Radeau de la Méduse / Et peut à la rigueur concevoir un équivalent de ce Radeau dans le ciel ». Le surréalisme n'est-ce pas ce radeau à la dérive dans le ciel, du haut duquel on peut considérer la terre (et le clair de terre)? Ce là-haut n'étant toutefois pas l'au-delà des Dieux, mais celui des désirs, non pas le ciel métaphysique, mais le ciel de la liberté « couleur d'homme ».

3. *L'absolu* (ou l'éternité) : il faut relire *l'Aigrette* et *Au regard des divinités.* L'azur en pleine nuit, c'est l'image de « l'éternité », qui n'appartient pas aux Pères blancs (qui ont seulement l'immense clé *pendue au-dessus* d'eux); cette clé suprême, cette clé de l'énigme, Breton l'a dans son cœur : « mon cœur est un coucou pour Dieu ». Son cœur : l'amour l'habite. La seule éternité, le seul absolu trouvables ici-bas étant bien entendu celui du désir comblé, de l'amour heureux. Ce qui explique rétrospectivement pourquoi cette femme près du débarcadère, à minuit, est l'azur : elle est le ciel de l'absolu, l'amour qui vient à la rencontre de Breton. D'où les deux derniers vers : « L'éternité recherche une montre-bracelet Un peu avant minuit près du débarcadère. » Désir, liberté, révolution, bonheur absolu : cette trame est encore celle de *l'Aigrette,* avec une apparition similaire : « Si le plaisir dirigeait sous l'aspect d'une *passante éternelle* ». Le désir, la passante, l'éternité : tout *Nadja* et tout *l'Amour fou* sont déjà contenus ici.

4. *Le métalangage :* tous les recueils de Breton, presque tous ses poèmes, sont des discours poétiques sur sa poésie. C'est le trait mallarméen dont il ne se départira jamais. Mais au lieu de se lamenter comme le maître de la rue de Rome, de son impuissance, de sa stérilité, il ne cesse de s'émerveiller de la profusion de ce qui se dit en lui, et de la rapidité des émissions qu'il reçoit. Soit *Mille et mille fois;* les signes ne demandent qu'à proliférer :

> Les signes apparaissent à la porte
> Ils sont de onze couleurs différentes et leurs dimensions respectives vous feraient mourir de pitié

Il faut, pendant leur jaillissement, éviter de penser :

> Il faut se méfier de l'idée que roulent les torrents.

Le poète sera heureux de sa production, bien que les autres

ne puissent le lire, le comprendre :

> Ma construction ma belle construction page à page...
> C'est un rideau métallique qui se baisse sur des inscriptions divines
> Que vous ne savez pas lire

Il se peut toutefois que l'inconscient de certains élus puisse correspondre avec le sien par le biais de ces signes :

> Je corresponds avec tous les prisonniers du monde

L'univers de *Clair de terre?* Merveilleux (au sens propre) : des êtres féériques, des devins, des statues qui se promènent, des nymphettes faussement innocentes; des paysages fantastiques, des lumières aux reflets complexes, des nuits étoilées; tout est aérien, rien n'est saisissable. Plumes, aigrettes, rosée, palmes, eau, étoiles, parfums, étincelles, aurores, diamants, aubépine, rivières, givre... Le décor de *Poisson soluble* est mis en place.

« Poisson soluble »

Il nous a paru intéressant, au cours de cette analyse des textes de jeunesse de Breton, de présenter aussi bien les lectures des commentateurs précédents que notre propre lecture. Bien que nous ayons admis qu'il y a toujours *a priori* une forme de *délire* dans ces interprétations, il n'empêche que certaines convergences apparaissent. C'est ce que nous allons essayer de montrer en juxtaposant à notre analyse de *Clair de terre* les nombreuses remarques faites par différents critiques à propos du livre que Breton fait paraître quelque mois plus tard, *Poisson soluble* (qui marque avec le *Manifeste* publié sous la même jaquette, l'achèvement de sa formation).

Breton donne lui-même « la règle du jeu » dans le *Manifeste :* peu après avoir fait un éloge vibrant de l'enfance, il constate que la poésie surréaliste rend à l'homme les prestiges et les merveilles de ce temps où l'innocence et les rêves douteux font bon ménage; il en donne pour exemple

Poisson soluble, et conclut ainsi : « La faune et la flore du surréalisme sont inavouables »[18].

Julien Gracq a donné de ce texte une lecture célèbre *(Spectre du « Poisson soluble »,* 1950*)* : dans cette étude, Gracq remarque que c'est moins l'inconhérence de l'automatisme, que « la cohérence remarquable de certaines séquences, le naturel étonnamment plausible d'un grand nombre d'images », qui surprend. Malgré d'amples oscil lations, malgré des passages audacieux, vertigineux, s'impose une paisible sécurité, le pilote ayant bon œil et bonne main dans l'océan automatique.

> Le poème redevient soluble dans la poésie, son orient fragile et changeant nous parle sans cesse d'une *eau-mère,* d'un plasma poétique dont la pulsation l'irrigue et auquel continue de l'unir une vivante consanguinité. Le diamant mallarméen cède la place à la perle des *mers.*

Poisson soluble, grâce à son ampleur (70 pages), permet mieux que les poèmes, de voir se cristalliser les images élues, les « figures incrustées » dans l'imaginaire bretonien. Son univers?

> Une nature singulièrement expurgée, aussi peu farouche que possible — une nature meublante et habitable, ciselée, fouillée, docile au toucher humain, à ses exigences de poli, de douceur, de netteté et de symétrie — une nature miniaturiste, foisonnante en objets délicats et fragiles, lilliputiens, faciles à manier, apprivoisés à la main et à l'œil — en *bijoux naturels* qui donnent au décor... je ne sais quelle atmosphère de bal masqué et de volière tropicale où Breton se sent visiblement chez lui.

Gracq fait ensuite un inventaire très comparable à celui que nous avons fait pour *Clair de terre.* Une faune légère et amicale, une flore légère, frissonnante, un monde *transparent*

---

18. Un peu plus loin il insiste aussi sur l'originalité de la forme de ce texte, constitué d'*historiettes,* où il voit un dépassement des premières productions automatiques.

et *perméable* à l'homme. Car c'est une promesse de l'éden, du retour possible à l'éden que chante Breton, c'est une reconquête du merveilleux qu'il annonce, où, la métamorphose étant redevenue possible, la nature et l'homme se réconcilieront en se confondant. Un conte de fées... Breton en effet, croit aux fées, mais aux fées réelles, aux femmes qui sont *naturellement* fées, étant les médiatrices entre l'homme et la nature. La femme apporte à l'homme le monde.

Bien que Gracq considère le texte sous un angle très différent du nôtre, sa conclusion est similaire : *Nadja, l'Amour fou, Arcane 17* « sont » dans les poèmes des années 23-24, comme le surréalisme « est » dans le *Manifeste.* Soulignons ce point : l'évolution poétique de Breton est toujours parallèle à son évolution théorique, la précède même de quelques mois. Ainsi la *transparence* que relève Gracq dans *Poisson soluble* se trouve théorisée dans l'*Introduction au discours sur le peu de réalité* qui lui est contemporain. Logique synchronique entre poésie et théorie. Logique diachronique de tous les écrits aussi. Nous l'avons montré sur ces quelques années de maturation. Mais cela est vrai également pour l'avenir : Nadja et les autres fées qui lui succéderont viendront effectivement remplir le désir qui habite les premiers recueils. La théorie du Point suprême, les fortes images du *Revolver* et de *l'Air de l'eau* sont en germe. L'idéal de la liberté, de l'absolu édénique sont les buts où tend le jeune poète.

« Poisson soluble », c'est peut-être aussi et d'abord Breton qui s'écriait dans le *Manifeste :* « N'est-ce pas moi le poisson soluble, je suis né sous le signe des Poissons et l'homme est soluble dans sa pensée ! » Au-delà des conflits de la vie, et de la mort de l'ami, Aragon a-t-il resongé à cette phrase, quand dans sa *Postface* au *Monde réel,* il écrit que le surréalisme est la tentative la plus proche du *coup de dés* des imaginaires en mathématique, donnant comme exemple Breton choisissant pour titre *POISSON SOLUBLE*; « il donne en réalité valeur de manifeste à cette expression, il veut dire que les découvertes du surréalisme, en tant qu'écriture, sont à proprement parler des *poissons solubles...* Un poisson soluble est tout aussi inimaginable qu'un carré négatif. C'est bien une sorte d'*imaginaire* ».

Une table servie du plus grand luxe
Démesurément longue
Me sépare de la femme de ma vie
Que je vois mal
Dans l'étoile des verres de toutes tailles qui la tient renversée
Décolletée en coup de vent [en arrière

Intérieur, 1940-1943

4

Le récit-vérité : « Nadja »

Situation de « Nadja »

Les problèmes posés par la rédaction, la structure et le sens de *Nadja* (1928) ont déjà été si souvent étudiés qu'il nous paraît inutile de revenir sur eux pour le moment. Notre propos sera ailleurs, dans un démêlage des fils qui trament le texte. Récapitulons simplement les éléments mis en valeur par nos prédécesseurs.

1. *Le problème de l'établissement du texte.* Écrit entre août et décembre 1927, le récit de Breton fut publié au printemps 1928 à la *N.R.F. Commerce* (automne 1927) et *la Révolution surréaliste* (mars 1928) en diffusèrent deux fragments. En 1962, Breton donne de son texte une version profondément remaniée. Dans cette seconde version, les 44 photographies de l'édition originale subsistent, mais leur ordre a été légèrement modifié, la numérotation est supprimée, et quatre nouvelles prises de vue sont ajoutées [1].

2. *La définition du genre littéraire auquel se refère « Nadja ».* On connaît les critiques de Breton contre le genre romanesque. R.-M. Albérès *(Histoire du roman moderne)* et M. Beaujour *(Qu'est ce que Nadja?)* situent *Nadja,*

---

1. R.-A. Jouanny (*Nadja,* Hatier) explique le sens des corrections de Breton. Notre projet étant d'éclairer l'œuvre bretonienne dans sa continuité, nous nous référerons au premier état du texte. D'autre part la correction du texte, quoique Breton en dise, nous semble très préjudiciable à l'authenticité du témoignage : ainsi la suppression de l'allusion à la liaison effective avec Nadja, celle des lignes hostiles à Tzara brouillent complètement la portée du récit sur deux plans essentiels.

chacun à sa façon, dans les nouvelles formes du roman. Pourtant les attaques contre la fausseté de ce genre ne cessent de jalonner le texte. Et J. Gracq *(André Breton)* a raison d'insister sur la toute nouvelle distanciation que crée le narrateur entre le quotidien et le poétique : « Nadja représente ainsi le plan de la vie courante coupée par la trajectoire du rêve ». L'étude de M. Guiomar *(le Roman moderne et le surréalisme)* fait d'ailleurs le point sur ce débat :

> Le héros surréaliste n'est plus ce héros, apparemment actif, mais en fait arbitrairement manié par le romancier soucieux d'étudier un cas : il devient un témoin à qui le romancier obéit, dans une lucidité aiguë de ce que le personnage mis en scène n'a surgi que de son propre inconscient, n'est autre que son double.

M. Guiomar montre également qu'il n'y a pas de différence de nature entre un roman et un poème surréalistes : c'est de la même attente des signes de l'espace intérieur qu'il s'agit. Ce qui est évident, quand on a conçu l'unité des méthodes prospectives dont use le surréalisme : écriture automatique et hasard objectif.

3. *La détermination des rapports exacts entre Breton et Nadja.* Aucun voyeurisme dans notre question : Breton a-t-il « connu » Nadja? Toute l'histoire de la rupture en dépend, et, au-delà, le sens même de l'intervention de Nadja dans la vie de Breton. Le texte de 1928 nous oriente vers une solution affirmative (la seule à notre avis, fournissant des éléments d'explication satisfaisants). Victor Crastre *(André Breton, trilogie surréaliste)* s'est interrogé sur la nature de la voyance de Nadja. Est-elle un médium? D'où tient-elle son inspiration? Et si c'était de Breton lui-même? Qui finalement est le médium de qui? Peut-on ramener son cas à d'autres mieux connus, de « possession », de sorcellerie, de *folie?*

Breton n'est pas loin d'admettre dans ses conclusions qu'il a favorisé dans l'esprit de la jeune femme le développement des tendances qui l'ont finalement jetée dans un asile. Malgré ses diatribes contre les méthodes psychiatriques contemporaines et sa méfiance avouée envers la psychanalyse (de cette époque), il n'en garde pas moins mauvaise conscience, d'autant plus que la détermination des troubles exacts du comportement qui caractérisent Nadja reste obscure. Paranoïaque? Mais de nombreux artistes ne le sont-ils pas? Certes le Dr Henri Ey établit des distinctions qui paraissent rigoureuses, mais ne codifient-elles pas une ignorance profonde? Le plus dramatique pour Breton est donc de connaître sa part des responsabilités dans le démantèlement psychique de la jeune femme. Elle l'aimait; lui, ne l'aimait pas : cela n'a-t-il pas créé chez elle un déséquilibre semblable à celui dont un psychanalysé souffre quand le transfert avec son analyste n'aboutit pas? Elle gardait ses fantasmes pour elle; il leur donne une dimension « littéraire » et artistique qui les consacre, qui les fait passer du stade mythique à celui de la réalité.

Il ne faut jamais oublier que ces remords sont la face négative de l'aventure commencée sous le signe du merveilleux. Les transes de l'inquiétude après celles de l'espoir. Et tout ce parcours psychique prendra encore un autre aspect, quand (alors que le texte est *déjà* écrit), l'apparition d'une femme aimée viendra combler l'attente du narrateur. Tout se passe comme si la chute de Nadja dans les enfers de la folie avait été la condition nécessaire au salut de son amant par la fée qui prend sa place.

4. *Le retour des thèmes bretoniens.* De *Clair de terre* à *Nadja* les mêmes thèmes obsessionnels : la connaissance acquise dans la transparence (le regard, le miroir, le cristal); l'illumination surgie de la vision d'une nature réconciliée (eau et feu); le dévoilement du désir dans les représentations érotiques (comment ne pas voir que l'ambiguïté de la vie sexuelle de Nadja l'émeut autant qu'elle l'embarrasse?).

Tous ces aspects sont d'un intérêt inégal. Très souvent leur discussion laisse échapper la réalité du texte, à laquelle nous voulons maintenant revenir.

« Qui suis-je? »

Cette question, on la trouve déjà en 1924 dans l'*Introduction au discours sur le peu de réalité,* sous une forme légèrement différente : peut-on affirmer l'unité et la réalité de la personnalité psychique? Cinq ans après *Nadja,* la réponse sera définitivement négative :

> Toute l'histoire de la poésie depuis Arnim est celle des libertés prises avec cette idée du « Je suis », qui commence à se perdre en lui.

Dans ce champ s'effectue la méditation fondamentale de *Nadja.* Savoir *qui je suis* revient à connaître *qui je hante,* c'est-à-dire l'espace mien dont je suis le fantôme, espace qui m'échappe dans la vie courante, mais que je reconnais si par hasard j'ai l'occasion de le parcourir. Tel être, tel objet que je n'avais jamais vu, me jette des *signes* de reconnaissance. Ces moments éclairent ma singularité, l'originalité de ma pensée, ses caractéristiques inaliénables. Même un Victor Hugo se révèle davantage dans de menues circonstances du vécu, qu'à travers de savantes exégèses. Mes affinités, mes émotions, les faits qui n'arrivent qu'à moi, mes rencontres avec le hasard, les coïncidences dont je suis victime, voilà où se produisent les révélations. Breton interroge ces menus événements comme les images à première vue gratuites de l'écriture automatique : en fait, alors que leur *automatisme* semble les condamner au non-sens, elles sont les vraies révélatrices de l'univers inconscient. La vie profonde, de même, se saisit dans les replis du quotidien.

Faire un relevé de ces « sollicitations perpétuelles qui ont l'air de venir du dehors, et nous immobilisent quelques instants devant un de ces arrangements fortuits, de caractère plus ou moins nouveau, dont il semble qu'à bien nous interroger nous trouverions en nous le secret », c'est faire exactement le pari opposé à celui des romanciers. Ceux-ci ne cherchent qu'à gommer la réalité, la leur et même celle des êtres ou événements dont ils s'inspirent. Breton refuse ce mensonge institutionnel : « Pour moi, je continuerai à habiter ma maison de verre [...] *où qui je suis* m'apparaîtra tôt ou tard gravé au diamant ». La maison que *hante* le fantôme Breton est une *maison de verre :* pas d'obscurité, pas de « procédés », pas de truquage littéraire, mais la lucidité absolue aux *signes* qui cherchent à se graver.

> Il s'agit de faits qui peuvent être de l'ordre de la constatation pure mais qui présentent chaque fois toutes les apparences d'un signal, sans qu'on puisse dire au juste de quel signal, qui font qu'en pleine solitude je jouis encore d'invraisemblables complicités, qui me convainquent de mon illusion, lorsqu'il m'est arrivé quelque temps de me croire seul à la barre.

De ces faits le narrateur propose toute une liste : chaque cas mentionné sera illustré dans les 70 premières pages du récit. Mais cette démonstration ne suivra pas de plan préétabli. Comme dans la vie, comme dans l'expérience automatique, Breton se laissera porter par le flux des associations d'idées. On l'a d'ailleurs installé dans un lieu prédestiné, puisque, au manoir de Varengeville, on lui a aménagé, pour éviter qu'il soit dérangé, « une cahute masquée artificiellement de broussailles, à la lisière d'un bois et d'où je pouvais tout en m'occupant par ailleurs à mon gré, chasser au grand-duc ». Lieu privilégié pour une *chasse* intellectuelle, pour être à l'affût des faits de hasard objectif.

Dans une brève et remarquable étude *(Signe et signal dans Nadja),* P. Albouy oppose l'attente méthodique, studieuse des signes par Proust, à celle de Breton qui est une sorte de mise en état de grâce : « Ce n'est pas une *essence* que recherche le surréaliste, mais la brutale évidence d'une corrélation entre des catégories jusque-là étrangères ». Aussi le terme de *signal* est-il préférable à celui même de signe, car « le signe manifeste une essence; le signal est le signe de la signification ». Le signal n'exige pas d'enquête intellectuelle, mais vigilance, approfondissement : il est le guide infaillible qui nous mène vers la réponse à la question : *Qui suis-je?* En effet notre vocation, notre destin seront soudain illuminés quand les désirs hantant les abîmes du moi trouveront à se signaliser en un éclair. Ces signaux [2] sont ainsi ceux qui apparaissent inopinément sur le

2. Dans les *Entretiens* (p. 135-136), Breton insiste sur le fait que son attitude envers les coïncidences se révèle dans ses œuvres bien antérieurement à *Nadja.* Il en donne pour preuves un extrait de *S'il vous plaît* (1920) et le compte rendu d'une étrange rencontre faite par lui et Aragon en 1922 (*l'Esprit nouveau,* in *les Pas perdus*).

bord de notre route, et flèchent notre avenir. En ce sens, Nadja qui mènera le poète vers l'amour est par excellence la jeteuse, sinon de sorts, du moins de signaux.

La quête des signaux

Le mode d'association des souvenirs est moins gratuit qu'il ne paraît. Soit, le « saut » entre le Manoir d'Ango où en 1927 Breton écrit, et l'Hôtel des Grands Hommes auquel il songe tout d'abord (souvenir de 1918). Un simple schéma des associations phoniques dévoile la structure de l'enchaînement :

Hôtel des Grands Hommes : an / o (m)
Place du Panthéon : an / o (n)
Manoir d'Ango : an / o

Et que chasse Breton au Manoir d'Ango? Le *grand-duc :* ce qui sur le plan du sens appelle le souvenir des *grands hommes.*

Pour Breton, la *vérité* à laquelle la mémoire peut prétendre n'est pas la relation objective de faits restitués dans leur exacte chronologie, mais la mise à nu des processus psychiques tels qu'ils ont été atteints et ébranlés par le vécu. Sous le désordre de l'écrit, l'ordre du pensé. Tentons de reconstituer l'unité de cette démarche toute mentale.

La rencontre insolite avec Eluard : une histoire exemplaire. Eluard s'est adressé par erreur et par hasard à Breton avant d'avoir fait sa connaissance. Autrement dit, les deux êtres qu'ils « hantent » se sont rencontrés et re-connus avant que leurs deux *moi* ne se trouvent. Aucune magie : Eluard est à la recherche d'un de ses amis passés pour mort pendant la guerre. C'est le *manque* de cette amitié perdue qui l'oriente malgré lui vers l'étranger qu'est Breton, en qui il pressent des affinités électives. Trouver est bien retrouver. La conduite incongrue d'Eluard était surréaliste avant la lettre.

La promenade hallucinée : guidée par la *série* d'apparitions des mots BOIS-CHARBONS (qui s'étalent aussi à la dernière page des *Champs magnétiques*); sentiment de peur intense, répondant au vertige suicidaire dont sont victimes les auteurs des *Champs* sur la fin de l'expérience. Le charbon est l'état du bois quand il est fossilisé, *mort.* Du bois au charbon, *la mort* s'accomplit : ces mots ne sont-ils pas présentés dans *les Champs* dans un encadré de carte nécrologique (annonçant les caractères de la dédicace à Vaché)? Ces mots semblent *avertir* les deux amis que la mort les guette. Breton remarque que c'est l'image des rondeaux de bois ornant les boutiques de bougnats, qui le poursuit. Et rentré chez lui le crâne de la statue de J.-J. Rousseau lui fait l'effet d'être aussi une bûche (sa fenêtre surplombe la statue). Une bûche, c'est du bois coupé (« ces rondeaux de bois qui se présentent *en coupe* »). L'idée de décapitation est évidente, avec ses connotations symboliques habituelles : castration, atteinte à la vitalité. Ce qui rejoint l'idée de déperdition contenue dans l'expression initiale. Il faut enfin revenir à la forme de cette expression qui se présente comme la juxtaposition de deux *impératifs.* Ne serait-ce pas la rue qui intimerait l'ordre à Breton et Soupault d'arrêter l'expérience des *Champs* qui risque de les mener tout droit au suicide : une sorte de « casse cou ! » sous forme d'énigme.

La rencontre avec Péret : annoncée par une femme mystérieuse (thème de la rencontre prémonitoire); Desnos et l'époque des sommeils (thème du rêve révélatoire, de la correspondance métapsychique illustrant une dimension inquiétante du « Qui suis-je? »); l'attraction irrésistible pour le quartier Bonne Nouvelle (thème de l'ubiquité).

Les spectacles bouleversants : l'attitude de Breton envers le spectacle est fondée sur un refus de la passivité où se complaît généralement le spectateur. Il se désintéresse de l'intrigue, vit *dans le film* comme *dans la vie* (jusqu'à se comporter de façon saugrenue avec ses amis dans la salle). D'où son intérêt pour les acteurs du *Théâtre moderne* qui ont l'air de se désintéresser autant que lui de la pièce qu'ils jouent : ils semblent surtout préoccupés de se faire des *relations* dans le public. La salle devient le vrai lieu théâtral : Breton en fait une clairière magique où tous les miracles semblent pouvoir se produire, y compris l'apparition d'une femme nue. Ces salles sont les vrais bas-fonds de l'esprit où se joue le théâtre mental, la représentation fantasmatique. L'importance de l'enjeu ne peut être mieux indiquée que par la place (14 pages) que le narrateur accorde dans son récit, par ailleurs très concis, au résumé d'une mauvaise pièce (sur le plan littéraire) qu'il a vue au *Théâtre des Deux Masques.* Il s'agit des *Détraquées* de Palau. Cette pièce est en effet un chef-d'œuvre d'insolite. Trois degrés apparaissent :

— ce spectacle réunit un choix étonnant de perversions sexuelles : châtiments corporels, homosexualité, meurtre sadique...; toxicomanie — et tout cela se passe dans une école...

— le spectacle est d'autant plus frappant que l'histoire est pratiquement incompréhensible : « Le manque d'indices suffisants sur ce qui se passe après la chute du ballon, sur ce dont Solange et sa partenaire peuvent être exactement la proie pour devenir ces superbes bêtes demeure par excellence ce qui me confond. »

— cette représentation fantastique agit à la façon d'un détonateur de rêve. En effet projetant devant notre regard ce que nous avons l'habitude de censurer en nous-mêmes par réflexes moraux, elle libère nos désirs qui s'objectivent en des rêves que nous faisons par la suite. Cette pièce, à proprement parler « subversive » donne ainsi le pas au rêve sur la réalité qui se trouve dangereusement battue en brèche.

La rencontre avec Fanny Beznos : « sous le signe de Rimbaud ». Elle rappelle à Breton une autre rencontre de 1915 dans des conditions similaires. Preuve que la force d'un poète, de sa poésie ne se mesure pas à la beauté esthétique de ses œuvres, mais à leur puissance d'animation, d'aimantation entre des univers mentaux. La *trouvaille* que fait Breton aux Puces est donc des retrouvailles : avec un souvenir et avec une âme sœur. Cette rencontre est essentielle dans la trame de *Nadja :* dans la plupart des souvenirs qui précèdent, apparaît d'une façon ou d'une autre, le profil, la silhouette d'une jeune femme : la femme nue dans un bois, la jeune victime des *Détraquées,* maintenant Fanny Beznos. Bientôt ce sera la femme au gant : on sent qu'une *série* se forme, que cette femme attendue s'approche. Nadja est tellement *annoncée* que son apparition surprendra à peine.

L'épisode du gant. La peur qui saisit Breton lorsqu'une visiteuse accepte de laisser un de ses gants à la Centrale surréaliste, ressemble fort à une répulsion animée *a contrario* par un obscur et puissant désir fétichiste. Dans l'épisode précédent, il vient d'avouer son attachement aux objets pervers. Ce gant, en le comblant, l'effraie : « Je ne sais ce qu'à ce moment il put y avoir d'effroyablement, de merveilleusement décisif pour moi dans la pensée de ce gant quittant pour toujours cette main. » Ses émotions s'accroissent encore quand la dame apporte en outre un gant de bronze. Quel objet peut être en vérité plus ambigu sur le plan symbolique? Ses significations érotiques sont violemment contrariées par sa matière, sa consistance, qui nous orientent vers l'idée angoissante de la mort : massivité, intangibilité du bronze. L'amour et la mort, le désir et le suicide : ce seront les deux pôles de *Nadja,* les deux directions que prendront Breton (l'amour) et Nadja (la folie, la mort) après qu'ils se seront brièvement rencontrés dans ce point de fulgurance où convergent parfois les grands principes opposés.

Il suffit pour s'en convaincre d'analyser les dernières observations de la première partie : Aragon signale à Breton une enseigne qu'on peut lire de deux façons : *Maison rouge* et *Police;* la dame au gant lui montre chez elle un tableau changeant représentant sous trois angles différents une image particulière : *un tigre,* un *vase,* un *ange.* Etablissons à partir de ces éléments et de ceux de l'épisode précédent une série binaire :

Vie (et amour)	*Mort (et néant)*
Gant de tissu	Gant de bronze
Maison Rouge	Police
Tigre	Vase

Il est clair que le *rouge* de la maison évoque la violence, la révolution, etc..., de même que le tigre, la puissance. En revanche la police, c'est la censure, la répression; le vase, l'immobilité. Restent deux indications : le premier gant est *bleu ciel* et le tableau changeant représente aussi *un ange.* Il faut donc diviser la première colonne en deux :

Vie (et amour)	bleu ciel
Gant	↓
↓	
maison rouge	
↓	
tigre	ange

La notion d'amour a toujours été aux yeux de Breton un principe ambigu : « l'éblouissante lumière de sa flamme » ne doit pas dissimuler « les profondes galeries de mines » *(Entretiens)* d'où elle provient. En Nadja aussi la pureté (l'angélisme) et la perversion s'uniront.

Dans ces schémas nous trouvons la structure profonde du texte : un conflit entre Thanatos et Eros, ce dernier étant subdivisé en ses deux composantes, l'inavouable et le sublime.

> Enfin voici que la tour du Manoir d'Ango saute, et que toute une neige de plumes, qui tombe de ses colombes, fond en touchant le sol de la grande cour naguère empierrée de débris de tuiles et maintenant couverte de vrai sang !

Quelle image aurait mieux annoncé l'élévation de l'ange et sa mort tragique, toute l'histoire de « l'âme errante »?

La fée

4 octobre. Les circonstances de la rencontre : rue Lafayette, après l'achat d'un ouvrage de Trotsky (librairie de *l'Humanité*). Etat moral : désœuvrement, amertume de voir les gens accepter aussi facilement les chaînes du travail (c'est, en fin d'après-midi, l'heure où les bureaux se vident). Apparition de Nadja. Attitude libre : la tête haute au milieu de ces esclaves. Fard de théâtre « anormal ». Elle semble voler, un sourire *errant* sur ses lèvres. Blonde, les yeux très maquillés : leur éclat en est accentué. Par ce maquillage, elle défie les conventions sociales, elle transforme la rue en un théâtre où s'agitent des marionnettes[3].

Interrogeant ce regard à la terrasse du café où ils s'arrêtent, Breton se demande : « Que s'y mire-t-il à la fois *obscurément* de détresse et *lumineusement* d'orgueil? » Un clair-obscur bien fait pour séduire Breton : le rocher de la fée menacé par les abîmes de la prostitution...

Au désœuvrement (à prendre aux deux sens : inactivité et *absence de travail*) de Breton correspond celui de Nadja. A la quête permanente du premier correspond l'errance de la seconde. Quand il lui posera la question vitale : « Qui êtes-vous? », elle lui répondra : « Je suis l'âme errante ». Lui-même s'était comparé à un fantôme en son propre moi. Ici nous tenons le secret de leur rencontre : c'est leur disponibilité, leur liberté qui les a poussés l'un vers l'autre. Ce que Nadja appelle la *simplicité :* ce compliment doit être pris au sérieux. Breton apparaît à la jeune femme comme un être simple, car il a retrouvé la simplicité naturelle des origines. Il vit à l'éden du monde.

Mais Nadja n'est pas qu'une âme. Son « orgueil » lumineux est doublé de détresse. Son passé? Il est marqué par un vif attrait pour son père et par un certain dédain pour sa mère (image symbolique de la table que le père *ne trouve pas dressée* quand il rentre). On verra Nadja pendant tout le récit rechercher son Père, dans les hommes qu'elle a aimés, comme si elle éprouvait un certain regret de n'avoir pas satisfait la jouissance sexuelle dont la mère le frustrait. En dehors d'une liaison assez particulière avec un étudiant, sa vie sentimentale est assez lamentable. Dès les premiers instants elle insiste de façon gênante sur sa situation financière : Breton ne peut manquer de comprendre l'allusion... Elle explique qu'elle a cherché du travail, mais le patron boulanger auquel elle s'est adressée, ne lui a pas caché qu'il lui ferait un petit cadeau si... Sans trop s'en rendre compte, elle corrobore le long plaidoyer révolutionnaire que vient de lui tenir Breton. L'exploitation de l'homme par l'homme (par le travail) et l'asservissement de la

---

3. Elle agit ainsi de la même façon que Blanche Derval, tout en inversant le processus. L'une projetait le théâtre dans la réalité, l'autre retire sa substance au réel.

femme (par la prostitution) sont liés en bonne logique marxiste. Le petit épisode du boulanger est exemplaire. Mais comment faire comprendre cela à toutes ces fourmis laborieuses qui retournent précipitamment chez elles? Comment leur prouver que ce poète et cette oisive sont leurs maîtres en matière de Révolution [4]?

Cette rencontre aurait pu être présentée sous un jour très romantique : Breton ne l'a pas voulu ainsi. Il en devine le sens et la fonction dans sa propre existence. Le nom de Nadja (« en russe c'était le commencement du mot espérance, et... ce n'en est que le commencement ») indique assez qu'elle ne sera qu'une promesse d'espoir (et non l'espoir en personne) dans sa vie. Elle est le guide qui va le mener vers l'étoile. Ne lui dit-elle pas, quand il lui avoue être marié (aveu assez cocasse dans la bouche d'un homme prônant la liberté absolue et la chute de toutes les chaînes) : « C'était une étoile, une étoile vers laquelle vous alliez. » Elle prophétise ainsi qu'il devra, comme les travailleurs, secouer ses chaînes pour retrouver sa liberté, faire sa révolution intérieure.

5 octobre. Premier rendez-vous. Le courant risque de ne pas passer, l'attitude de Nadja n'étant plus apparemment transgressive : maquillage normal, mise assez recherchée. C'est par le biais de la poésie (cf. épisode Fanny Beznos) que s'effectue violemment le contact. Elle se laisse submerger, immerger par un poème que Breton a reproduit dans *les Pas perdus :* « A la fin du second quatrain, ses yeux se mouillent et se remplissent de la vision d'une forêt. » Elle se révèle ainsi pour ce qu'elle est dans sa nature profonde : une *voyante.* L'attrait de ses yeux nous orientait déjà dans cette direction. Ici elle suit le poète (Jarry en l'occurrence) dans l'épaisseur du texte. De ses dons de *voyance,* elle fera encore preuve, ce jour, quand elle se représentera la femme et le logement de Breton : « Je vois chez vous. »

Nadja, en fait, est *naturellement* surréaliste et ose *jouer* de la façon la plus dangereuse avec la vie. On voit

4. Il ne faut jamais oublier que *Nadja* a une fonction idéologique précise. La fréquentation de la librairie de *l'Humanité* par Breton (qui va s'inscrire alors au P.C.) n'est pas fortuite.

ainsi Breton reculer devant les *jeux* qu'elle lui propose. Il est évident qu'*elle* est prête à vivre les histoires qu'elle se raconte. La note ajoutée par le narrateur (« Ne touche-t-on pas là au terme extrême de l'aspiration surréaliste, à sa plus forte *idée limite?* ») cache mal une certaine honte : il regagne tranquillement ses pénates en taxi, alors qu'elle part au hasard des rues guetter le merveilleux.

Nadja a parlé à Breton de deux amis qu'elle a eus : du premier, 75 ans, parti au Sénégal, elle a toujours ignoré le nom; le second, un Américain, l'appelle Léna, du nom de sa fille morte. Ainsi tous deux, attachés à des pays étrangers, n'ont été que des *passants* dans sa vie (comme le sera Breton). Une perversion incestueuse caractérise ces deux relations (le premier aurait pu être son père, le second la confond avec sa fille), ainsi qu'une carence ou un décalage dans la nomination. Ce qui attire les hommes à elle est ce qui l'attire à eux : un fantasme érotique où rayonne la figure du Père. Cette série (assez inquiétante pour la propre analyse de Breton) se perpétuera à travers tout le récit dans le thème des Rois.

6 octobre. Nadja n'avait pas l'intention d'accepter le rendez-vous convenu, mais le *hasard* les réunit rue de la Chaussée-d'Antin. Premier miracle. Suivi bientôt d'un deuxième : elle n'a, des *Pas perdus* (ce livre qui lui va si bien...) lu que *l'Esprit nouveau,* cette anecdote qui par bien des aspects, annonce la sienne. Elle demande (en vain) à Breton de lui faire un rapport circonstancié de cette aventure où elle se reconnaît, et la soirée qu'ils vivront en sera le *commentaire vécu.* Dans le taxi, elle offre ses lèvres à son ami, lui demande de ne pas abuser du « pouvoir » dont elle sent qu'il dispose sur elle. Une courte scène dialoguée de *Poisson soluble* l'a persuadée qu'il la « possédait » depuis bien longtemps. Tout se passe comme s'ils se *hantaient* réciproquement depuis des années : un indice dans le fait que la pensée de Breton était à l'époque préoccupée par le cas de Hélène Smith, un médium comme Nadja (qui déclare : « Hélène, c'est moi ». Déclaration que peut accréditer le nom que lui donnait l'Américain : Léna). Bien qu'elle ait prétendu vouloir se rendre dans l'Ile Saint-Louis, elle l'entraîne Place Dauphine. Erreur révélatrice :

un autre épisode de *Poisson soluble* se passait Place Dauphine et s'intitulait « Un baiser est si vite oublié » (souvenir du baiser dans le taxi) [5].

Dans *Pont-Neuf (*in *la Clé des champs),* Breton expliquera l'attrait qu'exerce sur lui ce quartier de Paris, et surtout cette place dont la configuration et l'histoire le persuadent qu'elle est le sexe de la capitale. Lieu volcanique qui, foulé par les pieds de la jeune voyante, va permettre aux merveilles de se multiplier. Elle attire dans sa traîne un clochard qui se débat dans le magnétisme qu'elle exerce sur tout ce qui l'entoure; elle est convaincue par une série d'hallucinations succédant à son pressentiment qu'un souterrain passe sous la place, elle prophétise : une fenêtre rouge s'allume après qu'elle l'eut prédit. A ce stade Breton s'interroge sur tous ces miracles. Si elle n'était qu'une mystificatrice? Elle a habité l'Hôtel Henri IV, tout près. Elle peut avoir observé tout ce qu'elle prétend prophétiser. Ironiquement, Breton nous met le jeu en main : « (l'Hôtel Henri IV) fait face à la maison dont il vient d'être question, ceci toujours pour les amateurs de solutions faciles ». Il dénonce ainsi à l'avance le faux débat qui s'est mille fois engagé sur la réalité des miracles accomplis par Nadja : il faut bien voir que la question n'est pas de savoir si elle est ou non un vrai médium. L'essentiel est qu'elle ait vécu et fait vivre une nuit d'*émerveillement* à Breton. Ainsi quand elle s'écrie : « Quelle horreur! Vois-tu ce qui se passe dans les arbres? le bleu et le vent, le vent bleu », il serait absurde de se demander si le bleu et le vent se sont effectivement séparés. C'est la seule force poétique de l'expression faisant éclater la réalité à travers le langage qui importe. Ce n'est pas la magie qui intéresse les surréalistes, mais l'alchimie du verbe. Laquelle, il est vrai, n'agit avec une puissance suffisante qu'à un haut degré émotionnel, à un

---

5. « Un baiser est si vite oublié... J'avais passé la nuit en compagnie d'une femme frêle et avertie, tapi dans les hautes herbes d'une place publique, du côté du Pont-Neuf... Mon amie parlait par aphorismes tels que : « Qui souvent me baise mieux m'oublie », mais il n'était question que d'une partie de paradis... » *(Poisson soluble).* Nadja ne cherche-t-elle pas encore ici à *vivre* le poème de Breton, à le commenter par l'action? Un pan de merveilleux s'écroule si on poursuit cette interprétation, mais l'atmosphère de révélation où baigne Breton s'explique mieux.

degré où la distinction du véridique et du non véridique n'existe plus.

Très troublés le poète et la muse se dirigent vers la Conciergerie. L'idée du souterrain la poursuit. Se greffe dessus une illusion relevant de la réincarnation : elle se demande qui elle put être dans l'entourage de Marie-Antoinette. L'espace (par le souterrain), le temps (par la réincarnation) perdent leur cohésion. Ils ne sont plus *mesurables.*

Deux catégories essentielles viennent de bouger. Maintenant ce sont les éléments, l'eau et le feu, qu'au bord de la Seine Nadja voit se confondre en une main qui flambe sur l'eau. Elle interprète cette main à la façon des voyantes : « Bien sûr ce n'est pas la fortune : le feu et l'eau, c'est la même chose; le feu et l'or, c'est tout différent. » En effet la fluidité, le caractère insaisissable des deux éléments qui ici, au lieu de se combattre, s'unissent — des vagues de lumière sur l'obscurité du fleuve —, les apparente : réconciliation des contraires, pensée poétique bien supérieure à la vaine tentative des alchimistes d'antan qui dans l'union du *feu* et de l'*or* recherchaient la *for*tune. Les biens immatériels que découvre la main de Fatima sont autrement enrichissants pour l'homme.

Les Tuileries. La pensée que Nadja a devant un jet d'eau est celle que Breton a lue le matin même au bas d'une vignette des *Dialogues entre Hylas et Philonous :* « Ce sont tes pensées et les miennes. Vois d'où elles partent toutes, jusqu'où elles s'élèvent et comme c'est encore plus joli quand elles retombent. Et puis aussitôt elles se fondent, elles sont reprises avec la même force, de nouveau c'est cet élancement brisé, cette chute... et comme cela indéfiniment. » Très juste commentaire de leur communication transpsychique. Leurs inconscients semblent se confondre en une source commune d'où leurs pensées s'élèvent, *s'expriment* avec vigueur et altitude, avant de revenir à leur source unique. Le « qui suis-je? » initial s'en trouve soudain éclairé : ce qui m'unit en profondeur aux autres se dissimule au fond du bassin inconscient où s'échangent obscurément toutes sortes d'informations. Le jet d'eau des pensées que j'*exprime,* c'est une partie intime du moi *hanté* par les autres. Je suis ceux qui me hantent. Il est Nadja. Elle est Breton.

Maintenant leur relation s'étiole. Leur lassitude empêche les prodiges de s'accomplir. Un signe que le cercle est clos : ils se retrouvent dans un bar, « le Dauphin ». Une série alors s'explicite aux yeux de Breton. On l'a souvent comparé à un dauphin. Or ils sont partis de la place Dauphine pour arriver dans ce lieu. Mais cette série a un sens plus profond, plus dramatique à y regarder de près : Breton est le Dauphin, le fils de roi; les signes n'ont cessé de se multiplier : le café *la Nouvelle France,* l'île Saint-Louis, l'Hôtel Henri IV, Marie-Antoinette, le Louvre, les Tuileries... Le thème des Rois continuera à s'éclairer dans les jours qui viennent : le Père que Nadja recherche s'incarne, à ses yeux, en une figure royale.

7 octobre. L'amour de Nadja pour lui devenant évident, Breton souffre de la *tromper* en ne partageant pas ce sentiment, seulement séduit qu'il est par ses « dons » : « Et si je ne la revoyais plus? Je ne *saurais* plus. J'aurais donc mérité de ne plus savoir. Et cela ne se retrouverait jamais. » De son côté Nadja, amoureuse, ne peut se tirer de ses difficultés financières par la pratique de la prostitution. Elle aurait l'impression de trahir son cœur. Breton ne disposant pas d'argent, elle se trouve dans une situation dramatique. Il lui promet quand même 500 F.

« Avec respect je baise ses très jolies dents. » Baiser sacré selon Nadja : « La communion se passe en silence ». Elle avait l'impression que ses dents « tenaient lieu d'hostie ». Un baiser sur les dents, comme l'eucharistie, réunit en effet la vie (les lèvres) et la mort (les dents). Dans ce baiser se retrouve la structure fondamentale de *Nadja,* telle que nous l'avons dégagée plus haut. Il est aussi le symbole du quiproquo sentimental où vivent Breton et Nadja.

8 octobre. Breton reçoit d'Aragon une lettre accompagnant une reproduction d'Uccello : *la Profanation de l'hostie.* Coïncidence « pétrifiante », mais surtout commentaire frappant du baiser de la veille : *ce baiser sans amour* a profané la victime (l'hostie, sens étymologique) qu'est Nadja. Est-ce pour cela qu'il se trompe de café, se rendant à *la Nouvelle France,* au lieu de *la Régence*? Aller à la *Régence,* n'est-ce pas accepter son titre de Dauphin? Il se rend à l'hôtel de Nadja, rue de Chéroy : *chez (le) Roi...*

9 octobre. Breton remet à Nadja le *triple* de la somme convenue (ce qui ne va sans coïncidence, note Breton : en effet elle avait attendu le triple de la somme promise naguère lors d'un passage de drogue). Autrement dit, incapable de la combler sexuellement, il la comble financièrement : transfert qui révèle son « impuissance » autant que sa générosité. Il refuse d'être le Dauphin. Un marchand d'images vient le lui rappeler : il offre au couple une série de représentations de rois (Louis VI et Louis VII).

Nadja montre à Breton une lettre d'un homme de loi, G... , qui l'a sortie de l'impasse après son arrestation (l'affaire de drogue). Coïncidence : Éluard recherchait précisément le nom de ce président d'assises pour *la Révolution surréaliste.* Comme Aragon la veille, Éluard semble participer à l'aventure poétique du couple. Celui-ci focalise l'attention des passants (dont l'attitude peut devenir extravagante en sa présence) et devient un pôle *d'attraction* surréaliste : ses ondes atteignent les amis de Breton qui involontairement envoient des *signaux* de reconnaissance.

10 octobre. Soirée importante pour l'élucidation du personnage de Nadja. Cette fée, elle fait partie de la confrérie des sorcières. Au restaurant où elle joue à « posséder » un malheureux serveur qui multiplie les bévues, elle « rit sous cape ». Plus tard elle racontera avoir rencontré la veille au soir une étrange dame qui cherchait la propriétaire d'un magasin de camées sous la galerie du *Palais-Royal* (comme par hasard). « Cette femme ressemblait fort à une sorcière » remarque Breton qui relève aussi que sa compagne, lui racontant cela, « a rejeté *un pan de sa cape* sur son épaule, se donne, avec une étonnante facilité les airs du Diable . » Enfin la troisième femme est surnommée *Madame Camée. Came* signifie en argot *cocaïne,* le stupéfiant même que Nadja a essayé en vain de *passer* autrefois...

Sorcière ou fée, elle est aussi toujours à la poursuite du roi. De son « grand ami » elle dit : « Cet homme, perdu dans sa barbe blanche, qui a voulu qu'elle ignorât tout de lui, lui faisait l'effet d'un roi ». La nature incestueuse de leur relation s'affirme à mesure qu'elle en révèle les détails. Une dimension s'ajoute ainsi à son portrait : la femme-enfant. Femme fatale en tant que sorcière, femme-enfant en tant que maîtresse, Nadja est le type même de la femme surréaliste. De façon symbolique Nadja montre à Breton qu'elle sait que leur relation est vouée à l'échec. Lui, *c'est la main de feu.* Elle, *c'est la surface de l'eau.* La nuit du 6, elle a rêvé que la main de feu courait sur le corps de la Seine. Maintenant elle sait que les deux éléments se sont désunis. Simple consolation : elle prophétise que son ami écrira un livre sur elle.

11 octobre. Les indices prolifèrent de l'appartenance de Nadja à la caste des sorcières. Breton sent des menaces peser sur lui. Elle lui montre l'enseigne lumineuse d'un hôtel où elle a séjourné : le Sphinx-Hôtel. Serait-elle une sphinge? N'accepte-t-elle pas, après les conciliabules nocturnes avec les autres sorcières, de se dévoiler autant parce qu'elle sait que bientôt elle posera la question à Œdipe? Cette question étant : « Qui es-tu? ».

12 octobre. Dernière date notée : il a fallu une semaine pour que soient réunies les circonstances qui permettront à la sphinge de mettre Breton au pied du mur. Elle a choisi la dimension mythologique : elle compose le personnage de Mélusine (on sait que cette fille de fée pouvait se métamorphoser en Sirène). Elle demande à Breton : « Qui a tué la Gorgone? », ce qui est une façon de le transformer en Persée. Or on n'ignore pas qu'entre Mélusine et la Méduse d'une part, et entre Persée et Lusignan de l'autre, il existe plus d'une analogie...

Le couple mythologique prend le train à la gare Saint-Lazare... Les événements les plus étonnants se multiplient tout au cours du voyage qui les mène à Saint-Germain où ils descendent à l'Hôtel du *Prince de Galles.* Le Prince de Galles est *le Dauphin,* l'héritier du trône en Angleterre. C'est assez dire que le voyage initiatique de Saint-Germain a abouti à la possession physique de la sirène par Lusignan, à la possession morale, spirituelle de Persée par la Méduse. Nuit d'apothéose, mais aussi fin de la quête. Après une pudique ligne de pointillés, Breton s'interroge : « Se peut-il qu'ici cette poursuite éperdue prenne fin? » Au sein de cette nuit, il a connu la démesure absolue qu'il recherchait dans la poésie : mais il ne peut aller plus loin dans l'émerveillement que même le langage (contrairement à la nuit du 6) ne peut traduire. Une simple gerbe d'images automatiques suit la ligne de pointillés. Il a vu la réalité se coucher « comme un chien fourbe, aux pieds de Nadja » : « Sous quelle latitude pouvions-nous bien être, livrés ainsi à la fureur des symboles, en proie quelquefois au démon de l'analogie, objet que nous nous voyions de démarches ultimes, d'attentions singulières, spéciales? »

Mais Nadja ne peut être une épouse, elle est « un génie libre » qu'il ne peut se soumettre, dont le rôle dans sa vie était de lui poser solennellement la question : « Je me souviens de lui être apparu noir et froid comme un homme foudroyé aux pieds du Sphinx ». Le texte laisse entendre qu'il a cependant été à la hauteur de la situation, qu'il a su répondre. Mais n'oublions pas que la victoire d'Œdipe, c'est aussi la mort du Sphinx. Que lorsque Lusignan vit dans sa nudité Mélusine, celle-ci cria et disparut. Aimant toujours son mari, elle savait qu'il ne l'aimerait plus, connaissant son corps monstrueux.

Arrêtons-nous un instant encore au personnage clé de Mélusine : la datation nous apprend que comme dans la légende, c'est le septième jour que Breton « connut » Nadja-Mélusine. Ainsi que Michel Beaujour l'a expliqué à propos d'*Arcane 17*, l'harmonie qui existait entre l'homme et la femme est détruite dès que celle-ci révèle à celui-là sa véritable nature physique. « Et dès lors, la nostalgie s'empare de l'homme qui a préféré la connaissance au mystère et aux dons de la magie naturelle. » Toutefois l'Espoir ne meurt pas avec la disparition de Mélusine. L'exil n'est que momentané. Le rôle de Mélusine est d'arracher l'homme à un pacte faux (le fait que Lusignan ne pouvait voir sa femme le samedi, le malentendu sentimental entre Breton et Nadja) pour le placer sur la voie du bonheur réel, de la réconciliation avec la nature par le biais d'un amour véritable. En se donnant à lui, Nadja libère Breton d'elle (et de sa femme). C'est la phase négative du processus dialectique qui court dans Nadja. La négation de la négation, ce sera la découverte de la femme aimée à la fin du livre.

La folle

Nadja est ainsi une *hostie,* une victime : elle s'est sacrifiée pour le triomphe de l'homme. En se détachant d'elle avec un égoïsme certain, Breton affirme qu'il ne peut supporter la narration des épisodes vulgaires de son existence de fille entretenue. C'est qu'en goûtant le corps de Nadja, il a touché ce qu'il y avait de monstrueux en elle, la prostituée cachée sous la fée. A la dualité intolérable de son existence réelle, il préfère l'oubli. Il avoue sa honte, mais se sent absolument démuni : en un sens, quand elle lui a posé la question fatidique, Nadja l'a placé face à ses limites, face à ses blocages. Il rompt avec elle, car il n'a plus besoin de guide pour savoir *qui il est.* Certes il continue un temps à la voir. Il prétend que ses dons continuent à se révéler de façon éclatante : mais il ne fait pas un relevé systématique de ses réussites, signe que cela ne le concerne plus en profondeur. En revanche il offre un choix de phrases et de dessins de Nadja. Malgré leur allure surréaliste, ces phrases ont un rapport bien clair avec leur aventure. Le dépit, l'amertume, le chagrin de Nadja s'y lisent :

— quel statut n'accepterait-elle pas pour continuer d'être quelque chose pour lui? : « Si vous vouliez, pour vous je ne serais rien, ou qu'une trace. »

— ne se rappelle-t-il pas qu'elle a résolu l'énigme? « Devant le mystère, Homme de pierre, comprends-moi. »

— a-t-il oublié leur union dinonysiaque? « La griffe du lion étreint le sein de la vigne. »

De même inspiration, les dessins sont plus complexes, car ils reprennent l'essentiel des allusions mythologiques qui ont draîné la nuit du 12. Elle a choisi définitivement le personnage de Mélusine, et aime représenter Breton sous les traits d'un animal dont la patte est attachée à un poids, ce qui est un moyen de lui signifier qu'il reste soumis à la matière. Dans ces dessins elle semble vouloir démontrer que si tous deux appartiennent à deux genres différents (lui, un mammifère, le Chat, elle, reptile ou poisson, sirène ou serpent), leur union entraînerait une réconciliation des éléments, celle qu'annonçait la main de feu sur l'eau, celle que vise le surréalisme *(cf. Second Manifeste).*

Son appartenance au surréalisme des profondeurs apparaît dans toute sa gloire quand elle déchiffre avec une facilité déconcertante les tableaux les plus sophistiqués du surréalisme. Le monde mental d'où ils proviennent est son monde habituel. Elle vit au niveau de cette faculté originelle que les peintres s'efforcent d'atteindre : *la normalité de Nadja se situe sur les crètes de la folie.* N'est-ce pas la raison profonde qui explique que Breton ne peut partager son existence? On l'a déjà noté : la vie surréaliste a toujours été pour lui un *but* vers lequel tendre, non un *point* où se fixer. Le dernier dessin de Nadja montre qu'elle est prête pour le grand voyage : elle a mis en place le réflecteur humain, c'est-à-dire qu'elle pourra désormais capter à volonté les radiations du monde. Dans ces conditions, l'internement de Nadja en asile psychiatrique prend un aspect dérisoire et monstrueux. Mélusine en prison! La fable poitevine n'avait pas trouvé cela!

Breton ne cache pas sa propre responsabilité dans la croissance de son délire qui lui faisait confondre l'accidentel et l'essentiel, l'apothéose et la chute, les moments sublimes et les aventures abjectes. Il n'a pu la sauver, car elle n'a su partager son éthique. Breton a exclu Nadja de sa vie, un peu à la façon dont il a exclu ses amis du groupe surréaliste, à cause d'une divergence fondamentale *sur le fond.* Le surréalisme est *signe ascendant :* la perversion sexuelle n'est acceptable que sauvée par l'amour fou, le délire n'est permis qu'à des « surconsciences » chauffées à blanc. Nadja est extérieure à cette dialectique : il n'y a pas de solution de continuité, de complémentarité entre la perversion et sa sublimité. Elle se prostitue quand elle a faim (aliénation), elle est fée quand elle est disponible. Elle paie la liberté de son génie de l'aliénation de son corps. *Impureté* intolérable pour Breton.

L'aliénation de Nadja n'est pas différente en nature de celle des travailleurs. Elle accepte comme eux l'exploitation dérivant du mode de production actuel. Aussi la diatribe de Breton contre les psychiatres doit-elle être mise en parallèle avec celle du début du récit, contre le travail salarié. L'asile enferme tous ceux qui essaient d'échapper au système capitaliste. Cette société carcérale, qui a interné Sade et

Nietzsche, « vise secrètement à épuiser tous les cas de refus, d'insoumission, de désertion qui paraissaient ou non jusqu'ici dignes d'égards : poésie, art, amour-passion, action révolutionnaire, etc. »[6]. Il convient donc de situer la protestation de Breton autant sur le plan économique et politique que sur le plan moral. N'oublions pas que Nadja est une victime sociale. Elle était pauvre et seule. Pas d'argent, pas de salut. La défense inconditionnelle de sa liberté prend alors un tour tragique, pathétique, *révolutionnaire.* L'acte révolutionnaire le plus simple (et le plus difficile) n'est-il pas en effet de servir sa liberté, donc la liberté, dans les conditions (même s'il s'agit des pires) que la vie nous a faites?

En conclusion toute la responsabilité que Breton porte dans le naufrage de la jeune femme, revient au fait qu'*il ne l'a pas aimée.* La liberté absolue; oui, mais seulement à l'intérieur de la relation réciproque de l'amour; autrement c'est, toutes amarres rompues, le délire, l'isolement, l'asile. Les productions écrites ou dessinées de Nadja, il a continué à les déchiffrer comme « toutes sortes de textes surréalistes ». Derrière l'intelligence du déchiffreur, aucune intelligence, aucune sympathie du cœur. Les lettres de Nadja « ne pouvaient présenter non plus pour moi rien d'alarmant ».

« Qui vive? Est-ce vous, Nadja? Est-il vrai que *l'au-delà,* tout l'au-delà soit dans cette vie? Je ne vous entends pas. Qui vive? Est-ce moi seul? Est-ce moi-même? » Soyez sur votre qui-vive pour savoir qui vit en vous. Votre au-delà intérieur est hanté de fantômes qui vous cherchent. De ceux-là Nadja aura été le plus angoissant. Elle a été rejoindre Vaché dans les limbes de Breton.

Épilogue : pendant 70 pages Breton avait fait un relevé des indices qui avaient annoncé dans sa vie l'intrusion de Nadja; 20 pages serrées, obscures, « initiatiques » tirent les conclusions.

1. De fin août à décembre, Breton n'a pas touché à son récit. Il a profité de ce temps pour photographier les lieux qui ont jalonné sa quête. Il note sa surprise devant les transformations qui lui paraissent en avoir déjà affecté un

---

6. « La médecine mentale devant le surréalisme », *le Point du jour,* 1930; article publié après la contreverse soulevée par *Nadja.*

grand nombre. Cet essai de reconstruction de son paysage mental le décourage. Il se décide à voguer plutôt vers *la grande inconscience, vive et sonore.* Là on ne dérange personne, et on ne risque pas l'asile comme Nadja. Toutefois comment ne pas sentir son influence dans cette crise qui le détourne de la cité réelle vers la cité mentale? Il est probable qu'après *Nadja* il serait incapable d'écrire des pages similaires aux premières de son livre.

2. L'étrange histoire de M. Delouit. Comment expliquer son *amnésie?* Breton vient de se livrer corps et âme à la grande *inconscience,* de s'isoler de la ville, d'exprimer son refus catégorique de se compromettre avec la réalité. Rupture qui suppose l'oubli des souvenirs (il vient d'avouer son échec de reconstitution photographique de Paris), « l'amnésie ». Mais cette rupture est dangereuse : l'exemple de Nadja est là pour le prouver. L'homme qui s'enferme seul dans la chambre de son inconscient risque fort de se vouer au suicide (le saut par la fenêtre). Breton, enfermé dans sa chambre mentale, serait peut-être devenu « fou », si l'espoir prophétisé par le nom même de Nadja n'avait trouvé à s'incarner en la personne d'une femme qui survient dans sa vie et qu'il aime. Or, aussitôt après l'anecdote précédente, il écrit : « C'est cette histoire que, moi aussi, j'ai obéi au désir de *te* conter, ô toi qui [...] *es intervenue si opportunément, si violemment et si efficacement auprès de moi...* ». Comment ne pas voir que cette nouvelle venue a accompli en lui une sorte de sauvetage? Qu'elle est venue partager la chambre mentale du malheureux M. Delouit qui sans elle eût continué à se heurter aux « ballots de nuit » qui le menacent. D'ailleurs ne lui montre-t-elle pas la direction des *aubes?* La descente dans l'abîme intérieur est aussi une ascension vers l'azur, si elle est illuminée par l'*amour fou.*

3. L'amour constitue le sens essentiel de la vie du poète. Les signaux envoyés par Nadja convergeaient vers le signe de l'amour. Comme le note P. Albouy, dans la femme aimée « le signifiant et le signifié ne font qu'un; c'est pourquoi, encore, elle se confond avec la poésie, c'est-à-dire avec un langage qui ne renvoie qu'à lui-même ». En effet, on voit Breton terminer son livre en identifiant *passion* et *beauté.* Toutes deux se proposent à l'homme *en mouvement,* ne

peuvent se saisir dans leur fixité, mais dans les vibrations qu'elles envoient au cœur humain « beau comme un sismographe ». L'homme qui les enregistre, comme on le dit d'ondes lointaines, reçoit une information *sur ce qu'il est :* ce que l'allégorie finale de l'avion perdu explicite. Cet avion est perdu au-dessus de la mer. L'opérateur qui reçoit les ondes sait seulement que son espace aérien est *hanté* par cet avion fantôme, insaisissable : il reçoit de lui des *signaux,* comme ceux qu'envoyait Nadja. Qui suis-je? Un espace, un au-delà entièrement d'ici, mais vaste comme l'inconnu. Un espace au centre duquel mon cœur-sismographe est à l'affût des messages envoyés par la beauté sous toutes ses formes, laquelle s'annonce à moi à travers des *saccades,* des ondes : « La beauté sera CONVULSIVE ou ne sera pas ».

5

La tentation idéologique : « les Vases communicants »

Précision

Une lecture, même cursive, suffit pour repérer dans *les Vases communicants* une tonalité bien différente de celle qui règne dans *Nadja.* Alors que dans ce texte, c'est Breton lui-même qui demeure en premier plan (même si la trajectoire de ses aventures avec Nadja possède une signification universelle parce qu'elle emprunte les voies d'une initiation) et que la personne ou la personnalité de Nadja n'existe pour le lecteur que par rapport à lui, la perspective est inverse dans *les Vases communicants :* tout ce qui s'y livre de personnel (et, en apparence, il s'agit de révélations plus intimes encore que celles de *Nadja*) est finalement situé par rapport à un horizon collectif qui seul lui confère son sens terminal. D'autre part, on remarque une intrusion massive de réflexion « philosophique », d'argumentation théorique, de références à la pensée marxiste, au point même qu'aujourd'hui l'insistance et la fréquence avec lesquelles Breton cite Engels, Marx, Lénine (ou Feuerbach) et le nombre de ses allusions à la situation contemporaine en U.R.S.S. peuvent sembler quelque peu abusives.

Breton lui-même en convient dans les *Entretiens,* reconnaissant ne pas être resté « d'accord avec tout ce que le livre contient (il s'en faut de beaucoup) » et s'y être entêté « à faire prévaloir les thèses matérialistes jusque dans le domaine du rêve — ce qui est loin d'aller sans arbitraire ». Mais cette autocritique est tempérée par un autre aveu, celui d'un « faible particulier » pour *les Vases communicants,* car il

> aime la volonté qu'il marque de reprendre les rênes et même — comment dirais-je — de les tenir à partir de là d'une seule main [...]. A mes yeux, aujourd'hui encore, *les Vases communicants* marquent le point où j'ai réussi à dépasser, à surmonter certaines contradictions qui ont été, au départ, le principe de mon mouvement propre, aussi bien que certaines épreuves très agitantes de ma vie intime.

Ce texte serait donc le carrefour où convergent et où trouvent leur signification profonde des éléments en apparence aussi dissemblables que, sur le plan affectif, une crise sentimentale, sur le plan collectif, les discussions, à l'intérieur du groupe surréaliste, quant à l'opportunité et aux modalités d'une action anti-religieuse, sur le plan philosophique, un examen de l'importance capitale de la question du rêve pour conclure le débat toujours durable entre idéalisme et matérialisme, sur le plan idéologique ou politique enfin, la preuve de la compatibilité entre engagement communiste et recherche surréaliste. Par rapport à un tel matériau de base, et en première lecture, il pourra sembler que le souci politique finit par l'emporter et déséquilibre le texte au profit d'une démonstration de l'authenticité des convictions marxistes (matérialistes dialectiques) de Breton (et, simultanément, de ses amis), en particulier à cause de la troisième et dernière partie, consacrée surtout à déplorer les erreurs d'un matérialisme primaire, strictement mécaniste, et à évoquer les errements des partis de la Révolution : en fait, les trois lettres de Freud, en appendice à partir de la seconde édition du livre, au-delà de leur intérêt documentaire, ont peut-être été ajoutées pour compenser ce déséquilibre et recentrer la pensée du lecteur sur ce qui constitue le but théorique des *Vases communicants,* et qui concerne la connaissance de l'esprit humain.

Ce but, on le trouve bien rappelé cependant dans la troisième partie :

> Il m'a paru et il me paraît encore, c'est même tout ce dont ce livre fait foi, qu'en examinant de près le contenu de l'activité la plus irréfléchie de l'esprit, si l'on passe outre à l'extraordinaire et peu rassurant bouillonnement qui se produit à la surface, il est possible de mettre à jour un *tissu capillaire* dans l'ignorance duquel on s'ingénierait en vain à vouloir se figurer la circulation mentale. Le rôle de ce tissu est [...] d'assurer l'échange constant qui doit se produire dans la pensée entre le monde extérieur et le monde intérieur, échange qui nécessite l'interpénétration continue de l'activité de veille et de l'activité de sommeil (p. 161).

On comprend qu'un tel « sujet », à un moment où les théoriciens du P.C.F. avaient tendance à trop facilement suspecter ou accuser Breton et ses amis d'« idéalisme », pouvait facilement être interprété comme une nouvelle preuve de ce péché. Abordant un tel problème, il est donc nécessaire que Breton s'attache à démontrer : 1) que son examen ne saurait être différé sous prétexte de tâches révolutionnaires plus urgentes à accomplir; 2) qu'un tel examen peut être mené sous l'angle du matérialisme dialectique le plus strict (d'où la trentaine de références aux textes qui font autorité dans ce domaine [1] : autant de garanties que fournit Breton de sa connaissance de la doctrine et de sa capacité à la mettre en application). Avant d'aborder plus en détail les thèses que Breton avance dans *les Vases communicants,* il est donc nécessaire de situer sa pensée de 1931 sur deux points capitaux : ses rapports avec la psychanalyse; ses rapports avec le P.C.F.

Du côté de chez Freud

Il n'est sans doute pas question de considérer Breton comme le premier responsable de l'introduction en France de la psychanalyse. Lui attribuer ce rôle serait, d'après R. Held, le

1. Par contre, et aussi par nécessité, une seule possible allusion à Trotsky : « Nous tressaillons pour la première fois au rassemblement lointain d'une armée qui est l'Armée Rouge, et dont la force nous est le meilleur garant de la ruine prochaine de l'idée même d'armée » (p. 246-247).

« survaloriser », même si on le restreint « au seul domaine de l'art ». Le même auteur reproche d'ailleurs à Sarane Alexandrian d'avoir commis une telle survalorisation, et rappelle que « quantité de travaux, une revue spécialisée, *Imago,* existaient dans les pays de langue allemande et en Hongrie » pour affirmer que « Breton y a forcément puisé », sans toutefois en donner aucune preuve.

On sait que, dès 1917, Breton utilise certains éléments de la technique d'interprétation analytique, alors qu'il est assistant au centre psychiatrique de la IIe armée de Saint-Dizier : « C'est là — bien que ce fût encore très loin d'avoir cours — que j'ai pu expérimenter sur les malades les procédés d'investigation de la psychanalyse, en particulier l'enregistrement, aux fins d'interprétation, des rêves et des associations d'idées incontrôlées » (*Entretiens,* p. 29).

Quant aux textes, si l'on examine ce qui avait déjà été traduit en français de Freud avant 1920, on relève trois titres fondamentaux : *l'Interprétation des rêves* dès 1900, les *Trois essais sur la théorie de la sexualité* en 1905, et l'*Introduction à la psychanalyse* en 1916; ajoutons-y les *Cinq conférences sur la psychanalyse* et la *Psychopathologie de la vie quotidienne,* également traduits avant la publication du *Premier Manifeste.* Il existe d'autre part un certain nombre d'ouvrages spécialisés : dès 1914 *la Psychoanalyse des névroses et des psychoses* de Hesnard et Régis (réédité en 1921), en 1923, *la Psychanalyse* de P. Brunet (Mémoires de l'Académie des Sciences, Arts et Belles Lettres de Dijon), qui est également l'auteur d'un petit ouvrage sur *le Rêve* (Stock, 1924) où il est fait référence aux théories freudiennes (ainsi qu'aux observations de Hervey de Saint-Denis); et, sous le même titre, un rapport au XXVIIe congrès des aliénistes et neurologistes de France et des pays de langue française, de Hesnard, qui a aussi rédigé un ouvrage sur *l'Inconscient* (1922).

En 1924, Hesnard publie un petit texte de vulgarisation, *la Psychanalyse. Théorie sexuelle de Freud* (Stock); il y note la diffusion en langue française et avant 1924, d'articles de Maeder, de Saussure, Baudouin, ainsi que l'existence, en Suisse, des travaux de Claparède, H. Flournoy et de Montet; il signale aussi « quelques revues, des travaux ou rapports médicaux dus à P. Janet, Dupré, Blondel, Chaslin, et surtout les recherches cliniques récentes, à Paris, du Professeur H. Claude et du Docteur Laforgue » (*cf. Nadja,* p. 160-161 : « l'aplomb des gens qui vous interrogent quand vous n'en voudriez pas pour cirer vos chaussures, comme le professeur Claude à Sainte-Anne, avec ce front ignare, et cet air buté qui le caractérisent »; *cf.* aussi *la Médecine mentale devant le surréalisme,* dans *Point du jour,* où P. Janet et Clérambault sont pris à partie en raison de leurs réactions à la phrase ci-dessus). Hesnard signale le « meilleur exposé de la doctrine de Freud qui ait été fait dans une revue littéraire : "J. Romains. Aperçu de la psychanalyse" » *(N.R.F.* du 17 janvier 1922), mais pour admettre finalement que la psychanalyse est encore « très imparfaitement connue en France », comme l'énonçait déjà une phrase de l'*Interview du professeur Freud :* « Ah! il n'aime pas beaucoup la France, restée seule indifférente à ses travaux ». On reconnaîtra d'ailleurs que ce n'est pas sans de curieux principes (peu faits pour sembler admissibles à Breton) que Hesnard (pourtant présenté par R. Held comme un moment important dans la diffusion de la doctrine freudienne) aborde son exposé de la « théorie sexuelle de Freud », en lisant ces quelques lignes de sa préface :

> Il ne nous est plus permis d'ignorer cette œuvre médicale assez fortement inspirée de la philosophie germanique, mais dont les incontestables séductions et les profondes vérites de détail, diversement combinées aux artifices de l'imagination constructive, rencontreront leur meilleur correctif dans l'esprit latin de mesure (p. 6).

En un sens, on pourrait admettre que le point de vue que défendra Breton sur la psychanalyse est à l'exact opposé de celui sur lequel ce paragraphe prend appui : la psychanalyse ne saurait être présentée comme une œuvre strictement médicale sans perdre la plus grande partie de ce qui fait son intérêt; qu'elle soit « assez fortement inspirée de la philosophie germanique » ne saurait être à son désavantage, et en aucun cas il ne pourrait appartenir à l'« esprit latin de mesure » de la corriger — lui qui n'est synonyme de rien d'autre que de ratiocination étriquée et crainte de ce que peut avoir d'excessif la pensée véritable; sa profondeur réside beaucoup plus dans la vue d'ensemble *renversante,* sinon révolutionnaire, qu'elle permet de prendre sur la vie de l'esprit que dans ses « vérités de détail »...

Sur le plan institutionnel, il faut aussi rappeler que, si dès 1910 fut constituée lors du Congrès de Nuremberg l'Association internationale de psychanalyse (qui regroupe à cette époque diverses sociétés nationales : autrichienne, hongroise, suisse allemande), ce ne sera qu'en novembre 1926 qu'aura lieu la fondation de la Société psychanalytique de Paris (R. Allendy, Marie Bonaparte, E. Pichon, Saussure, R. Laforgue, etc...). On peut donc affirmer que même le milieu médical fut en France particulièrement lent à s'émouvoir. Rappelons aussi que la résistance à la psychanalyse y fut et y demeure assez forte, tant dans les milieux psychiatriques (Baruk) que dans les milieux philosophiques (Alain, pour qui elle ne constituait qu'une « psychologie de singe »). Roland Jaccard peut affirmer que longtemps la psychanalyse « ne suscita guère l'intérêt que des milieux littéraires et artistiques » — confirmant ce que Freud notait en 1925 : « l'intérêt porté à la psychanalyse est parti en France des hommes de lettres [...]; pour comprendre ce fait, il faut se rappeler que la psychanalyse, avec l'interprétation des rêves, a franchi les bornes d'une pure spécialité médicale » *(Ma vie et la psychanalyse,* p. 99*).* De ce point de vue, il faudrait noter que c'est dans le n° 9/10 de *la Révolution surréaliste* (1er octobre 1927) que fut publié pour la première fois en France l'article de Freud sur « La question de l'analyse par les non-médecins », et citer André Thirion, d'après qui « la plupart des médecins et des psychologues de 1929, qui ignoraient ou rejetaient Freud, étaient encore enclins à ne voir dans le rêve qu'un phénomène pathologique et non l'un des mécanismes fondamentaux de la vie spirituelle de l'homme » (p. 205).

Il semble donc que l'on puisse admettre que si, au moment où Breton commence à entrevoir la portée révolutionnaire — soit directe (auto-interprétation des rêves personnels, découverte des désirs authentiques : l'un des thèmes que l'on retrouvera dans *les Vases communicants*), soit indirecte (rédaction de textes automatiques sur le modèle des productions pathologiques) — que l'on est en droit d'attendre des thèses freudiennes, un noyau médical s'intéresse aussi à la psychanalyse, un tel intérêt n'est en rien général : en fait, la psychanalyse est déjà perçue comme une spécialité thérapeutique et l'éclairage nouveau qu'elle projette sur la vie mentale reste très insuffisamment relevé. Sans doute Breton (et avec lui les principaux surréalistes) ne fut-il pas le seul, dans les milieux intellectuels, à se passionner pour les théories nouvelles. Dans son ouvrage paru en 1924, la même année que le *Premier Manifeste,* Hesnard confirme que, peu après la traduction d'importants textes de Freud, « on voyait apparaître dans le monde des journaux, des théâtres et de la critique littéraire principalement, un engouement subit pour la psychanalyse, succédant à une période d'inexplicable dédain pour les œuvres remarquables du maître de Vienne ». N'oublions pas toutefois que Freud, l'année suivante, remarque que « l'entrée de la psychanalyse dans la France longtemps réfractaire » s'accompagne de « symptômes réactionnels » : « on croirait la reproduction de choses déjà vécues... Des objections d'une incroyable naïveté se font jour, telles celles-ci : la délicatesse française est choquée du pédantisme et de la lourdeur de la nomenclature psychanalytique » *(Ma vie et la psychanalyse,* p. 96*);* la traductrice de Freud, Marie Bonaparte, explique en note que certains traits du « caractère national » français rendirent en effet la compréhension de la psychanalyse plus difficile : « son amour de la clarté logique », « son culte du goût », son respect du « simple bon sens » et sa confusion fréquente, sinon permanente, du sexuel avec le grivois. Il est certain que de tels traits ne furent jamais ceux de Breton, et il lui revient d'avoir immédiatement interprété la psychanalyse — en cela, il n'eut pas de rival — comme apportant la possibilité d'une appréhension radicalement nouvelle de la vie humaine.

Pour ce faire, et selon son attitude permanente par rapport à toutes les théories spécialisées, Breton se verra contraint de ne pas respecter l'orthodoxie psychanalytique. De manière générale, il entrevoit rapidement que la cure, loin de participer à la construction d'un monde nouveau propre à satisfaire les désirs et à se plier aux exigences d'un principe de plaisir devenu seul maître, sera plus facilement utilisée, conjointement aux autres formes de thérapeutique, pour confirmer le monde (moral et social en particulier) tel qu'il est et renforcer l'autorité du principe de réalité :

> Si l'on tient compte [...] de l'évolution récente de la médecine mentale, et ceci du seul point de vue psychologique, on constate que sa démarche principale tient dans la dénonciation de plus en plus abusive de ce qui, à la suite de Bleuler, a été nommé l'*autisme* (égocentrisme), dénonciation bourgeoisement des plus commodes puisqu'elle permet de considérer comme pathologique tout ce qui n'est pas chez l'homme l'adaptation pure et simple aux conditions extérieures de la vie *(la Médecine mentale devant le surréalisme,* 1930*).*

Si c'est « par un regrettable sacrifice à l'esprit dada » que la relation de sa visite, en 1921, à Freud, fut dépréciative, la version qu'elle donne d'un Freud petit-bourgeois anticipe sur les reproches que Breton ne cessera d'adresser — des « constats d'huissier » de *Nadja* aux *Entretiens* — aux disciples du maître de Vienne. Freud lui-même sera toujours assez sévèrement jugé à cause de son incompréhension de toute expression artistique « moderne » et, en particulier, surréaliste. Empruntant à la théorie psychanalytique les éléments dont il aura besoin et en modifiant d'autres, Breton n'admettra pas que la psychanalyse pût ôter toute valeur à certaines des recherches qui l'ont précédée : de ce point de vue, elle ne constitue qu'un

> rejeton extrêmement vivace se développant à partir d'une souche qui avait été l'enseignement de la Salpêtrière. Cet enseignement, tout erroné qu'il fût sous bien des rapports, devait, en favorisant certains sondages de l'âme humaine, inévitablement dévoiler la couche souterraine où l'art plonge aussi ses racines. Si l'on songe qu'en 1881 Scherner avait, pour sa part, découvert la symbolique des rêves, Freud, avec tout le génie que je n'ai cessé de lui accorder, œuvrait sur le terrain le mieux préparé pour qu'il pût se faire entendre à la fois des artistes et des analystes. Entre l'art et la

science comme il l'entendait, on eût pu croire, n'est-ce pas, à la lune de miel [...] Il n'en fut rien.

Et « Freud fut le premier à se dérober au dialogue » (*Entretiens,* p. 294).

On admettra aisément que la réintroduction, dans une ambiance psychanalytique, de théories aussi excentriques par rapport à l'orthodoxie freudienne que, par exemple, la psychologie gothique de Myers ou certaines observations de médiums (Flournoy) constitue effectivement une déviation importante. Que l'on en juge d'après J. Lacan qui déclare que la recherche freudienne en ses débuts n'a fait

> nulle part, sauf exception très rare, alliance sérieuse avec tout ce qui a existé — existe encore maintenant (en 1964), mais moins qu'à l'époque de la découverte freudienne — de recherche métapsychique, comme on disait, voire de pratique spirite, spiritiste, évocatoire, nécromantique, telle la psychologie gothique de Myers, qui s'astreignait à suivre à la trace le fait de télépathie.
>
> Bien sûr, au passage, Freud touche à ces faits, à ce qui a pu lui en advenir, apporté par son expérience. Mais il est net que c'est dans le sens d'une *réduction rationaliste* (c'est nous qui soulignons), et élégante, que sa théorisation s'exerce. On peut considérer comme exceptionnel, voire aberrant, ce qui, dans le cercle analytique, de nos jours, s'attache à ce qui a été appelé — et d'une façon bien significative, pour les stériliser — les phénomènes *psi. (les Quatre concepts fondamentaux de la psychanalyse,* p. 32)

Jean Starobinski a remarquablement démontré que certains concepts, capitaux dans la pensée de Breton, dérivent avant tout de Myers : le subliminal, l'automatisme. On ne saurait pour cela admettre que Breton accepte en totalité l'héritage de la psychologie gothique; en fait son attitude par rapport à l'auteur de *la Personnalité humaine* est aussi sélective que celle qu'il maintiendra par rapport à Freud. N'oublions pas en effet que l'ouvrage de Myers est traversé de part en part par un souci religieux; dès son introduction, il affirme qu'il apportera les preuves du « rêve le plus cher » de l'humanité, la survie après la mort, énonçant, par exemple, que :

> le « moi » conscient de chacun de nous, ou comme je l'appellerais plus volontiers, le moi empirique ou supraliminal, est loin de comprendre la totalité de notre conscience et de nos facultés. Il existe une conscience plus vaste, des facultés plus profondes, dont la plupart restent virtuelles en ce qui concerne la vie terrestre, dont la conscience et les facultés de la vie terrestre ne se sont dégagées qu'à la suite d'une sélection et qui s'affirment de nouveau dans toute leur plénitude après la mort (édition de 1905, p. 20).

Et dans sa conclusion on rencontre des sous-titres aussi alarmants que « Esquisse provisoire d'une synthèse religieuse ». L'intérêt que Breton porte à une telle recherche, on comprend qu'il le qualifie de « très vif, quoique défiant » : en aucun cas, il ne pourrait accepter de telles conclusions spiritualistes. Il n'en reste pas moins qu'il lui semble exister là un matériau important que l'on ne saurait négliger au nom de l'orthodoxie freudienne.

La question du rêve

C'est dès le *Premier Manifeste* que Breton affirme avec force l'urgence et l'importance d'un examen systématique de la pensée onirique, une telle étude confirmant l'orientation scientifique du surréalisme et devant faciliter une sortie, complémentaire de celles que permettent la poésie ou le recours à l'imaginaire, hors du rationalisme classique. Le bouleversement que veut alors introduire Breton dans la réflexion en y réservant une juste place à cette question du rêve est tout à fait comparable à celui qu'a mené Freud par rapport à la conception de la conscience qui était encore dominante à la fin du XIXe siècle : de même que Freud affirmera dans les *Essais de psychanalyse* que, à l'opposé de la philosophie et de la psychologie classiques, « la psychanalyse se refuse à considérer la conscience comme formant l'essence même de la vie psychique, mais voit dans la conscience une simple qualité de celle-ci, pouvant cœxister avec d'autres qualités ou faire défaut », Breton constate que, à cause de l'ignorance où l'on est encore en France de cette percée freudienne, l'activité onirique n'est toujours considérée que comme une parenthèse, finalement négligeable et sans portée significative, dans l'activité vigile. Dans les deux cas, il s'agit d'attirer l'attention sur un ensemble de phénomènes qui ont jusqu'alors été systématiquement mésestimés par la culture majoritaire. Toutefois, dès le *Premier Manifeste,* Breton émet quatre remarques supplémentaires, qui ne sont pas toutes également compatibles avec l'enseignement freudien :

1. Première hypothèse : « selon toute apparence le rêve est continu et porte trace d'organisation ». Si l'on admet qu'une telle continuité peut s'étendre de nuit en nuit, on ne voit pas ce qui autoriserait à privilégier exclusivement la pensée de la veille, tant dans l'attention qui lui est accordée que dans les solutions qui y sont cherchées; on aboutit ainsi à une question radicale, qui annonce l'éventualité d'une inversion totale des références habituellement respectées dans l'action : « Le rêve ne peut-il être appliqué, lui aussi, à la résolution des questions fondamentales de la vie? »

2. Pourquoi nous montrons-nous sensibles, dans la vie quotidienne, à telle chose plutôt qu'à telle autre? La pensée vigile est trop fréquemment incapable de nous l'expliquer : ne faudrait-il donc pas rechercher une telle clef du comportement conscient dans le rêve lui-même, et dans les relations déterminantes qu'il entretient avec l'existence éveillée?

3. Dans le rêve, tout apparaît possible au sujet endormi, qui se trouve ainsi dépasser en tous sens les pauvres pouvoirs qu'il se reconnaît lorsqu'il est éveillé. Cela devrait nous mettre sur la piste d'une autre raison qui, semblablement, déborde de tous côtés la raison consciente, et par laquelle l'action humaine reculerait ses limites ordinaires.

4. Il s'agira d'étudier le rêve, non pas pour lui-même, mais pour détruire de façon définitive une antinomie dont l'homme n'a que trop longtemps subi la tyrannie, qui est admise par conditionnement et médiocrité de pensée : l'antinomie entre ce que le rêve nous autorise à percevoir et ce que la vie éveillée nous présente comme réel. Il s'agit de travailler, à partir d'un examen sérieux, expérimental, de l'activité onirique, « à la résolution future de ces deux états, en apparence si contradictoires, que sont le rêve et la

réalité, en une sorte de réalité absolue, de *surréalité,* si l'on peut dire » (*Manifestes,* p. 26).

Cette dernière remarque est d'une extrême importance, puisque s'y esquisse déjà, sous le nom de surréalité et à propos du cas relativement « limité » de l'opposition rêve/veille, ce que le *Deuxième Manifeste* désignera comme « point suprême ». Ce qui prend ici forme dans la pensée de Breton et s'affirme dans un *Manifeste* inaugural (offert à la réaction du lecteur : acquiescement, hargne, indifférence, etc..., comme fondement essentiel et discriminatoire de l'activité et du comportement surréalistes), c'est le choix (déterminé par tout le matériau précédemment recueilli : séances de sommeil, écriture automatique, récits de rêves, etc..., mais anticipant sur les résultats d'un traitement véritablement scientifique de ces données expérimentales : nous sommes encore dans le domaine de la croyance : « *Je crois* à la résolution future... ») d'un point de vue dialectique qui paraîtra définitivement constituer la voie royale que doit emprunter toute réflexion authentique, c'est-à-dire soucieuse de ne sacrifier aucun aspect du vécu : « Où la dialectique hégélienne ne fonctionne pas, il n'y a pour moi pas de pensée, pas d'espoir de vérité » *(Entretiens).*

La dialectique hégélienne, telle que l'utilise Breton, peut être définie comme une succession ininterrompue de « négations de la négation », soit comme ce que les premières traductions françaises des textes hégéliens nomment, avec quelque tendance à la simplification, « dépassement ». Mais il faut rappeler que ce qui est ainsi « dépassé » est d'une certaine façon « conservé » ou maintenu. On peut donc affirmer sans plus attendre que, si Breton entreprend de re-situer le rêve dans l'activité mentale de l'homme, ce n'est nullement, comme des commentateurs trop manichéens l'ont parfois prétendu hâtivement, pour annuler à son profit la conscience éveillée. Reconnaître au rêve la place qui lui revient de droit pour peu que l'on se donne la peine d'étudier attentivement « le fonctionnement réel de la pensée », ce n'est pas refouler la conscience pour aller se perdre dans les mirages d'un onirisme qui éloignerait de plus en plus du quotidien. Sur ce point, le texte des *Vases communicants* est suffisamment explicite, et laisse entendre, non seulement qu'une meilleure connaissance de la vie mentale est compatible avec les postulats philosophiques du matérialisme, mais de surcroît qu'elle en est étroitement solidaire, puisqu'elle seule permet à ce matérialisme de trouver l'angle convenable pour s'attaquer au réel et le transformer : en aucun cas, l'examen du rêve ne saurait pour Breton mener à une « solution icarienne », pour reprendre une expression de Georges Bataille, ou ménager une ligne de fuite hors du quotidien par trop insupportable. Nous pouvons saisir ici, sur le cas de la dialectique rêve/veille, une constante de la pensée bretonienne, et, au-delà, du surréalisme dans son entier : l'ambition n'est pas de substituer au rationalisme étroit un irrationalisme systématique, finalement aussi borné et appauvri, mais en sens inverse, puisqu'il équivaudrait à prétendre cette fois faire l'économie des solutions rationnelles; il s'agit bien plutôt de parvenir à constituer un surrationalisme authentique, une pensée qui laisse libre cours, et en même temps, aux exigences de la raison ou du réel et à celles de ce qui les dépasse.

On sait que Gaston Bachelard a utilisé ce terme de surrationalisme, et que Breton était attentif à ces travaux (ainsi qu'à ceux de Lupasco, cf. *Entretiens,* p. 297). Rien n'interdit en effet de comparer ce que Bachelard nommait également rationalisme dialectique au projet surréaliste de mettre en honneur une « raison ardente ». On pourrait dire, très rapidement, ceci : de même que, d'après Bachelard, le progrès de la raison scientifique s'effectue dans le sens d'une intégration de ce qui avait pu lui paraître le plus immédiatement contraire (par exemple, en mécanique, la notion de *masse négative* alors que la masse était pensée comme nécessairement positive jusqu'aux travaux de Dirac, ou, en géométrie, la *multiplicité des parallèles* que l'on trouve dans le système de Lobatchewski alors que, depuis Euclide, on savait bien que, « par un point pris hors d'une droite, on ne peut construire à cette droite qu'une parallèle et une seule »), de même, d'après Breton, il y aurait un progrès considérable pour la pensée humaine en général (bien que, d'un certain point de vue, ce progrès consiste simplement en une restitution à l'homme de ses « pouvoirs perdus ») dans le passage de la raison classique (obéissant au principe aristotélicien de la non-contradiction) à une raison ouverte, ou dialectique, capable de faire coexister ce qui aura été tenu, jusqu'à son avènement, pour des contraires. On retiendra au moins de ce rapide rapprochement que, pas plus que les géométries non euclidiennes n'annulent le système d'Euclide, la raison dialectique n'annule la raison classique. Dans un cas comme dans l'autre, il s'agit plus sainement de replacer dans un domaine désormais mesuré ce qui prétendait à une validité universelle.

Du côté de chez Marx

« Les rênes » qu'il s'agit dans *les Vases communicants* de « reprendre » et de « tenir d'une seule main » désormais, on sait qu'elles désignent, d'une part la théorie psychanalytique et tout ce qui, de près ou de loin, s'y rattache, de l'autre la théorie marxiste. S'il ne saurait être question ici de retracer de façon détaillée l'historique des rapports entre Breton et le Parti Communiste français, il faut néanmoins en rappeler les principaux jalons.

Nous avons pu affirmer dans un ouvrage antérieur que *la revendication surréaliste est politique en soi,* même si le souci d'un engagement à strictement parler politique n'est devenu préoccupant, chez Breton et ses amis, qu'avec un certain retard. Plus que d'un engagement, il s'est d'abord agi d'un rapprochement du groupe *Clarté,* rendu possible par certaines animosités communes contre la pensée bourgeoise (le 15 novembre 1924 paraît un numéro spécial de *Clarté* qui constitue la seule marque d'hostilité des milieux communistes à l'égard d'Anatole France récemment défunt : on le comparera à *Un cadavre* publié à la même occasion par le groupe surréaliste, mais surtout aux louanges que décernent au « grand humaniste » aussi bien *l'Humanité* que les autorités soviétiques), mais différé durant la polémique déclenchée par la formule d'Aragon sur « Moscou la gâteuse », puis effectif à partir de mai 1925, date à laquelle *Clarté* publie un article de Victor Crastre favorable au surréalisme. Dès lors, les événements politiques (guerre du Rif) aussi bien que des préoccupations intellectuelles nouvelles chez Breton (enthousiasme pour le *Lénine* de Trotsky) consolident la communauté de pensée : le manifeste *la Révolution d'abord et toujours* (signé par 29 surréalistes, 8 membres de *Clarté,* 10 membres du groupe marxisant « Philosophies », et les deux principaux responsables de *Correspondance,* Camille Gœmans et Paul Nougé, il a été rédigé à la fin du mois de juillet, diffusé en août à 4 000 exemplaires, et repris dans le nº 15 de *la Révolution surréaliste,* qui publie également l'article sur le *Lénine* de Trotsky, où Breton prend assez nettement ses distances par rapport aux déclarations, brillantes mais superficielles, de l'ordre du simple défi d'Aragon; le texte en sera accueilli favorablement par *l'Humanité*), une déclaration commune publiée le 8 novembre dans *l'Humanité,* l'apparition de collaborateurs surréalistes dans *Clarté* à partir du numéro du 30 novembre, sont là pour en témoigner, ainsi que le projet — qui n'aboutit pas — d'une revue *(la Guerre civile)* réunissant les deux groupes.

La deuxième étape de l'évolution de Breton vers le P.C.F. sera marquée par l'intervention de Pierre Naville, qui presse ses amis de passer réellement dans les rangs communistes, en ne se contentant plus de simples déclarations de principe. La réponse de Breton aux arguments de Naville est constituée par *Légitime Défense,* d'abord paru en brochure en septembre 1926, puis repris dans *la Révolution surréaliste* du 1er décembre. Ce texte capital expose ce qui, en gros, demeurera l'attitude de Breton par rapport aux exigences communistes. Revendiquant le droit pour le surréalisme de continuer ses recherches en dehors de toute contrainte extérieure, *Légitime Défense* s'en prend de façon virulente à Henri Barbusse, dont il faut rappeler le rôle important qu'il joue à l'époque dans les orientations culturelles du P.C.F.

Barbusse a adhéré au P.C.F. dès 1923, et son adhésion a beaucoup de prix aux yeux des dirigeants politiques puisqu'elle est celle d'un écrivain qui, par ses origines (bourgeoises) et son succès littéraire (Prix Goncourt) aurait pu connaître une carrière se terminant à l'Académie Française. L'auteur du *Feu* a choisi de refuser cette voie et de prendre parti pour les révolutionnaires. Il est donc un allié particulièrement précieux et disposera, pour diffuser ses conceptions esthétiques (qui à partir de 1926 sont les positions officielles du P.C.F. encore peu soucieux d'être en accord sur ce point avec les directives de Moscou), de la direction littéraire de *l'Humanité;* de plus, il dirige la revue *Monde* (premier numéro le 9 juin 1928). *Monde* ne dépendra du P.C. que de 1932 à son dernier numéro en 1935; au départ, c'est une publication qui se présente comme éclectique, mais qui affirme sa volonté d'œuvrer à l'apparition d'une littérature prolétarienne : l'éditorial que signe Barbusse dans le premier numéro indique qu'il faut

> travailler à dégager, et peut-être même à susciter en quelque mesure les premiers efforts déjà sensibles quoique dispersés et tâtonnants d'un art de masse aux perspectives collectives et panhumaines,

ce qui semble bien impliquer que la littérature prolétarienne n'a pas encore de réalité en France, position difficilement compatible avec les directives contemporaines des milieux de Moscou, pour lesquels elle existe au moins de façon latente, le tout étant de lui assurer les moyens de s'exprimer véritablement (d'où la création des « correspondants ouvriers », sur laquelle le parti communiste russe fondait les plus grands espoirs).

En fait, ce que Barbusse qualifie de littérature prolétarienne semble se rattacher à une tradition bien vivante des lettres françaises, qui n'est rien d'autre que le courant populiste (H. Poulaille) que Barbusse relie à « la montée lente du mouvement ouvrier depuis cinquante ans ». En application de ses principes finalement assez flous et peu teintés de marxisme véritable, Barbusse rejette (sauf en ce qui concerne les enseignements que l'on en peut déduire quant à la technique littéraire) la totalité de la littérature classique et la plus grande partie de la littérature contemporaine, coupable de pratiquer des analyses psychologiques étroitement limitées au cercle des personnages/lecteurs de la classe bourgeoise. Il admet en effet qu'écrire est un métier qui nécessite comme n'importe quel autre un apprentissage sérieux, et se montre pour cela peu enthousiaste à l'égard des « correspondants ouvriers », auxquels manque précisément une connaissance suffisante de l'art d'écrire, dont l'absence ne saurait être comblée ni par la spontanéité ni par les seules convictions révolutionnaires.

Du point de vue soviétique, il s'agit d'une position hérétique — on le verra lors du Congrès de Kharkov — mais les dirigeants du P.C.F. se montrent sur ce point peu rigoureux (ils le demeureront d'ailleurs même après les admonestations de Kharkov). Il faut remarquer qu'entre 1921 et 1934-35 les dirigeants français du P.C. ne donnent aucune directive précise concernant la question littéraire, contrairement à ce qui a lieu en Russie où les prises de position (de Boukharine, Radek, Staline, Trotsky) abondent. Barbusse, pour sa part, tente de mettre au point une politique de rassemblement des écrivains sympathisants avec le parti révolutionnaire, en attendant que la notion d'« art prolétarien » puisse se préciser : « la seule condition que nous devions exiger des intellectuels pour les grouper en un mouvement unifié est d'adhérer aux revendications du prolétariat » (message de Barbusse à Kharkov), puisque

> dans le tumulte des préparatifs, il n'y a pas encore d'accord sur les données de cette puissance latente qu'on appelle déjà « l'art prolétarien » et dont les foyers sont formés ou en formation dans tous les pays du monde. Parfois, les conceptions trop entachées de politique militaire la rapetissent et l'étriquent d'avance. (Article dans *Monde* du 9-6-1928)

Pour Breton, le rassemblement tenté par Barbusse est vraiment trop large, et *Légitime Défense* ne sera pas tendre à l'égard du directeur littéraire de *l'Humanité.* Le texte traite Barbusse de « vieil emmerdeur bien connu », « fumiste de la pire espèce », « sinon un réactionnaire, du moins un retardataire, ce qui ne vaut peut-être pas mieux ». Mais cette violence verbale accompagne une argumentation solide : il est reproché à Barbusse de ne rien comprendre à ce qui peut constituer une littérature véritablement révolutionnaire, assimilant l'attitude surréaliste « et, par-dessus tout, l'attitude de Lautréamont, par exemple, à celle des gens de plume les plus divers », confondant des modifications formelles superficielles avec la pensée nouvelle que tente de mettre à jour le surréalisme, se montrant accueillant enfin, sous prétexte que ce sont tous des « novateurs », aussi bien à Supervielle et Luc Durtain qu'à Cocteau et Claudel... Aux louanges attribuées sans discrimination à toute innovation formelle, *Légitime Défense* réplique que « dans ce domaine comme dans tout autre, il nous paraît que la révolte seule est créatrice et c'est pourquoi nous estimons que tous les sujets de révolte sont bons », cite en exemples Hugo, Borel, Rabbe, Baudelaire et Rimbaud, et affirme :

> Quant à nous en laisser imposer par ce qui tend aujourd'hui à se présenter extérieurement sous le même angle que ces œuvres sans en offrir l'équivalent substantiel : jamais. Car c'est bien de « substance » qu'il s'agit, même au sens philosophique de nécessité réalisée. La réalisation de la nécessité seule est d'ordre révolutionnaire. Il ne peut donc être permis de dire d'une œuvre qu'elle est d'essence révolutionnaire que si, contrairement à ce qui a lieu pour celles que nous recommande M. Barbusse, la « substance » en question n'y fait pas complètement défaut. Ce n'est qu'ensuite qu'on en peut venir aux mots et aux moyens plus ou moins radicaux d'opérer sur eux... (*Point du jour,* p. 42)

Cette substance, la révolte, il est évident qu'elle fonde historiquement le surréalisme lui-même. Il est donc seul représentatif d'une attitude qui perturbe les formes en se souciant d'indiquer (de maintenir) dans cette perturbation le sens d'une révolte fondamentale. *Légitime Défense* est bien sûr un plaidoyer *pro domo,* mais c'est aussi une série d'avertissements lancés au P.C.F., alors même que Breton affirme que le Parti « est, révolutionnairement, la seule force sur laquelle on puisse compter ». Mais il faut que ce Parti se persuade qu'une action révolutionnaire au seul niveau du « salariat » et de l'organisation économique se révélera insuffisante : la révolution est également nécessaire dans la pensée, dans la connaissance. Or la seule présence d'un Barbusse dans ses rangs suffit pour faire redouter que rien ne soit entrepris dans ce domaine. Breton constate cette carence; il prévoit en conséquence qu'il ne saurait s'inscrire au Parti communiste en espérant pouvoir y poursuivre ses recherches, alors même qu'il est intimement persuadé qu'elles constituent l'exact complément du mouvement révolutionnaire :

> Je ne veux pas être rejeté arbitrairement dans l'« opposition » d'un parti auquel j'adhère sans cela de toutes mes forces, mais dont je pense que possédant pour lui la Raison, il devrait, s'il était mieux mené, s'il était véritablement lui-même, dans le domaine où mes questions se posent, avoir réponse à tout.

Malgré la petite phrase de *Légitime Défense* : « j'ai jugé inutile de me faire *inscrire* au Parti communiste », on sait que c'est en 1927 que Breton y adhère, en compagnie d'Aragon, Eluard, Péret et Unik. A cette occasion est publié *Au grand jour,* qui va simultanément justifier cette adhésion commune et réaffirmer l'exigence d'autonomie du surréalisme dans le domaine qui est le sien. Si d'un côté on affirme une fusion réelle (Breton a d'ailleurs retiré *Légitime Défense* de la circulation) avec les communistes sur le plan politique (« Jamais [...] nous n'avons songé à nous affirmer devant vous en tant que surréalistes »; « vous *les seuls* sur qui nous comptons. Avec qui, bon gré, mal gré, nous partagerons intégralement, quoi qu'il arrive, le sens de la réalité révolutionnaire »), on n'en prévient pas moins toute confusion sur les tâches que le Parti pourrait exiger de ses nouveaux membres : « A quoi bon nous contraindre à nous exprimer prématurément sur des questions qui jusqu'ici, n'ont pas été de notre ressort » (débats économiques, méthodologie politique, questions syndicales). On rappelle aussi que, au lieu de publier Cendrars ou Jules Romains, *l'Humanité* ferait mieux de s'intéresser à ce qu'écrivent les surréalistes.

De ces deux dernières réserves, Breton pourra vérifier rapidement le bien-fondé. Mais dans l'immédiat, il s'attache à clarifier les positions politiques à l'intérieur de son groupe (réunion de la rue du Château, le 11 mars 1929). Le *Second Manifeste* sanctionnera durement les coupables d'inaction politique aussi bien que ceux qui admettent que les satisfactions strictement littéraires sont suffisantes, en rappelant toute l'importance accordée au marxisme. Breton propose même d'étendre l'application de la dialectique à des questions dont elle n'a pas encore entrepris l'examen. Ainsi, on ne la limiterait pas aux seuls domaines sociaux et les surréalistes pourraient montrer quelle aide ils sont capables d'apporter à la théorie révolutionnaire (« Toute l'ambition du surréalisme est de lui fournir des possibilités d'applications [...] dans le domaine conscient le plus immédiat ») : il s'agirait d'étudier notamment « les problèmes de l'amour, du rêve, de la folie, de l'art et de la religion ». Dans cette dernière proposition, c'est déjà le projet auquel répondent *les Vases communicants* qui s'esquisse. Mais comme dans les textes précédents, ces gages accordés au P.C. s'accompagnent de rappels d'importance : moins que jamais il ne saurait être question de discuter les « moyens d'expression » ou les buts particuliers du surréalisme :

> Quelle qu'ait été l'évolution du surréalisme dans le domaine politique [...] je puis bien dire que nous n'avons trouvé aucune raison valable de revenir sur les moyens d'expression qui nous sont propres et dont à l'usage il nous a été donné de vérifier qu'ils nous servaient bien.

Nadja est publié depuis un an, qui confirma l'ampleur de ces moyens d'expression; bien qu'on n'y trouve guère trace d'engagement communiste, G. Altmann lui a consacré un article (en même temps qu'au *Traité du style* d'Aragon) dans *l'Humanité* du 8-12-1928, insistant sur la révolte des deux surréalistes : « Que dans la forme cette révolte s'exprime avant tout comme individuelle, c'est certain : mais cette révolte d'hommes seuls, elle comprend et salue, en même temps, le combat discipliné des révolutionnaires pour libérer le travail et le monde esclave ».

Kharkov

Les délégués du Congrès de Kharkov, organisé pour consacrer la suprématie littéraire de l'U.R.S.S. et imposer une ligne commune à tous les P.C. occidentaux (particulièrement au P.C.F.), condamneront massivement les errances de Barbusse. Rappelons que le P.C.F. n'a envoyé comme délégués que deux surréalistes : Aragon et Sadoul, ce qui indique bien qu'il est loin d'accorder aux débats prévus et aux éventuelles décisions qui pourront en sortir une très grande importance. Barbusse lui-même ne va pas à Kharkov, y envoyant simplement un message où il défend ses positions.

La condamnation du déviationnisme de Barbusse et de *Monde* n'est cependant en rien une victoire pour les surréalistes. Alors que ce qui est reproché au directeur de *Monde* est plus assimilable à une erreur d'orientation corrigeable qu'à une grave faute politique, le surréalisme se trouve plus vigoureusement condamné, en même temps qu'une partie de ce qui constitue son fondement théorique, c'est-à-dire le « freudisme ». Sur le surréalisme, le jugement est assez sévère : « Les premières tentatives de lutte au moyen de cette méthode contre l'individualisme bourgeois, tout en se confinant encore aux conceptions idéalistes, ont facilité à quelques membres du groupe le passage à l'idéologie communiste, quoique encore d'une manière insuffisamment nette, dans les interventions des surréalistes en politique » (cité par J.-P. A Bernard, p. 63) : il apparaît donc que le surréalisme, en tant que mouvement, ne représente au mieux pour l'ensemble des congressistes qu'une étape possible, à dépasser nécessairement, sur la voie de l'engagement communiste; encore cette étape n'est-elle guère recommandable, puisqu'elle demeure à l'intérieur de l'idéalisme, ce qui rend sans doute insuffisantes les interventions des surréalistes dans le domaine politique. Quant au freudisme, il est condamné massivement, lui aussi, comme idéalisme, de même que le trotskysme dans son ensemble. Or le P.C.F., malgré les attaques sérieuses, accompagnées de conseils de réorientation, dont la ligne Barbusse a été l'objet à Kharkov, ne changera en rien son attitude, montrant ainsi qu'il tient, plus qu'à tout, à garder Barbusse dans ses rangs. Dans l'immédiat, il n'y a aucune modification de ses orientations culturelles; peu après, il officialise la politique du rassemblement le plus vaste possible.

Ainsi, du point de vue de Breton (et sans compter les complications qu'il entraîne, dans le surréalisme lui-même, avec le retour d'un Aragon dont la position se révèle pour le moins ambiguë, puisque, avant de quitter la Russie, il a accepté de signer une déclaration condamnant le surréalisme alors que, de retour à Paris, il prétend continuer à prouver son attachement au groupe), le Congrès de Kharkov et la condamnation de Barbusse ne constituent pas des éléments positifs : sur le plan du communisme international, les thèses imposées sont encore plus éloignées de ce qu'il peut accepter (rôle de premier plan accordé aux correspondants ouvriers et littérature professionnelle de propagande qui entraîne une amplification du moralisme), sur le plan du communisme français, la position de Barbusse se trouve en un sens renforcée. Mais le plus grave est peut-être la condamnation du freudisme, qui rejoint la censure qu'exerce à son endroit la culture bourgeoise : ainsi, la pensée révolutionnaire officielle rejoint la mentalité la plus réactionnaire. Sans doute les accusations portées contre Freud de part et d'autre ne sont-elles pas assimilables : idéalisme d'un côté, délire antirationaliste et obsession sexuelle de l'autre, mais le phénomène de rejet est bien le même; dans les deux cas, Freud semble inacceptable. Comme renoncer à Freud signifierait renoncer à l'un des fondements essentiels du surréalisme dans son ensemble, il y va de la survie même du mouvement.

Ce que rapporte André Thirion des discussions qui agitent à cette époque le groupe témoigne du sérieux avec lequel les surréalistes envisagent encore leur collaboration avec le P.C. (dont une preuve, et non superficielle, a été fournie par le changement de titre de leur revue : si *la Révolution surréaliste* devient *le Surréalisme au service de la révolution,* il ne s'agit pas d'un simple jeu de mots). En ce qui concerne l'utilisation éventuelle de leurs capacités créatrices, la position n'a pas changé, mais elle ne fera qu'augmenter les difficultés après Kharkov : « Tous les surréalistes, en 1930, admettaient que leurs propres moyens d'expression fussent utilisés, le cas échéant, pour la propagande communiste, mais pour eux le service de la révolution allait bien au-delà de l'accomplissement de quelques tâches pratiques». Or le P.C. ne leur demande précisément rien qui aille au-delà de ces tâches pratiques : dans le parti, ils ne sont que des militants comme les autres, sans particularité. Pour Breton, «il ne pouvait être question d'enfermer la création littéraire ou artistique, les recherches morales ou philosophiques dans le moule des mots d'ordre» (p. 281). Or, en mettant les choses au mieux, c'est-à-dire si le P.C. acceptait de considérer les surréalistes aussi comme des producteurs artistiques, il ne leur demanderait une aide que dans le sens d'un amoindrissement de leur spécificité : qu'ils s'astreignent à composer des textes compréhensibles par tout le monde, que leurs peintres (et spécialement Picasso) se débarrassent de leur complaisance à la non-signification immédiate, que les poètes se fassent les témoins, les porte-parole de la masse prolétarienne. Le malentendu reste complet.

Sans doute y a-t-il dans ce que les surréalistes connaissent de la psychanalyse des éléments qui risquent de faire que les accusations toujours latentes d'idéalisme redoublent. Après Kharkov, Thirion, qui depuis des années milite au sein du P.C. tout en faisant partie du groupe de Breton, aura pour préoccupation majeure «d'éviter un dérapage de l'intérêt que nous portions à la psychanalyse, aux rapports du conscient et de l'inconscient, vers des affirmations philosophiques que nos adversaires qualifieraient d'*idéalistes* et qui donneraient de la consistance aux accusations de *freudisme.* Ce n'était pas tellement aisé en raison de la puissance d'attraction qu'exerçaient Freud ou Jung sur Tzara, Dali et une petite frange de sympathisants et de collaborateurs occasionnels de la revue *S.A.S.D.L.R.*» (p. 315). Il faut donc parvenir à donner des théories freudiennes une version non idéaliste. Si une telle présentation peut sembler aujourd'hui relativement facile (que l'on pense par exemple à l'utilisation qu'en fait le groupe *Tel Quel* dans le cadre d'un matérialisme dialectique, qui se prétend à son tour plus strict et scientifique, par sa double référence à Lénine et Mao Tse Toung, que celui du P.C.F.), tant à cause de l'amélioration progressive des traductions de Freud que des lectures qui en sont faites (Lacan), il n'en allait certainement pas de même au début des années trente, d'autant plus que la tentative de concilier Marx et Freud était alors pratiquement inédite en France (aujourd'hui cela s'est terriblement banalisé, puisque, paraît-il, Reich et Marcuse sont devenus les lectures quotidiennes des milieux progressistes). Toujours est-il que « inconscient », « rêve », « désir », etc. semblent des concepts qui ne font pas nécessairement signe vers un matérialisme. Ou bien ce ne serait, dans une version rapide, que vers un matérialisme primaire (relations entre le cerveau et la pensée), mécaniste et non dialectique, qui pour les théoriciens marxistes serait évidemment insuffisant. Sur ce point encore, le témoignage de Thirion est précieux, qui rapporte que Breton fut passionné par une série de conversations qu'il eut en 1930 avec Bauer, membre du P.C. affichant des manières d'agent double, qui montrait « un intérêt majeur et déférent pour la psychanalyse, affirmant que l'essentiel de l'œuvre de Freud s'intègre fort bien au marxisme et que tel était le point de vue d'un grand nombre de camarades étrangers ». On comprend aisément que de tels avis aient pu alerter Breton, puisqu'ils semblaient d'une certaine manière l'autoriser à poursuivre son travail à partir de Freud, tout en confirmant le retard du P.C.F. sur bien des points, qu'il avait lui-même diagnostiqué à partir du cas Barbusse. D'ailleurs cette preuve d'une convergence d'idées entre Breton et certains communistes n'est pas isolée : toujours d'après Thirion, Charles Hainchelin, intellectuel de poids dans certains cercles marxistes, « au moment où s'ouvrait le congrès de Kharkov, estimait que l'article de Breton, *Rapports du travail intellectuel et du capital* publié dans le numéro 2 du *S.A.S.D.L.R.* était REMARQUABLE et il soulignait deux fois cet adjectif » (p. 283).

Serait-il alors possible de persuader le P.C.F. que la théorie freudienne n'est pas nécessairement idéaliste, ou du moins qu'une bonne partie en est utilisable du point de vue du matérialisme dialectique? C'est en tout cas le travail qu'entreprend Breton dans *les Vases communicants* [2].

---

2. Pour un « résumé » des *Vases communicants*, cf. *le Surréalisme, théories, thèmes, techniques*, p. 110 sqq.

La dialectique dans « les Vases communicants »

Le texte des *Vases communicants* a été rédigé en août et septembre 1931, mais Breton « en méditait l'économie depuis plusieurs mois. Il voulait donner l'image d'un certain désarroi affectif et des rapports entre ce désarroi et le souci de maintenir lucidité et rigueur, le rêve ou la rêverie ralentissant ou nourrissant la conscience du soi et du monde extérieur. Breton a écrit cet essai pour témoigner qu'*il s'est défait de toute attache idéaliste* » (Thirion, p. 318). Notons dès maintenant d'autre part, que dans la deuxième partie de son livre, Breton s'appuie amplement sur *les Origines de la famille, de la propriété privée et de l'état* d'Engels.

De l'avis même de Thirion, « il fallait beaucoup de mauvaise foi pour ne pas convenir que les deux premières parties des *Vases communicants* faisaient justice des accusations de *freudisme.* Elles achevaient l'évolution de l'auteur vers le matérialisme dialectique, comme le souhaitait la résolution de Kharkov » (p. 319). Nous constaterons en effet que Breton prend à l'égard de la théorie freudienne et de la technique analytique certaines libertés, qui sont autant de distances. Quant aux garanties sur l'importance qu'il convient de donner à la philosophie marxiste, nous avons déjà remarqué la présence dans le texte d'un nombre élevé de citations des auteurs qui font en ce domaine autorité.

Ce qu'il faut souligner, c'est la façon dont le souci dialectique apparaît prédominant à travers tout l'ouvrage. Le thème fondamental des *Vases communicants* en constitue lui-même l'illustration majeure : il s'agit de montrer la

> possibilité de conciliation extrême entre les deux termes qui tendent à opposer, au bénéfice d'une philosophie confusionnelle, le monde de la réalité et celui du rêve, je veux dire à isoler ces deux mondes l'un de l'autre et à faire une question purement subjective de la subordination de l'un à l'autre, l'affectivité restant juge,

et d'opérer

> la conversion de plus en plus nécessaire [...] de l'imaginé au vécu ou plus exactement au devoir-vivre.

Tout ce qui a été antérieurement énoncé concernant le rêve participait en effet de philosophies dualistes. Il convient de substituer à ces sytèmes, incapables de résoudre les antinomies apparentes et demeurant prisonniers des oppositions conceptuelles les plus grossières, un monisme authentique qui, dans ce domaine, ne peut que venir recouper les postulats du matérialisme dialectique. Breton distingue dans les travaux qui l'ont précédé trois tendances principales (entre lesquelles toutes les variantes sont possibles) où il ne se prive pas de relever d'importantes contradictions :

— pour les esprits positivistes, « le rêve ne serait à proprement parler que veille partielle et ne vaudrait qu'en tant que fait purement organique ». L'inconvénient est que l'on (Delage) réintroduit alors dans le rêve « le psychisme sous une forme larvaire », car on ne peut admettre que l'activité psychique connaisse une interruption complète durant chaque période de sommeil;

— la thèse idéaliste, pour sa part, s'achève aisément dans un mysticisme total, voyant dans le sommeil une libération complète de la pensée. Mais elle rencontre un problème majeur, lorsqu'elle constate l'existence de contenus manifestes d'une apparente absurdité : comment admettre que, lorsque la pensée s'effectue en jouissant au maximum de ses capacités d'expression, elle produise des propositions dénuées de signification?

— le matérialisme primaire, d'après lequel l'activité psychique demeure semblable à elle-même en toutes circonstances, aussi bien dans le rêve que dans la veille, la seule modification concernant les conditions de son fonctionnement (« l'esprit en rêve fonctionnerait normalement dans des conditions anormales ») en vient pourtant (chez Haffner par exemple) à admettre que le temps et l'espace n'existent pas dans le rêve, ce qui les ramène à n'être que de simples « représentations » de la conscience vigile, aboutissant ainsi à une thèse idéaliste. Ce matérialisme primaire, non dialectique, ne constitue donc rien de mieux qu'un idéalisme honteux.

A cet idéalisme honteux il faut substituer un matérialisme triomphant, parce que dialectique, et c'est à quoi Breton s'attache tout particulièrement dans les deux premières parties du livre. Cette démonstration s'effectue en deux étapes principales.

Tout d'abord par l'analyse assez détaillée d'un rêve personnel[3] et par la mise en relation des éléments du contenu latent ainsi dévoilé avec les préoccupations qui sont celles de Breton dans sa vie quotidienne : il apparaît que le rêve analysé devrait permettre de « rompre avec un certain nombre de représentations affectives, de caractère paralysant ». Une première conclusion partielle s'impose : il n'y a « rien dans tout l'accomplissement de la fonction onirique, qui n'emprunte clairement, pour peu qu'on veuille se donner la peine de l'examiner, aux seules données de la *vie vécue.* » Mais cette affirmation ne traite encore qu'un aspect du problème.

La seconde partie de la démonstration consistera à prouver que la vie réelle peut elle aussi s'organiser comme un rêve, c'est-à-dire présenter pour la mémoire qui cherche à en fixer les événements une incohérence, un caractère chaotique aussi prononcés que le contenu manifeste d'un rêve : ayant traversé une période de doute, de dépression affective, Breton constate rétrospectivement que cette baisse de tension de sa vie quotidienne a provoqué une sorte de démission qui se traduit par une organisation onirique du vécu.

> De même que derrière le rêve on ne découvre en dernière analyse qu'une substance réelle empruntée aux événements déjà vécus, l'appauvrissement extrême de cette substance condamne l'esprit à chercher refuge dans la vie du rêve.

Il faut ainsi admettre que le rêve et la veille échangent non seulement leurs matériaux, mais aussi bien leurs structures : dans les deux cas, l'impression pourra être d'étrangeté autant que de naturel ou de déjà vu. Ce qui revient à dire que le

3. *Cf. le Surréalisme, théories, thèmes, techniques,* p. 255 sqq.

problème fondamental que pose cette communication entre les deux domaines est le repérage d'un critère qui permette de les distinguer malgré tout sans risque d'erreur : à la fin de la première partie, Breton, recourant à H. Poincaré, définit ce facteur discriminatoire comme étant « le critérium sensoriel soumis à l'épreuve du temps. »

Cette thèse générale est illustrée par l'analyse que mène Breton du temps dans le rêve. Pour que la communication soit profonde entre rêve et réel, il faut en effet que la temporalité onirique puisse se raccorder à la temporalité vigile, c'est-à-dire qu'elles soient de nature semblable, faute de quoi le rêve ne saurait être d'aucune utilité pour la résolution des problèmes de la vie quotidienne. Or, on constate que la durée dans la veille peut subir une condensation tout à fait comparable à celle qui règne dans le rêve. Breton peut en déduire que le temps et l'espace « ne sont à considérer ici et là [...] que sous leur aspect dialectique, qui limite toute possibilité de mensuration absolue et vivante au mètre et à l'horloge », et cite à l'appui d'une telle conception dialectique Feuerbach, Lénine et Engels.

L'analyse d'un troisième concept capital, la causalité, renforce la démonstration, puisqu'il apparaît que la causalité n'est pas introduite après coup dans le rêve par le récit que l'on en fera au réveil : elle lui est intérieure, comparable elle aussi à celle que connaît la pensée vigile. Ce qui a interdit aux théoriciens d'insister jusqu'à présent sur son importance, c'est qu'ils ne parvenaient pas à concevoir une causalité dialectique, telle que l'a définie Engels, où la cause et l'effet échangent continuellement leurs fonctions. Le fait que le même élément puisse être alternativement considéré comme cause et comme effet est d'ailleurs un cas particulier de l'absence de contradiction dont Freud avait pourtant bien fait un des quatre caractères fondamentaux de l'inconscient.

Dès le début des *Vases communicants,* Breton affirmait que l'examen de ce « que deviennent dans le rêve le temps, l'espace, le principe de causalité » était capital : c'est grâce à lui que l'on pourra opérer une distinction définitive entre idéalisme et réalisme. La démonstration est faite qu'il est possible de constituer sur le rêve une théorie qui prenne appui sur les principes du matérialisme dialectique.

Freud à distance

Une telle démonstration ne s'opère pas sans que Freud en fasse dans une certaine mesure les frais. Ce qui lui est reproché, fondamentalement, est de manquer complètement d'esprit dialectique et de construire la psychanalyse sur un dualisme de vieux style : ne va-t-il pas jusqu'à affirmer qu'il convient de ne jamais confondre « la réalité psychique » et « la réalité matérielle », introduisant une rupture là où Breton veut au contraire établir l'existence d'une continuité? D'autre part, il nie l'existence et la valeur du rêve prophétique, c'est-à-dire du rêve « engageant l'avenir immédiat », ce qui revient selon Breton à « nier la valeur du mouvement ». Freud avait pourtant souligné avec justesse l'importance du principe de conciliation dans le rêve, mais son souci de maintenir une distinction entre « réel rêvé » et « réel perçu » lui interdit de comprendre que le rêve est en relation, non seulement avec le passé (proche ou lointain) du rêveur, mais tout autant — et pour Breton c'est autrement important — avec son *avenir.* En révélant le contenu et le sens du désir, le rêve permet de choisir ce qui doit être pour combler ce désir, il va dans le sens du *vouloir-vivre.*

Cette divergence sur l'utilité du rêve est capitale : y est impliquée, en effet, une critique radicale de la portée sociale de la psychanalyse. A quoi sert finalement le rêve du point de vue freudien? Uniquement à dévoiler l'inconscient personnel d'un sujet, ce dévoilement ne s'opérant dans la cure que pour harmoniser ensuite la conduite de l'analysé avec le monde tel qu'il est. Tout au contraire pour Breton, l'analyse du rêve confirme le caractère insupportable de ce monde et va dans le sens d'une prise de conscience accrue de la nécessité d'une révolution. L'analyse de la rêverie diurne confirme cette utilité : lorsque l'organisation onirique investit l'existence éveillée, c'est-à-dire lorsque le quotidien ne peut plus être vécu autrement que « comme dans un rêve », c'est que les conditions de vie deviennent à strictement parler inadmissibles, et qu'elles font obstacle par tous les moyens à la réalisation des désirs authentiques. Le seul moyen de reconnaître au rêve sa vraie place est donc de répondre à « une volonté de transformation des causes profondes du dégoût de l'homme [...] une volonté de bouleversement général des rapports sociaux [...] une volonté *pratique* qui est la volonté révolutionnaire ».

Ainsi, l'analyse de ce qui est en apparence le plus subjectif : le rêve, l'ambiance onirique, montre qu'il constitue l'ébauche d'une première réponse à la situation objective (les conditions matérielles de l'existence) et débouche sur une pratique qui est la seule réponse authentique à cette situation objective. Partant de sa situation personnelle (rupture sentimentale dans laquelle le manque d'argent a sans doute joué un rôle déterminant), Breton montre que la solution de cette situation ne peut être trouvée que dans un engagement qui concerne la collectivité dans son ensemble. Du moins s'agit-il de la seule solution non idéaliste, à laquelle il oppose deux autres voies, qui témoignent en fait d'une démission complète du sujet : le suicide, « conséquence du système idéaliste subjectif poussé à l'extrême », et... le cloître, qui marque la victoire des représentations hallucinatoires sur les représentations réalistes. En fait, il y a là un choix qui trace la ligne de démarcation entre les révolutionnaires et les rêveurs idéalistes, qui ne comprennent pas la continuité nécessaire entre leur subjectivité et le monde objectif. Pour l'idéaliste, le subjectif survalorisé est clos sur lui-même : la déception amoureuse est alors sans autre issue qu'une fuite en avant, encore plus effrénée, hors du sensible – suicide (Maïakovski) ou couvent. Pour le révolutionnaire authentique, la souffrance produite par la rupture amoureuse « n'est de rien, ou plus exactement convient-il qu'elle ne soit tenue pour valable que dans la mesure où, comme toute autre manifestation de la sensibilité humaine, elle est créatrice d'activité pratique ». Pour reconstruire l'amour véritable, un amour qui ne risque plus d'être mis en échec par les conditions matérielles de l'existence quotidienne, il est donc absolument nécessaire de participer « au balaiement du monde capitaliste ». Seule la transformation *réelle* (et non magique, comme peuvent l'être le suicide ou le cloître, qui rompent la relation au monde pour ne pas avoir à le transformer matériellement) de l'univers objectif donnera à la subjectivité toutes ses chances de développement intégral.

De telles conclusions sont évidemment très éloignées de l'enseignement freudien, qui se trouve ainsi considérablement élargi : le rêve est doté d'une fonction anticipatrice que Freud n'admettait que dans certains cas, rares et particuliers (poursuite d'un travail intellectuel par l'activité onirique). De plus, pour Breton, cette fonction anticipatrice est affirmée non seulement au niveau individuel (on pourrait alors l'accuser d'un retour au subjectivisme), mais tout autant au niveau collectif : « aucune action individuelle ou collective, surtout politique, ne peut se passer des conseils du rêve » (J.-P. Morel). Par contre, et toujours pour les besoins de sa démonstration, c'est une notable restriction que Breton pratique sur d'autres éléments de la théorie psychanalytique. En particulier dans l'auto-analyse de ses rêves qui occupe une place importante dans la première partie des *Vases communicants.*

Il convient d'ailleurs de commencer par rappeler que la possibilité d'une telle auto-analyse n'est pas conforme à l'enseignement strictement freudien, dans la mesure où celui-ci la considère comme nécessairement insuffisante : elle laisserait toujours subsister à son terme un refoulé indéchiffrable. Sans doute Freud a-t-il cependant été le premier à la pratiquer d'une certaine façon, mais c'était précisément la seule voie possible pour établir la théorie analytique elle-même; une fois la théorie construite, l'auto-analyse devient impraticable. Encore peut-on penser que l'auto-analyse n'est qu'apparente. Freud ayant utilisé la correspondance avec Fliess comme équivalent de la médiation par un autrui ignorant du rôle qu'il tenait :

> On a dit que Freud avait fait son auto-analyse. Il a écrit (14.XI.1897) : *L'auto-analyse est réellement impossible. Je peux seulement m'analyser au moyen de ce que j'apprends du dehors (comme si j'étais un autre). S'il en était autrement, il n'y aurait pas de maladie.* Ainsi il est possible de s'analyser — comme un autre — et ce n'est pas une auto-analyse. Fliess, sans avoir rien fait pour cela, par sa seule existence (il n'était pas même là, mais à Berlin), en mobilisant le désir inconscient, a rendu cette étrange aventure possible. (O. Mannoni, *Freud,* p. 63)

Pour les partisans de l'auto-analyse (Karen Horney, Didier Anzieu), il faut admettre sa possibilité parce qu'elle est inscrite au cœur même de la cure et constituerait le processus thérapeutique lui-même, le psychanalyste n'étant qu'un médiateur muet et n'intervenant pas activement. L'auto-analyse permettrait de faire l'économie du praticien, et donc d'échapper à l'institutionnalisation de la psychanalyse; sa portée serait immédiatement révolutionnaire, en ce sens que ce travail du sujet sur lui-même « est un processus dialectique débouchant sur autrui, c'est-à-dire sur un autre, voire sur tous les autres », et qu'il « montre au sujet qu'il n'utilise qu'une partie seulement de ses potentialités et qu'il ne vise que partiellement la vie s'offrant à lui » (P. Fougeyrollas, *Dix leçons sur Freud*). De telles formules sont proches du projet des *Vases communicants,* et Fougeyrollas tente d'ailleurs la constitution d'une « anthropologie dialectique » à partir de Marx et Freud.

Le souci de Breton n'est pas de se présenter comme psychanalyste professionnel. Et s'il pratique une forme d'auto-analyse, c'est parce qu'elle suffit à sa démonstration, mais aussi parce qu'elle lui est nécessaire : il s'agit de soumettre Freud au « critérium de la pratique ». Faut-il admettre de surcroît qu'elle équilibre une résistance à la cure normale et à ses « constats d'huissier », comme le suggère J.-P. Morel? En effet, « on tient généralement l'auto-analyse pour une forme particulière de résistance à la psychanalyse qui flatte le narcissisme et élimine le ressort essentiel de la cure, à savoir le transfert » (Laplanche-Pontalis, *Vocabulaire de la psychanalyse*). Mais il pourra sembler que, s'il y a résistance de la part de Breton, ce serait beaucoup plus à la normalisation et à la passivité sociale qu'il entrevoit comme conséquences de la « cure normale ». En tout cas, Breton affirme sa volonté de ne rien dissimuler de ce qu'il pourra découvrir de son inconscient. Tout particulièrement dans le domaine de la sexualité. Breton reprochant à Freud de s'être soumis au « mur de la vie privée », ce qui a pour conséquence que l'on rencontre peu de sexualité dans l'analyse qu'il a faite de ses propres rêves alors qu'elle est omniprésente dans l'analyse qu'il mène des rêves de ses patients. Incontestablement, « l'importance de la sexualité dans la vie inconsciente » est en effet, « à beaucoup près, l'acquisition la plus importante de la psychanalyse », même si Freud a trop fréquemment eu recours pour l'étudier à des rêves d'hystériques, trop capables de fabuler dans ce domaine sexuel.

Les éléments théoriques que Breton retient de *l'Interprétation des rêves* sont essentiellement le rôle des restes diurnes dans l'élaboration des rêves et les procédés de cette élaboration (condensation et déplacement). C'est ce que Breton juge le plus original chez Freud. Par contre, on peut ne pas tenir compte de ses « généralisations hâtives », dues à son « esprit philosophiquement assez inculte » (toujours ce manque d'esprit dialectique !). On ne retiendra donc qu'une méthode. Mais, dans l'auto-analyse du rêve de la cravate, Breton, d'un point de vue psychanalytique, est coupable de restreindre le travail d'interprétation, le ramenant à quelque chose d'un peu trop facile et rapide, tant au niveau de la condensation, qu'il simplifie, que de l'absence apparente de résistance qu'il rencontre lors des associations. La facilité avec laquelle il repère les éléments latents qui doivent correspondre à son rêve est effectivement surprenante. En fait, ce qu'il opère est moins une analyse (au sens thérapeutique) qu'un décodage, le relevé des correspondances vraisemblables entre les éléments manifestes et certains souvenirs.

> Le rêve et la veille sont deux séries, continues et homogènes, de représentations, la première transcrivant la seconde de manière un peu particulière. Le texte antérieur une fois rétabli, l'analyse peut s'arrêter. (J.-P. Morel)

Or, Breton affirme qu'un tel relevé *épuise* le contenu du rêve, tout en soulignant l'absence de scène infantile dans son analyse [4] — mais c'est parce qu'« elle ne présenterait ici qu'un intérêt secondaire ». *Ici :* dans l'articulation théorique très particulière qui est celle des *Vases commu-*

4. D'une manière générale, les souvenirs de Breton sur sa petite enfance sont extrêmement rares dans ses textes (*cf.* les premières phrases des *Entretiens*) sauf dans *les Champs magnétiques*.

nicants (cette absence permet d'ailleurs de résoudre de façon toute pragmatique la question de l'analyse terminée et de l'analyse interminable qui avait préoccupé Freud). Mais pour un psychanalyste professionnel, une telle absence est inexcusable (elle aurait tout au plus valeur de dénégation) et rend inopérant le déchiffrement tenté : peut-être (et encore...) le contenu d'un rêve isolé est-il ainsi épuisé (bien que pour Freud, un tel rêve n'ait pas grande signification, du fait même de son isolement), mais certainement pas celui de l'inconscient. Ce qui montre bien, d'autre part, que Breton s'intéresse uniquement au contenu du rêve pour les besoins de sa démonstration, c'est qu'il n'examine pas les causes de la transcription : il lui suffit de constater qu'une transcription existe. Tout au plus peut-on admettre qu'elle est déterminée par l'utilité du rêve, qui nous révèle ce que le monde extérieur a d'insatisfaisant pour notre désir : « Alors que Freud voit, entre autres, dans le rêve, un moyen de conserver le sommeil du préconscient, Breton s'intéresse presque exclusivement au destin des désirs ou des pensées de ce système » (J.-P. Morel).

La connaissance, le rêve et la révolution

Les deux premières parties des *Vases communicants* ayant démontré que Breton adhère totalement aux principes du matérialisme dialectique (même s'il ne faut pas oublier que, derrière Marx, Engels et Lénine, l'ombre de Hegel a toujours la possibilité de se profiler) et cherche à l'appliquer strictement (serait-ce au prix de corrections apportées à Freud), dans le domaine par excellence où l'idéalisme a jusqu'alors exercé ses ravages, la troisième partie du texte peut adopter un ton assez nettement différent pour se faire exigeante par rapport au Parti communiste.

Déjà dans les deux premiers chapitres, Breton a pris soin de préciser, de façon épisodique, les ambitions de son groupe; il a rappelé aussi quelles difficultés ses amis et lui-même rencontrent pour faire admettre la sincérité de leur engagement révolutionnaire (p. 36-37). Le P.C. semble en effet s'obstiner à ne pas vouloir comprendre que les surréalistes peuvent, par leur travail spécifique dans le domaine qui est le leur, apporter une aide appréciable à la cause révolutionnaire. Ce que les surréalistes pensent de l'expression artistique n'est-il pas une réfutation de la vieille conception bourgeoise, théologique, de l'artiste séparé du commun des mortels, et de l'œuvre d'art comme monde protégé du quotidien et de ses déterminations habituelles? Breton a affirmé opportunément que dans une œuvre

> des préoccupations rigoureusement personnelles à l'auteur, mais liées dans leur essence à celles de tous les hommes, trouvent [...] moyen de s'exprimer sous une forme détournée de sorte que, si l'on nous permettait de remonter jusqu'à elles, c'en serait aussitôt fait de la dernière chance qu'a cette œuvre, aux yeux mal exercés, de passer pour « métaphysique » (p. 65-66),

laissant ainsi entendre qu'à la base de la production artistique on rencontre le désir et la sexualité, et le rapport (heureux ou malheureux, les détails que Breton fournit sur sa vie privée ayant ici valeur de modèle) qu'ils entretiennent avec le monde : ainsi l'œuvre n'a aucun privilège, elle ne s'isole pas du réel; bien au contraire, et tout comme le rêve, elle ne fait que nous en entretenir, mais de façon voilée, puisque c'est avant tout du réel désiré qu'elle parle [5].

Toutefois, ces indications encore rapides ne sont que des escarmouches, même lorsque Breton fait le point sur les rapports du surréalisme et des révolutionnaires (p. 103-104), lorsqu'il rapporte les doutes qu'il a connus quant à la validité d'une action antireligieuse dont il fut longuement débattu à l'intérieur de son groupe au printemps 1931 — et qui lui semble finalement assez dérisoire, ou du moins restrictive (« En ce qui me concerne, je m'effrayais de tout ce que, de ma vie et de mes aspirations personnelles, un tel projet laissait de côté »), lorsqu'encore, contre les dogmatiques du Parti, il rappelle qu'

> un révolutionnaire rêve comme un autre homme, il lui arrive quelquefois de s'occuper de lui seul, il sait que de sage on peut devenir fou, une femme belle n'étant pas

5. *Cf.* notre dernier chapitre.

> moins belle pour lui que pour un autre, il peut être malheureux à cause d'elle et l'aimer. On souhaiterait qu'à tous ces égards il nous fît connaître son comportement.

Ce qui est simplement énoncé, c'est que le surréalisme ne supporte pas que la vie soit mutilée de quelque façon que ce soit. La révolution? bien sûr, mais que son désir ne se cantonne pas dans l'obsession politique, que l'existence ne soit pas étriquée en son nom. Puisque le surréalisme « n'aura dû être considéré comme existant qu'à la non-spécialisation *a priori* de son effort », le moins que l'on puisse attendre d'hommes qui prétendent lutter pour la libération est qu'ils le laissent poursuivre ses recherches en toute indépendance.

La troisième partie des *Vases communicants* constitue ainsi une véritable offensive contre les résolutions culturelles de Kharkov. Ce que Breton entreprend de démontrer au P.C.F., c'est qu'il n'est pas dans l'intérêt de ce dernier de s'aligner systématiquement et dans tous les domaines sur les directives lancées de Moscou. Et il va se montrer plus authentiquement matérialiste que les prétendus matérialistes réunis à Kharkov. Breton insiste en effet sur la différence qui existe entre les situations matérielles des différents pays où travaillent des partis révolutionnaires. En fait, il laisse entendre que l'U.R.S.S. ne peut se poser en modèle dans la mesure où elle est la seule nation qui ait connu une révolution. Or, que cette révolution soit déjà faite ou au contraire qu'elle ne soit encore qu'à venir (même s'il est admis qu'elle est l'avenir) change tout : elle constitue en soi un fait-pivot en fonction duquel les situations objectives et subjectives sont modifiées du tout au tout :

> La réalité révolutionnaire ne pouvant être la même pour des hommes qui se situent, les uns en deçà, les autres au-delà de l'insurrection armée, il peut paraître jusqu'à un certain point hasardeux de vouloir instituer une communauté de devoirs pour des hommes inversement orientés par rapport à un fait concret aussi essentiel.

Derrière la formulation prudente, on peut deviner une grave condamnation; les idéalistes, c'est à Kharkov qu'ils étaient, et non dans le groupe surréaliste. N'est-ce pas en effet faire preuve d'idéalisme que vouloir imposer des notions et valeurs définies en fonction d'une situation particulière (celle de l'U.R.S.S. en 1930-31), en les décrétant valables pour tous les pays, quelles que soient les différences qu'une analyse sérieuse décèle aisément dans leurs situations respectives?

Au lieu de dénoncer l'idéalisme d'une telle attitude, Breton en accusera plus discrètement le « pragmatisme ». Mais, si en apparence, le défaut est moins grave, il est aussi particulièrement paradoxal lorsqu'il touche des théoriciens marxistes : la *théorie* marxiste aboutit à Kharkov à la « solution toute *pragmatique* » qui admet que « l'intellectuel devrait, en tout et pour tout, s'efforcer d'agir sur le prolétariat pour élever son niveau de conscience en tant que classe et développer sa combativité ». Breton se donne la peine d'énumérer les objections possibles à une telle décision : elle fait trop bon marché du « conflit permanent qui existe chez l'individu entre l'idée théorique et l'idée pratique, insuffisantes l'une et l'autre par elles-mêmes et condamnées à se borner mutuellement » (autrement dit, elle manque d'esprit dialectique) et elle oublie la « nécessité subjective » du désir individuel : le désir ne peut se cristalliser absolument sur un objectif précis; ne lui reconnaître qu'une fin unique, c'est placer cette fin (même révolutionnaire) sous le signe d'un bien abstrait qui ne saurait mobiliser tous les aspects de la subjectivité. Pour que cette dernière puisse participer pleinement à l'élaboration d'un bien réel, objectif et non plus abstrait, il faut au contraire que « le caractère protéiforme du besoin humain » soit satisfait, c'est-à-dire que le désir puisse espérer être comblé dans ses aspects les plus variés (d'où l'importance du surréalisme, qui maintient ce désir largement ouvert, et permet que « le besoin de savoir en *tout* » suive son cours) : « Toutes les puissances de la revendication immédiate ou non, dans lesquelles se reconstitue indifféremment l'élément substantiel du bien, demandent à être exercées ». Telles sont les objections essentielles, qui laissent entendre que, si le P.C.F. voulait canaliser les revendications surréalistes dans des voies trop étroites, c'en serait fini des chances de réalisation du bien substantiel par l'activité révolutionnaire. Il faut donc que, parallèlement aux revendications politiques, toutes les autres continuent à se faire entendre.

Quant aux objections accidentelles, elles reposent sur les différences de niveau qui existent, selon les pays, dans la pensée révolutionnaire, en fonction de l'existence antérieure ou non d'une insurrection armée et victorieuse. Breton recommande la pratique d'un pluralisme culturel (dans le cadre préalable de la pensée et du choix révolutionnaires : il ne s'agit évidemment toujours pas d'admettre Claudel!) de façon à respecter la spécificité de chaque situation concrète :

> l'enseignement de la Russie, à son étape actuelle, ne peut être par lui seul qu'un enseignement imparfait... il y a lieu de le rapporter aussi librement que possible à chaque temps et à chaque pays autres pour le faire entrer en composition réelle avec les forces objectives et subjectives que le révolutionnaire veut mettre en action.

Toute autre composition serait en effet irréaliste et utopique, ne menant qu'à la répétition stérile et déplacée, ou à la propagande inadéquate. Il est notamment des domaines dans lesquels ce que propose la Russie n'est guère exemplaire : les films, « si superficiellement optimistes, si médiocrement substantiels »[6], les « documents littéraires ou photographiques », dont « au point de vue révolutionnaire [la] valeur de propagande est des plus discutables ». Sans doute est-il d'autres éléments plus exaltants : au moins « là-bas les églises s'écroulent », « le produit du travail collectif est réparti, sans privilège, entre les travailleurs », l'armée rouge (qu'a organisée Trotsky) est admirable; et Breton veut bien admettre que les conditions dans lesquelles doit vivre l'U.R.S.S. (en particulier les relations diplomatiques qu'elle est obligée d'entretenir avec des pays capitalistes

---

6. On se rappellera que la rupture entre Breton et le P.C.F. sera finalement déterminée par la parution dans le *S.A.S.D.L.R.* d'un article de F. Alquié critiquant précisément un film soviétique.

et la nécessité de stabiliser son économie) expliquent que la révolution ne s'y montre pas encore victorieuse dans tous les domaines et que ses productions culturelles ne puissent déjà provoquer l'enthousiasme.

Il se trouve que, recommandant que soient ainsi prises des libertés de manœuvre, dans le champ intellectuel, à l'égard de Moscou, Breton rejoint certaines affirmations, qui étaient celles de Trotsky en 1924 : Trotsky considérait la création d'une littérature prolétarienne comme une installation définitive et néfaste dans un état qui devait rester transitoire jusqu'au triomphe total du communisme :

> Le contraste que l'on établit entre l'art bourgeois, la culture bourgeoise et l'art prolétarien, la culture prolétarienne, est une erreur fondamentale. L'art et la culture du prolétariat n'existeront jamais tant que le régime prolétarien sera transitoire. (Cité par J.-P. A. Bernard, p. 70)

Mais en réalité, en 1931, l'argumentation de Breton porte à faux, car ce qu'il recommande est à peu près la politique que suit, mais *sans rigueur,* le P.C.F., et ne saurait donc trop le gêner, sauf par ses exigences et son intransigeance. Mieux (ou pire, car le débat dont Breton tente l'instauration dans cette troisième partie des *Vases communicants* est escamoté) : dans les années suivantes, la « politique de rassemblement », qui réunira des écrivains sympathisants avec la cause révolutionnaire, ne se souciera plus du tout de « littérature prolétarienne », sauf pour donner les garanties requises à Moscou (en fait il n'y en aura que deux : un concours littéraire réservé aux ouvriers en 1932-33, et le « Prix Ciment » en 1937, au moment où le rassemblement des intellectuels commencé en 1933 commence à connaître essoufflement et éparpillement); ce qui ne signifie pas bien entendu que cette politique de rassemblement semblera plus satisfaisante à Breton.

Ce qui, en revanche, sera plus gênant pour le P.C.F., est le retour final de Breton sur le rôle du surréalisme. Les vingt-cinq dernières pages du livre rappellent qu'aucun secteur de la connaissance ne saurait être abandonné sous prétexte d'urgence politique ou économique.

> Il faut à tout prix éviter de laisser absurdement barrer ou rendre impraticables les plus belles routes de la connaissance, sous prétexte qu'il ne saurait provisoirement s'agir d'autre chose que de hâter l'heure de la Révolution.

Il est en particulier inadmissible que la majorité des marxistes continue à rejeter l'enseignement freudien, en l'affublant de l'étiquette infamante d'idéalisme : à ces marxistes de tirer la leçon des deux premières parties des *Vases communicants* et de se mettre à pratiquer Freud. La transformation du monde, si on la désire authentiquement, doit en effet prendre appui sur la meilleure connaissance possible de ce monde et de l'homme. La onzième thèse de Marx-Engels sur Feuerbach ne doit pas être comprise de façon trop restrictive, et ce n'est pas parce qu'il s'agit de transformer le monde que l'on peut désormais faire l'économie de son interprétation. Il faut « concevoir une attitude synthétique dans laquelle se trouvent conciliés le besoin de transformer radicalement le monde et celui de l'interpréter le plus complètement possible ». L'entreprise de connaissance, il ne saurait être question de l'arrêter, ni même de la freiner si peu que ce soit. Connaître les lois de l'économie, de la production, du salariat, est loin d'être suffisant : il y faut ajouter la connaissance de l'homme et de sa « destination éternelle », car

> toute erreur dans l'interprétation de l'homme entraîne une erreur dans l'interprétation de l'univers : elle est, par suite, un obstacle à sa transformation.

C'est à cette connaissance de l'homme que *les Vases communicants* prétendent participer, en ayant montré à quel tissu capillaire obéit la circulation mentale. S'intéresser au rêve et à ce qu'il révèle de l'avenir que nous désirons, s'astreindre à transcrire des poèmes où le désir se fraie une voie secrète, c'est travailler plus sûrement pour la révolution que « donner pour infaillible la pensée de quelques hommes ».

6

Le point suprême : « l'Amour fou »

Nouveautés du « Second Manifeste »

L'intérêt idéologique du *Second Manifeste* ne doit pas oblitérer complètement son intérêt « poétique ». Et ceci d'autant plus qu'il s'ouvre sur une « définition » du surréalisme, assurément aussi féconde que celle du *Premier Manifeste :*

> Tout porte à croire qu'il existe un certain point de l'esprit d'où la vie et la mort, le réel et l'imaginaire, le passé et le futur, le communicable et l'incommunicable, le haut et le bas cessent d'être perçus contradictoirement. Or c'est en vain qu'on chercherait à l'activité surréaliste un autre mobile que l'espoir de détermination de ce point.

La fécondité de ce point de vue se mesurera à l'importance et à la richesse des œuvres qui l'illustrent : aussi bien *le Revolver à cheveux blancs, l'Air de l'eau* que *l'Amour fou* pour ne citer que les textes les plus accomplis. Avant d'entreprendre leur étude, résumons quelques apports et précisions du grand texte théorique de 1930 :

— une méfiance absolue envers tous les ancêtres proclamés du surréalisme, sauf Lautréamont;

— l'exclusion d'Artaud, Carrive, Desnos, Delteil, Gérard, Limbour, Masson, Soupault et Vitrac;

— la mise en perspective du surréalisme dans la tradition du romantisme;

— l'exaltation de l'inspiration qui se manifeste par une possession totale de l'esprit;

— l'élucidation de l'expression *alchimie du verbe* par rapport à la tradition cabalistique : « Le verbe... n'est rien moins pour les cabalistes, par exemple, que ce à l'image de quoi l'âme humaine est créée; on sait qu'on la fait remonter jusqu'à être le premier exemplaire de la cause des causes »;

— la proclamation de l'occultation du surréalisme, ce qui ne signifie pas seulement un effort de discrétion : Breton engage par la même occasion les surréalistes à étudier les « sciences occultes », qui ont été réprimées par la pensée scientifique majoritaire;

— la célébration de l'amour comme lieu d'occultation idéal : le langage de la révélation et celui de la révolution se conjuguent dans l'amour qui seul permet de *posséder* la vérité dans l'évidence de la passion;

— l'affirmation d'une nécessaire intégrité morale et intellectuelle chez les surréalistes.

Ce programme provoque quelques remarques :

1. A propos du « Point suprême » : « Il va sans dire que *ce point,* en quoi sont appelées à se résoudre toutes les antinomies qui nous rongent et nous désespèrent et que, dans mon ouvrage *l'Amour fou,* je nommerai le « point suprême », en souvenir d'un admirable site des Basses-Alpes, ne saurait aucunement se situer sur le plan mystique. Inutile d'insister sur ce que peut avoir d'*hégélien* l'idée d'un tel dépassement de toutes les antinomies », affirme Breton dans les *Entretiens* où il justifie d'autre part son rapprochement de l'hégélianisme et de l'occultisme : « J'ai cru constater qu'il n'y avait pas si loin du *lieu* où la pensée hégélienne débouchait au *lieu* où affleurait la pensée dite traditionnelle. L'un et l'autre ont tendu pour moi à devenir un seul lieu... » L'importance de ces précisions se situe moins dans leur *fond* que dans leur *ton :* il est évident, à les lire, que Breton se désintéresse d'avance des critiques que les philosophes professionnels feront sans doute à l'endroit d'un tel rapprochement. La réflexion « philosophique » de Breton est aussi « poétique » que toute sa pensée : il s'agit toujours pour lui *d'unifier* les éléments à l'intérieur d'une intuition. Cette pente naturelle de son esprit se retrouve autant dans

sa conception du monde que dans son mode de penser le monde.

2. A propos de « l'alchimie du verbe » : il y a plus qu'une analogie et un jeu de mots dans cette confrontation de la poésie surréaliste et de l'alchimie. Les alchimistes étaient effectivement des poètes et des peintres : Breton compare dans le *Second Manifeste* les figures de Nicolas Flamel aux productions de ses amis, identifie dans son ouvrage sur la peinture surréaliste, « le grand Corneille Agrippa » et Max Ernst. D'autre part, leur ambition était d'atteindre, bien plus que la fortune matérielle, une fortune spirituelle, ainsi que le précise Breton dans sa *Lettre aux voyantes* (1930). Fortune spirituelle qui consiste en l'obtention de pouvoirs psychiques cachés, en particulier celui de « rendre la vie » (recherche d'une « eau de jouvence »). Les avantages matériels devant suivre du fait même d'une connaissance plus intime des secrets de la création. L'alchimiste visait avant tout à une métamorphose personnelle, recherchait cet or intérieur dont la découverte s'effectuait dans une émotion intense où tout l'être était engagé. C'est exactement le schéma de la pensée surréaliste (*cf.* la maxime de Breton : « Je cherche l'or du temps »). « Pour qu'il y ait vraiment dans la poésie moderne une tentative comparable à celle de l'alchimie... il faut qu'elle tente de faire pénétrer réellement l'homme dans les mystères du cosmos (ce qui était déjà le but du Grand-Œuvre), il faut qu'elle soit une action magique... Qu'elle commence à actualiser la métamorphose, qu'elle fasse débuter l'aurification de l'être par le développement du lien lumineux de la voyance entre les profondeurs inexplorées de l'homme et de l'univers » (M. Carrouges, *André Breton et les données fondamentales du surréalisme).* L'écriture automatique est, dans cette optique, la méthode même, la technique qui permet d'accéder aux mines du verbal dans toute sa pureté. Sans elle, donc, pas d'alchimie possible.

3. A propos de l'amour et de l'occultisme : dans l'acte d'amour s'effectue un miracle : « l'exaltation à son comble des plaisirs des sens ne se distingue plus de la réalisation fulgurante de toutes les aspirations de l'esprit » *(Ajours).* Autrement dit, l'unité à laquelle tend le poète comme

l'alchimiste se trouve soudain atteinte dans sa plénitude.

Le *Second Manifeste* définit la *fin* du surréalisme qui s'était donné ses moyens six ans auparavant. La pratique de la poésie a convaincu Breton que celle-ci est une activité qui intéresse l'homme dans son essence. L'homme, exilé de sa vraie nature, est tendu vers sa redécouverte : c'est cette tension que le surréalisme doit prendre en charge. La vie est « ailleurs » : l'imagination, toutes les pratiques qui désembourbent l'esprit des ornières de l'habitude, l'appel à la révolution aideront à réintégrer cet ailleurs dans la réalité. Les oppositions théoriques importent peu à Breton qui peut très bien synthétiser l'enseignement occultiste et celui de Marx : « Les hommes n'ont fait jusqu'ici qu'interpréter le monde de différentes manières, il s'agit maintenant de le transformer. » Cette dernière formule peut être réinscrite à l'intérieur de l'idéologie surréaliste pour laquelle l'homme n'est pas *achevé,* mais à la recherche de sa destination. Il n'est pas contradictoire qu'à la même date où il recourt aux sciences occultes, Breton se décide à rebaptiser sa revue, *le Surréalisme au service de la Révolution,* car il sait que ce n'est que lorsque la Révolution aura été accomplie que « la précarité artificielle de la condition sociale de l'homme ne lui voilera plus la précarité réelle de sa condition humaine ».

Les textes-limites de 1930

Autour du *Second Manifeste,* s'épanouit une floraison de textes poétiques et théoriques de grand intérêt. Textes expérimentaux du type de *l'Immaculée conception,* poèmes de facture nouvelle, enquêtes ouvrant des perspectives audacieuses sur la question de l'amour. *L'Amour fou* se prépare de longue main...

La *Lettre aux voyantes* a été publiée en même temps que le *Manifeste.* Contrairement aux religieuses qui recherchent le merveilleux dans l'au-delà, les voyantes le recherchent dans l'en-deçà. Elles fascinent Breton qui, s'il se désintéresse de son passé, est angoissé par son avenir : « J'avance en moi, sur moi, de plusieurs heures... je veux tout savoir : je peux tout me dire ». Il leur demande de l'éclairer sur son destin, sur son essence (on retrouve la question fondamentale de *Nadja :* « Qui suis-je? »). Toutefois il n'exige pas d'elles de *prédire ce qui va lui arriver de façon assurée,* mais d'ouvrir tout grand le champ des possibilités afin que son désir se fixe sur l'une d'entre elles et la réalise. Il fréquente les devineresses pour leur aptitude à proposer à l'existence des éventualités toutes merveilleuses pour l'esprit qui s'en enchante ou s'en effraie à l'avance : « J'ai foi dans ce que vous m'avez dit. Pour rien au monde je ne voudrais résister à la tentation que vous m'avez donnée. » Il n'oublie pas non plus que la voyante est une poétesse dans la mesure où son *message* passe par le langage et à la façon du poème automatique propose des solutions à la vie. Les prédictions des voyantes sont exactement du même ordre que les prémonitions qui peuvent courir dans un poème. Breton laïcise donc l'art des voyantes. Révélatrices du désir, elles occupent, à ce titre, une place éminente dans la Révolution qui se prépare : « Nous vous reconnaîtrons dans la foule à vos cheveux dénoués. Donnez-nous des pierres, des pierres brillantes, pour chasser les infâmes prêtres. »

Il est clair que *l'état second* dans lequel se mettent ces modernes pythies pour prophétiser les rapproche de certains « malades mentaux » qui « délirent ». Nadja était déjà une voyante et une folle. En 1928, Aragon et Breton avaient célébré le cinquantenaire de l'hystérie (n° 11 de la *Révolution surréaliste*). A travers ce texte passent les souvenirs de Charcot, Babinski, du Docteur Lüys. Les deux auteurs s'arrêtent au cas de Madame de Chantelouve — l'héroïne de Huysmans — et traitent le Docteur Clovis Vincent de Raymond Roussel de la science. Leur grande intuition fut de pressentir que « l'hystérie n'est pas un phénomène entièrement pathologique et peut, à tous égards, être considérée comme un moyen d'expression ». La possession quasi démoniaque dont le patient se sent investi, et qui en fait ne vient que d'une partie de lui-même, d'un trouble neurologique, l'incite à nouer avec le monde des rapports qui au langage articulé substituent le langage du corps. La liberté qu'il semble manifester lors de ses crises provoque chez le spectateur des réactions confuses : épouvante et envie. Il y a là en effet un débordement instinctif qui fascine l'observateur assistant à la théâtralisation de ses propres désirs refoulés [1].

Le projet de *l'Immaculée conception* (1930), écrite avec Eluard, se situe dans cette perspective. Dans la partie la plus importante de cet ouvrage, les deux poètes se livrent à des essais de simulation des principaux délires connus, cherchant à démontrer que « l'esprit dressé poétiquement chez l'homme normal, est capable de reproduire les manifestations verbales les plus paradoxales, les plus excentriques ». Dans sa *Lettre à Rolland de Renéville* (1932), Breton rapproche cette expérience de celle de l'automatisme, dans la mesure où la parole se déchaîne en toute liberté, utilisant toutefois les signaux « correspondant aux modes de liaison que l'analyse psychiatrique avait révélés ». L'influence de la paranoïa-critique que Dali vient d'élaborer s'y marque évidemment, encore que l'ambition des poètes soit plus grande que celle du peintre : il ne s'agit rien de moins que de combler le fossé qui sépare traditionnellement la raison de la déraison.

Première partie : *l'Homme.* Cinq textes : *La conception, La vie intra-utérine, La naissance, La vie, La mort.* A la prendre au pied de la lettre, cette « histoire » de l'homme est assez pessimiste : la vie ne compte que pour un cinquième de l'ensemble... Si on y voit une parabole sur l'art des fous, sorte d'immaculée conception, puisqu'ils créent spontanément, sans supporter le péché originel de l'artiste qui, du moment où il compose, le fait sous le signe de l'art, et perd ainsi son authenticité d'expression, on comprend mieux l'importance accordée à la gestation spirituelle de l'œuvre.

Deuxième partie : *les Possessions. Introduction, Essai de simulation de la débilité mentale,... de la manie aiguë, de la paralysie générale,... du délire d'interprétation,... de la démence précoce.* Ces essais sont d'abord conçus comme autant d'expériences poétiques tendant à prouver que, même s'ils heurtent les catégories de la raison, les fous ont le droit comme les poètes, et parce qu'ils sont des poètes, de s'expri-

1. Le Dr René Held considère que plusieurs surréalistes, dont Desnos, étaient atteints de troubles hystériques, et attribue à ces phénomènes des réactions de groupe non négligeables : cf. *l'Œil du psychanalyste,* p. 79 sqq.

mer librement. Certes, le monde apparaît sous un jour étrange quand le langage se détraque, et le détraque par la même occasion. Mais détraquer le monde par le langage est un acte salubre, à une époque où la dictature de la logique a mutilé les dimensions a-rationnelles de la réalité.

Troisième partie : les Médiations. Six textes : *La force de l'habitude, La surprise, Il n'y a rien d'incompréhensible, Le sentiment de la nature, L'amour, L'idée du devenir.* Ces titres constituent en eux-mêmes un programme surréaliste... De même la dernière partie : *Le Jugement originel* fournit un véritable catéchisme, les articles de foi surréalistes permettant d'accéder à cette fameuse faculté originelle dont Breton a la nostalgie : « Reprends l'armure que tu as quittée à l'âge de raison », « Donne aux rêves que tu as oubliés la valeur de ce que tu ne connais pas », « Ne prépare pas les mots que tu cries », « Parle selon la folie qui t'a séduit », etc. L'amour occupe naturellement une place de choix dans ces textes où le désir affleure à chaque page. Mais le plus significatif est certainement celui que les auteurs démarquent du *Kamasoutra* pour faire l'éloge des « positions » du couple. En voici les premières lignes : « L'amour réciproque, le seul qui saurait nous occuper ici, est celui qui met en jeu l'inhabitude dans la pratique, l'imagination dans le poncif, la foi dans le doute, la perception de l'objet intérieur dans l'objet extérieur ». Parmi les médiations « possibles entre l'homme et la nature, l'amour qui réunit corps et esprit, le moi et l'autre, est la plus efficace, la plus accessible à chacun ». Mais n'oublions pas qu'il s'agit d'une sorte de *délire,* c'est-à-dire de *voyance* et de *folie.* L'occultation proclamée en 1930 est tout à fait cohérente dans la composition de ses éléments.

Ainsi s'explique qu'à son étude sur l'hystérie, Breton, dans les *Entretiens,* lie l'enquête sur l'amour publiée dans les deux derniers numéros de *la Révolution surréaliste.* En voici les questions :

> Quelle sorte d'espoir mettez-vous dans l'amour? Comment envisageriez-vous le passage de l'idée d'amour au fait d'aimer? Feriez-vous à l'amour le sacrifice de votre liberté? L'avez-vous fait? Le sacrifice d'une cause que jusqu'alors vous vous croyiez tenu de défendre,

s'il le fallait, à vos yeux, pour ne pas démériter de l'amour; y consentiriez-vous? Accepteriez-vous de ne pas devenir celui que vous auriez pu être si c'est à ce prix que vous deviez de goûter pleinement la certitude d'aimer? Comment jugeriez-vous un homme qui irait jusqu'à trahir ses convictions pour plaire à la femme qu'il aime? Un tel gage peut-il être demandé, être obtenu?

Vous reconnaîtriez-vous le droit de vous priver quelque temps de la présence de l'être que vous aimez, sachant à quel point l'absence est exaltante pour l'amour, mais apercevant la médiocrité d'un tel calcul?

Croyez-vous à la victoire de l'amour admirable sur la vie sordide ou de la vie sordide sur l'amour admirable? [2]

L'Union libre (1931) constitue en quelque sorte la réponse de Breton à ce débat. Le corps de la femme, avec toute sa puissance charnelle, irradie sur le monde qui prend saveur, qui s'érotise à travers lui. Autre texte plus tardif (1933) mais qui commente aussi certains aspects idéologiques : *Violette Nozières,* où Breton rend hommage à la jeune meurtrière, car son meurtre a été purificateur. Son parricide s'excuse de lui-même : expression de l'amour qu'elle portait à son amant, il est un acte de libération. L'appartenance du jeune homme à l'Action française n'embarrasse pas le poète surréaliste qui, comme pour le cas inverse de Maïakovski *(La barque de l'amour s'est brisée contre la vie courante,* 1930) et en fonction de sa réponse au questionnaire, place l'amour au-dessus de l'attachement politique (et la réalisation du couple avant la relation à la collectivité).

---

2. Ce questionnaire « synthétique » ne doit pas faire oublier les « recherches sur la sexualité » publiées dans le numéro précédent (n° 11). Ces recherches intéressent les aspects plus directement érotiques, en particulier les perversions que Breton adore, dit-il. Mais il s'oppose vigoureusement à la zoophilie, se déclare modérément partisan de l'onanisme, n'accorde qu'une attention discrète au fétichisme, abhorre l'amour collectif et l'homosexualité. Les perversions qu'il apprécie sont plutôt des « positions ». La confrontation des aspects érotique et idéologique ne laisse pas d'être éclairante : d'une part Breton récuse les pratiques qui rejettent l'homme dans la solitude (plaisir solitaire, amour avec les animaux ou par rapport aux objets), qui dissolvent le couple (amour collectif); d'autre part il s'oppose aux impératifs collectifs (si élevés soient-ils) qui sacrifient également le couple. Entre ces deux extrêmes, c'est la réalisation de l'androgyne qui le retient, androgyne qui prendra forme autant du fait des perversions librement consenties à deux que d'une sublimation réciproque.

« Le Revolver à cheveux blancs »

Le recueil débute par une préface retentissante, qui se présente comme une défense de l'imagination ainsi définie : « L'imagination est ce qui tend à devenir réel. » Préparer la réalité de demain, c'est « prendre des idées harassantes en échange d'idées harassées », c'est épouser le féerique, le magique, l'inouï contre l'habitude, la stagnation, la mort.

La poésie de Breton a évolué comme ses théories : au problème central de l'automatisme s'est substitué celui de l'occulte. Ce que résume bien l'atmosphère de château hanté de cette préface dont le sens s'élucide à la fin :

> Si, l'esprit désembrumé de ces contes qui, enfants, faisaient nos délices tout en commençant dans nos cœurs à creuser la déception, [un] homme se risquait à arracher sa proie de mystère au passé? Si ce poète voulait lui-même pénétrer dans l'Antre? S'il était, lui, vraiment résolu à n'ouvrir la bouche que pour dire : « Il y aura une fois... »?

Il y aura une fois doit remplacer *Il y avait une fois.* Dans ce glissement des temps sont contenus les éléments de la poétique bretonienne du merveilleux : il s'agit de conserver et de dépasser tout à la fois la teneur de l'émotion humaine devant le surgissement du « merveilleux », autrement dit de créer un merveilleux orienté vers l'avenir

Les baroques le savaient : la *métamorphose* est un défi jeté à la solidité de l'être. Breton dans une rêverie sur le feu *(Sur la route qui monte et qui descend)* laissera son imagination courir avec les flammes à travers les cités, la campagne, jusqu'à la mer. En route les flammes se sont métamorphosées en chevelure, en méduse... Comme dans *Nadja* la métamorphose suprême sera l'union de l'eau et du feu : « Flamme d'eau guide-moi jusqu'à la mer de feu ». Persuadé que l'imagination seule peut rendre la vie supportable, *(les Attitudes spectrales),* le poète fait appel aux miracles de la « cristallisation » :

> Je n'importe pas à la vie
> Mais les rameaux du sel les rameaux blancs

> Toutes les bulles d'ombre
> Et les anémones de mer
> Descendent et respirent à l'intérieur de ma pensée...

Les métamorphoses imaginaires ont pour vertu de sauver l'homme du désespoir. Car, en réalité, dans ce recueil d'une des années les plus noires de son existence, c'est bien une forme de salut que le poète (déçu dans ses amitiés, dans son action politique, dans sa vie sentimentale) recherche. Soit *Le verbe être,* où les aveux sont à peine voilés : « Je connais le désespoir dans ses grandes lignes... ». Ce désespoir est à comprendre surtout comme une absence d'espoir : « Le désespoir n'a pas d'ailes... », ne se dirige nulle part. C'est *l'être* dans toute sa stagnation. C'est l'ennui, c'est-à-dire le sentiment que le temps s'écoule, part en charpie : le désespoir,

> c'est une corvée d'arbres qui va encore faire une forêt, c'est une corvée d'étoiles qui va encore faire un jour de moins, c'est une corvée de jours de moins qui va encore faire ma vie.

Du désespoir il écrit encore : « Un collier de perles pour lequel on ne saurait trouver de fermoir et dont l'existence ne tient pas même à un fil ». Dans un texte qui exprime au contraire l'espoir du salut, on retrouve l'image du fil : « Je ne touche plus que le cœur des choses, je tiens le fil ». Tenir le fil, c'est tenir l'unité, ce qui relie les choses les unes aux autres. Aussi dans ce dernier texte *(Vigilance)* nous verrons surpassées les divisions angoissantes de l'espace (« Je me dirige vers la chambre où je suis étendu ») et la séparation de l'homme et du monde. L'idée centrale est celle du phénix renaissant de ses cendres.

Encore le même désir de réintégrer l'unité de ce qui est séparé, dans *la Forêt dans la hache.* L'inversion dans le titre est symptomatique : l'ordre du monde actuel est arbitraire. Un autre est possible où même la vie et la mort ne seront plus contradictoires : « C'est l'heure d'en finir avec cette fameuse dualité qu'on m'a tant reprochée ». D'où l'image finale :

> Je n'ai plus d'ombre non plus. Ah mon ombre, ma chère ombre. Il faut que j'écrive une longue lettre à cette ombre que j'ai perdue. Je commencerai par Ma chère ombre. Ombre, ma chérie. Tu vois. Il n'y a plus de soleil.

La résorption de l'ombre dans l'unité corporelle marque la fin du principe séparateur, le soleil. Le salut, c'est donc l'unité, la totalité. La nostalgie du Point suprême est la véritable inspiratrice du recueil.

Le Revolver n'est pas loin d'être un livre d'initiation. On nous y apprend à associer l'Un et le Tout, l'individu et le cosmos : « Tu dis Toute la mer et tout le ciel pour une seule » *(Toutes les écolières ensemble).* Est-ce si étonnant alors que la statue de Lautréamont surplombe le dernier poème? Le Lautréamont des *Poésies,* précise Breton montrant « le cygne de Montevideo... attirer de l'horizon les autres cygnes ». La poésie contemporaine lui doit d'avoir jeté un regard nouveau sur « le faux univers », d'avoir découvert les règles alchimiques de la métamorphose (« Il préside aux cérémonies deux fois nocturnes qui ont pour but, soustraction faite du feu, d'intervertir les cœurs do l'homme et de l'oiseau »). Breton se sent raccordé à l'unité cosmique par le truchement de Maldoror : « Il paraît que la statue près de laquelle le chiendent de mes terminaisons nerveuses / Arrive à destination est accordée chaque nuit comme un piano ».

Alain Bosquet *(op. cit.)* s'interroge sur les qualités esthétiques du *Revolver;* il considère que toutes les conquêtes poétiques de Breton y sont appliquées, mais émet des réserves sur l'ensemble : les poèmes en prose « bénéficient d'une musique de la phrase que n'ont pas toujours les vers, dogmatiques comme il se doit, et plus soucieux d'étonner par leurs idées que par leur perfection formelle ». Il parle également d'« une certaine respiration invisible » qui enrichirait des poèmes trop « volontaires », d'un progrès dans l'art de la suggestion. Breton aurait trop tendance à exposer, imposer :

> Le drame de Breton est de s'interdire la suggestion et de limiter chez le lecteur le travail inconscient de l'imaginaire : ses poèmes, il refuse de les laisser fermenter

> chez autrui. Il mobilise les consciences et croit pouvoir mobiliser les inconsciences avec la même autorité.

La lecture d'Alain Bosquet — qui préfère les proses aux poèmes, Eluard à Breton — nous paraît faire peu de cas de ce qu'est le surréalisme dans son essence même. Regretter que la clarté de l'image l'emporte chez Breton sur l'obscurité de la musique revient à dénier au surréalisme vrai (celui de l'image) ses aptitudes particulières à la poésie.

« L'Air de l'eau »

Le titre du précédent recueil était pétri d'angoisse : « le revolver à cheveux blancs », autrement dit « le temps qui nous tue », comme si l'anxiété devant le vieillissement avait touché le poète au moment où l'isolement sentimental semblait l'avoir coupé du monde. *L'Air de l'eau* est, au contraire, un chant de résurrection. Son titre peut s'entendre en un double sens : il évoque une conciliation entre deux éléments (facteur positif) et suggère un *air* de musique qui correspond à l'attention que Breton accorde aux *sirènes* (1934 est l'année de l'apparition de la sirène dans *l'Amour fou*).

« Monde dans un baiser » : tel est d'autre part le titre du premier poème qui nous met dans le « ton » :

> Dehors l'air essaye les gants de gui
> Sur un comptoir d'eau pure
> Monde dans un baiser monde
> A moi les écailles de la grande tortue céleste à ventre
> [d'hydrophile
> Qui se bat chaque nuit dans l'amour
> Avec la grande tortue noire le gigantesque scolopendre
> [de racines

Le « ton » sera celui de l'amour charnel, avec ses appels vers le merveilleux et ses divines perversions. La femme aimée, placée au centre du monde, est la source de toute vie et préside aux éléments : l'eau, le feu, l'air...

> Ta chair arrosée de l'envol de mille oiseaux de paradis
> Est une haute flamme couchée dans la neige

La neige de t'avoir trouvée
La descente de lit de loup blanc à perte de vue
(« Le poisson-télescope »)

Tes bras au centre desquels tourne le cristal de la rose
[des vents
Ma fontaine vivante de Sivas
(« Je rêve je te vois »)

Elle est présente en tous lieux, se multiplie dans l'espace :

Je rêve je te vois superposée indéfiniment à toi-même

Cependant ce n'est plus le temps des nymphettes de *Clair de terre,* des désirs inavoués, des allusions enchanteresses. Le désir s'impose dans sa toute-puissance. L'instinct s'exalte :

L'aigle sexuel exulte il va dorer la terre encore une fois

Le marquis de Sade est le grand ordonnateur de la fête sexuelle (« Le marquis de Sade a regagné »). En les rendant à leur principe, il a purifié à sa façon les choses de l'amour; il a rendu l'homme à l'instinct et a levé les interdits moraux :

Il n'a cessé de jeter les ordres mystérieux
Qui ouvrent une brèche dans la nuit morale
C'est par cette brèche que je vois
Les grandes ombres craquantes la vieille écorce minée
Se dissoudre
Pour me permettre de t'aimer
Comme le premier homme aima la première femme
En toute liberté

La liberté sexuelle dont rêve Breton se situe bel et bien au-delà du bien et du mal, dans l'innocence morale. D'où ces grands éclats de lumière crue :

Et toi couchée sur l'effroyable mer de pierreries
Tu tournais
Nue
Dans un grand soleil de feu d'artifice
(« Au beau demi-jour de 1934 »)

L'union du volcan et de la mer lui semble l'image la mieux appropriée pour exprimer cette victoire de l'amour sur la dualité du mal et du bien : certes *on dit* que le Mal existe :

> On me dit que là-bas les plages sont noires
> De la lave allée à la mer
> Et se déroulent au pied d'un immense pic fumant de neige
> Sous un second soleil de serins sauvages...
> (« On me dit que là-bas »)

Mais en réalité, le sperme du pic volcanique n'a pas souillé la mer. Sa violence est au contraire purificatrice. Entre les jambes de la femme-paysage, c'est le sol du paradis perdu qui s'ouvre. Perdu à cause de l'idée de péché inventée par l'homme, le paradis retrouvé se confond avec la révélation de l'*inexistence du mal,* avec le fait que la mer « souillée » refleurit : « Tout le pommier en fleur de la mer ». Ces thèmes, souvent les mêmes images, se rencontrent dans *l'Amour fou.* Insistons sur les poèmes qui introduisent ce récit de façon nette et précise :

— « Yeux zinzolins » :

> Je chante la lumière unique de la coïncidence...
> La portée des incidents étranges mais insignifiants à [première vue
> Et leur don d'appropriation finale vertigineuse à [moi-même...

— « Il allait être » :

> Ondine...
> Tu avais gravé les signes infaillibles
> De mon enchantement
> Au moyen d'un poignard dont le manche de corail [bifurque à l'infini
> Pour que ton sang et le mien
> N'en fassent qu'un

On aura reconnu les thèmes de la coïncidence révélatoire (le hasard objectif) et de l'unité androgynale du couple. « Et mouvement » est un véritable « résumé » du récit sous forme de parabole (encore une fois...) : Breton s'identifie à un navigateur qui, abandonné dans une île, a fait la connaissance d'une indigène dont il s'est épris : « Lorsque je te vois je retrouve en moi cet homme qui avait oublié trop volontiers la parole ». En effet, le marin ne pouvait communiquer avec sa belle que par un subtil langage de caresses : le langage du cœur n'est-il pas plus délié que la prose vulgaire, n'est-il pas en soi poésie? Cette fable, un ami la reproche à Breton, comme une « obsession poétique », comme une « nostalgie de l'âge d'or ». Le poète se défend :

> Mais les événements modernes ne sont pas forcément
> [dépouillés de tout sens originel et final
> Et la rencontre
> Élective vraiment comme elle peut être
> De l'homme et de la femme...
> Cette rencontre
> Avec tout ce qu'elle comporte à distance de fatal
> Cette précipitation l'un vers l'autre de deux systèmes
> [tenus séparément pour subjectifs
> Met en branle une série de phénomènes très réels
> Qui concourent à la formation d'un monde distinct
> De nature à faire honte à ce que nous apercevrions
> A son défaut
> De celui-ci

La rencontre entre deux êtres qui se trouvent parce qu'ils étaient de toute éternité à leur recherche réciproque constitue l'amorce d'une nouvelle civilisation, annonce la fin de la barbarie. D'où l'allusion finale à l'affranchissement des femmes en Oïrotie.

Pourquoi enfin avoir choisi un marin comme « double »?

> Les premiers navigateurs à la recherche moins des pays
> Que de leur propre cause
> Voguent éternellement dans la voix des sirènes

La recherche de l'autre est toujours recherche de soi. A travers l'autre qui me hante, se révélera à moi qui je suis. Sphinx, Mélusine ou Sirène se suivent, mais la question qui oppresse notre Œdipe moderne demeure...

Le magique circonstanciel dans « l'Amour fou »

Publié en 1937 le récit de Breton relate des « événements » qui courent de 1934 à 1936 : la rencontre avec sa nouvelle femme, Jacqueline, leur voyage à Tenerife, la naissance de leur enfant, Aube. Apparemment rien de bien exceptionnel : l'histoire d'un couple. Le malentendu sentimental qui donnait à *Nadja* un certain aspect « romanesque » n'existe même plus. Un livre sur le bonheur. Or, le bonheur est difficile et mystérieux : il est la solution de la complexe mathématique du désir.

Le décor du théâtre mental est mis en place : une revue à grand spectacle. Des boys sévères, serviteurs d'un culte étrange (« ils portent les clés des situations »). Puis des femmes en même nombre, de 7 à 9, sur une banquette. Alors « entre un homme... il les reconnaît : l'une après l'autre, toutes à la fois? Ce sont les femmes qu'il a aimées, qui l'ont aimé, celles-ci des années, celles-là un jour. Comme il fait noir! » Cette rangée de boys, ce sont les Breton d'autrefois, « les hommes que j'aurai été », aussi insaisissables aujourd'hui que ces femmes en toilettes claires, dont aucune n'est reniée, ni bafouée par le poète soudain épouvanté par l'idée que le temps est passé, que l'oubli est là, à dévorer férocement ses souvenirs. Quel abri contre l'oubli? « Qui nous apprendra à décanter la joie du souvenir? »

Contre l'oubli, une seule arme efficace, l'espoir. Non plus l'illusion idéaliste et romantique de l'amour unique, mais la foi en l'amour fou qui s'en distingue. Les Romantiques ont eu une intuition exacte en consacrant l'idée de l'amour électif, mais n'ont pas su voir que le suprême amour serait réservé à la dernière femme de la chaîne, à celle qui dans ses traits résumerait toutes les figures qui l'ont annoncée et précédée. Aussi savoir quelle femme on aimera définitivement revient à saisir dans ses souvenirs les qualités qui nous ont le plus émus dans telle ou telle, et d'en composer une synthèse. Toutes les femmes que Breton a aimées ont eu un pouvoir semblable : elles ont été des médiatrices entre lui et le monde, en ce sens que l'émotion ressentie à leurs côtés lui a donné l'impression d'être en un état de relations privilégiées avec le spectacle de la nature. Plongé dans cet état, il s'informe prodigieusement de son désir, il trouve des éléments de réponse à la question centrale de son essence : « Qui suis-je? » Je suis ce qui est ému en moi... La femme dont il attend la venue, qu'il aimera follement, sera celle qui le mettra de façon quasi permanente en position de réception poétique, c'est-à-dire érotico-esthétique.

La structure particulière de son émotion, Breton la connaît bien : elle répond, elle résonne au heurt des contraires, à ce qui fait *image,* au sens surréaliste du terme. S'il rêve de solitude à deux, c'est dans un paysage aux amples contrastes, ainsi les cratères de l'Alaska où la neige demeure sous la cendre... Le poétique, l'émotionnel à son plus haut période, surgit dans l'intuition du déchirement surmonté, de la séparation dépassée. C'est pourquoi, revenant sur l'expression finale de *Nadja* (« la beauté convulsive ») Breton en précise la portée, décisive à ses yeux.

L'impression de *beauté convulsive* ne se manifeste pas pendant le mouvement, mais à l'expiration du mouvement de ce qui nous a émus. Soit l'exemple d'une locomotive « qui a été abandonnée durant des années au délire d'une forêt vierge » : ce spectacle, d'où le tragique et le dramatique sont évacués, du fait de l'extinction de l'aventure qui a poussé cette locomotive en cet endroit, est bouleversant, car tout en étant statique, il se révèle comme résultat, aboutissement d'un processus dynamique. En ce spectacle la verticalité du temps et l'horizontalité de l'espace se conjuguent. Cette locomotive est un lieu d'intersection de deux plans opposés de la pensée. Finalement la beauté se saisit quand l'aboutissement d'un long processus se fige en un moment d'arrêt ou se cristallise dans l'absolu : l'extase mystique, l'orgasme sexuel, la mort sont les grands moments de la poésie. De l'exemple de la locomotive Breton passe à celui du cristal : sa rigidité et son lustre, sa dureté et sa luminosité en font un objet fascinant. La longue maturation de ses éléments se ressent encore dans l'unité complexe et baroque de son architecture.

Les caractères précédents ne suffisent pas. Rien n'est beau en soi.

> Une telle beauté ne pourra se dégager que du sentiment poignant de la chose révélée, que de la certitude intégrale procurée par l'irruption d'une solution qui, en raison de sa nature même, ne pourrait nous parvenir par les voies logiques ordinaires.

Autrement dit, la beauté est une solution analogique aux problèmes de notre rapport avec le monde et les êtres. Elle est l'étincelle qui nous montre que nous venons de toucher à l'objet révélateur qu'attend notre désir. Toutefois, ajoute Breton, la solution donnée gratuitement par la nature, excède singulièrement notre besoin réel. D'où le plaisir éprouvé à voir notre désir d'un seul coup surcomblé. L'univers en paraît agrandi, capable de satisfaire à profusion les besoins innombrables de notre esprit.

Si la nature est ainsi riche en spectacles, en objets qui nous parlent de nous-mêmes, si le monde est une *forêt d'indices,* pourquoi ne pas se mettre systématiquement à leur chasse? Breton expose les moyens qu'il utilise (cartes, fétiches...) pour appâter et faire « surgir à volonté la bête aux yeux de prodiges. » Il attend d'eux des informations sur ce qui se trame en lui, et entre lui et le monde. afin qu'apparaisse l'être, la femme qui comblera son désir, la vedette de sa revue à grand spectacle après le passage des éphémères ébauches qui l'ont précédée.

Le 10 avril 1934 « en pleine occultation de Vénus par la lune », Breton déjeune dans un restaurant où une confusion de son esprit lui paraît révélatrice. Il entend le *plongeur* crier : « Ici, l'Ondine ! » s'adressant à une jeune servante. En fait, il s'agissait prosaïquement d'un appel à table (« l'on dîne »). Breton surprend pourtant des signes probants : la servante porte au cou une chaînette retenant un bijou de même configuration que l'éclipse; ce restaurant se situe en zone magique, près d'un cimetière, et il est bizarrement orné d'une horloge vide de son cadran : lieu prédestiné pour l'apparition des sirènes... Cette anecdote paraît suffisamment explicite à l'auteur pour qu'il nous propose sa définition complète de la beauté convulsive :

> [elle] sera érotique-voilée, explosante-fixe, magique-circonstancielle ou ne sera pas.

En effet la longue attente de la femme aimée, marquée en particulier par des actes de magie expérimentale, a été *soudain* récompensée par l'apparition de l'Ondine (qui annonce l'approche de cette femme aimée). Une illumination (explosante-fixe) a fait comprendre à Breton, de façon dissimulée que son désir (érotique-voilé) allait trouver sa satisfaction. Indices magiques des circonstances quotidiennes, beaux comme une locomotive dans la forêt vierge, comme le mouvement figé dans son aboutissement.

Beauté convulsive et hasard objectif

Breton rappelle la question d'une enquête de *Minotaure* : « Pouvez-vous dire quelle a été la rencontre capitale de votre vie? Jusqu'à quel point cette rencontre vous a-t-elle donné, vous donne-t-elle l'impression du fortuit? du nécessaire? » Dans les conclusions accompagnant les réponses à cette enquête, il remarque avec plaisir qu'« il arrive que la nécessité naturelle tombe d'accord avec la nécessité humaine d'une manière assez extraordinaire et agitante pour que les deux déterminations s'avèrent indiscernables. » La question du hasard étant ainsi posée, les conditions sont remplies pour qu'un pont soit jeté entre elle et celle de la beauté convulsive.

Il est aisé de constater que leur *structure* est semblable : dans les deux cas l'*attendu* et le *fortuit* se conjuguent. Une rencontre est capitale dans notre vie quand elle répond à quelque chose que nous cherchions, que nous attendions. Le hasard, c'est l'attente réalisée, comme l'objet que nous trouvons beau est notre désir objectivé. D'ailleurs la plupart du temps la rencontre capitale de notre vie est aussi le moment le plus beau, car il s'agit le plus souvent d'un événement sentimental : l'attente et le désir ne font alors plus qu'un. La rencontre capitale de notre vie étant le moment où le magique-circonstanciel s'est révélé à nous avec le plus de force, Breton propose de se livrer à une analyse rigoureuse de son apparition, au point que l'on peut se demander si l'*Amour fou* n'est pas essentiellement la réponse (développée) de Breton à sa propre enquête. Auto-analyse de son désir, de ses ruses, de ses mouvements les plus fugaces. Ainsi peut-on expliquer son attachement minutieux aux moindres événements qui ont précédé l'arrivée de Jacqueline : ces menues circonstances levaient un pan du voile.

Il lui semble préalablement nécessaire de revenir sur les définitions du hasard données jusqu'à lui. Après avoir cité Aristote, Cournot et Poincaré, choisissant ainsi des auteurs dont le souci d'objectivité est incontestable, il suggère, empruntant à la fois à Marx et Freud :

> Le hasard serait la forme de manifestation de la nécessité extérieure qui se fraie un chemin dans l'inconscient humain.

Alors que les anciennes définitions insistaient sur l'objectivité des faits extérieurs sans participation de l'esprit humain, la sienne réintègre cette dimension par la présence de l'inconscient, champ d'exploration et d'exploitation du hasard. On ne peut prétendre qu'il réintroduit une quelconque spiritualité, l'inconscient faisant partie de la réalité psychique. Il est tout à fait conscient des dangers « obscurantistes » qui menacent sa tentative [3]. Aussi choisit-il *l'observation médicale* comme modèle dans la relation des faits qu'il entreprendra.

Les trouvailles

Le navigateur ayant « découvert » une nouvelle côte, le savant témoin d'un phénomène jusqu'alors inconnu connaissent une illumination « surréaliste ». Fruit de leur attente, leur trouvaille est cependant accompagnée d'un sentiment de *chance,* d'une impression de *hasard.* Malgré toutes les opérations intellectuelles qui ont amené leur découverte à se révéler, ils ne peuvent se départir d'un état d'esprit poétique. Le moment de la trouvaille rayonne, comblant le désir et l'attente.

Ces illuminations où la beauté convulsive électrise

3. *Cf.* à ce propos « l'escarmouche » qui l'oppose à Trotsky méfiant envers le caractère « inquiétant » du hasard objectif, in *Visite à Léon Trotsky.*

l'être, les surréalistes tentent de les multiplier dans la vie, comme dans leurs œuvres. Breton appelle cette attitude une « soif d'errer à la rencontre de tout » et en fait un art de vivre (« J'aimerais que ma vie ne laissât après elle d'autre murmure que celui d'une chanson de guetteur, d'une chanson pour tromper l'attente. Indépendamment de ce qui arrive, n'arrive pas, c'est l'attente qui est magnifique »). Et il conte dans la foulée les découvertes qu'il fit, avec Giacometti, d'un masque de métal et d'une cuiller en bois, au Marché aux Puces.

Cet épisode ayant déjà retenu notre attention dans notre précédent ouvrage sur le surréalisme, nous nous contenterons ici d'en préciser l'intérêt. Notons d'abord que cette double trouvaille correspond parfaitement à la définition du hasard et de la beauté convulsive, dans la mesure où les objets en question aideront les deux amis à résoudre le problème actuel de leur existence. Chez Breton, nous le savons, il s'agit essentiellement d'un problème sentimental. Chez Giacometti, d'un problème esthétique (à prolongements sentimentaux, il est vrai). D'autre part, un quiproquo s'est installé entre eux, depuis quelques mois, et il s'en trouvera aussi éclairci. En un instant, tout cela trouvera symboliquement une résolution : d'où la véritable fascination exercée sur eux par ces deux étranges objets. D'où, en un second temps, l'analyse à laquelle se livre Breton, désireux d'élucider les zones obscures de son désir en approfondissant les significations virtuelles de son choix. Il est de tout premier intérêt de constater que cette analyse a été faite en trois temps, comme si des pans de mur de la censure avaient d'abord résisté.

— Premier temps : la trouvaille du masque par Giacometti remplit le même rôle que le rêve « en ce sens qu'elle libère l'individu de scrupules affectifs paralysants, le réconforte et lui fait comprendre que l'obstacle qu'il pouvait croire insurmontable est franchi. » Mais il faut tenir compte que ces trouvailles ont été faites à deux : « Les deux trouvailles que Giacometti et moi nous faisons *ensemble* répondent à un désir qui n'est pas un désir quelconque de l'un de nous, mais bien un désir de l'un de nous auquel l'autre, en raison de circonstances particulières, se trouve associé ». Remarque qu'il illustre en montrant comment la cuiller en bois pourvue d'un talon remplit le manque d'un objet dont il avait eu la révélation en rêve et dont il avait naguère demandé à Giacometti d'exécuter un moulage. Comment cette cuiller peut-elle devenir le cendrier-cendrillon en question? Il s'en explique ainsi : « De profil, à une certaine hauteur, le petit soulier de bois issu de son manche — la courbure de ce dernier aidant — prenait figure de talon et le tout présentait la silhouette d'une pantoufle à pointe relevée comme celle des danseuses. Cendrillon revenait bien du bal. » Quelque part, Breton ajoutera qu'un autre objet aurait pu remplir le même office que cette cuiller. Certes, si le hasard l'eût voulu... Mais il n'empêche que son attention a été attirée par celle-ci. L'analyse interne de l'objet ne peut-elle expliquer, justifier ce choix? Il est remarquable que cette cuiller-pantoufle résume en soi plusieurs antinomies, fonctionne comme une image surréaliste : elle représente le pôle négatif de la vie de Cendrillon (cuiller), et le pôle positif (pantoufle de bal), elle est composée d'un matériau lourd et opaque (le bois) et d'un matériau léger et transparent (vair ou verre), etc. Elle constitue une unité faite d'éléments hétérogènes et, surtout, elle est *le produit figé d'une métamorphose interne.* Or n'avons-nous pas défini avec Breton la beauté convulsive comme l'aboutissement explosant-fixe d'un processus dynamique? La formule du jeu « l'un dans l'autre » est contenue dans l'essence ambiguë de cet objet.

— Deuxième temps : se découvre à Breton le sens érotique de sa découverte (« pantoufle = cuiller = pénis = moule parfait de ce pénis »). Notons que c'est après une conversation avec le sculpteur que Breton arrive à faire sauter en lui le barrage de la censure l'empêchant d'accéder à ce sens qui malgré lui le choquait.

— Troisième temps : enfin, deux ans après (1936), la double trouvaille apparaît sous sa vraie lumière. Les deux objets entretenaient en réalité une relation d'ordre dialectique. Le masque est lié à une idée de mort : en effet Joë Bousquet l'a reconnu comme un engin de protection utilisé en vain pendant la guerre. Nous venons de relever les connotations sexuelles de la cuiller. Instinct de mort et instinct sexuel s'équilibrent dans leur rapprochement. Rapprochement qui ne fut nullement fortuit, ajoute Breton, car juste avant qu'il manipulât lui-même ce masque, son ancienne amie dont il éprouvait encore douloureusement la séparation, l'avait elle-même manié. Le masque devenait entre leurs mains un objet de médiation, un objet magique. La cuiller rééquilibrait, pour Breton, les choses dans le sens de la vie.

La faculté d'auto-analyse de Breton peut surprendre. Il s'en explique, insistant sur son habitude de déceler les anomalies de son comportement et l'étrangeté des circonstances. En outre, il est évident qu'il fait preuve beaucoup plus de qualités poétiques que de soucis scientifiques. Non pas que son analyse ne soit pas *valable.* Elle l'est à des fins prospectives, et non pas rétrospectives. Il y a chez lui une intuition d'une *poésie de la psychanalyse.* Freud ouvre le champ de l'imaginaire. Peu importe que cela soit contraire au scientisme et aux visées thérapeutiques du maître de Vienne. Il ne nous semble pas excessif d'affirmer que, plus que le résultat de l'analyse, c'est la façon dont Breton la mène qui le révèle essentiellement. Bien plus tard, il commentera ainsi son goût pour la collecte des pierres (*Langue des pierres,* 1957) :

> La recherche des pierres... détermine le rapide passage de ceux qui s'y adonnent à un *état second,* dont la caractéristique essentielle est l'*extralucidité.* Celle-ci a tôt fait, partant en fusée de l'interprétation d'une pierre d'intérêt exceptionnel, d'embrasser et d'illuminer les circonstances de sa trouvaille.

Illuminer est autre chose qu'*éclairer...*

L'ordonnatrice du « Tournesol »

Le plaisir considérable pris à ce genre de trouvailles ou de rencontres prouve que, au-delà de l'objet trouvé ou de l'être rencontré, c'est la fin de son exil dans le monde que ressent, que pressent l'intéressé. Sa nécessité individuelle fusionne avec la nécessité naturelle. Il se sent en connexion avec le monde dans une vibration, une convulsion qui les étreint ensemble. Manque encore l'ordonnatrice qui, telle une fée, accomplira ces miracles presque à volonté.

Certes elle fut amplement prophétisée : Breton a multiplié les pièges où l'Ondine s'est prise. Et ce livre, *l'Amour fou,* attend son héroïne : Breton l'a commencé *avant* que la vie vienne s'y mêler (même phénomène pour *Nadja* que la rencontre d'une femme vient couronner *effectivement*). On peut se demander si, parmi tous les objets d'intercession, le livre n'est pas le plus puissant. Il est plus efficace de laisser son livre ouvert que la porte de sa chambre, pour espérer qu'une inconnue y entre : le Rousseau de *la Nouvelle Héloïse* en sut quelque chose...

Voici donc qu'entre dans sa vie une femme « scandaleusement belle » (29 mai 1934). Les circonstances de cette rencontre incitent le poète à lui décerner l'épithète de *capitale.* Une sorte de magnétisme attire les futurs amants l'un vers l'autre, semble lever tous les obstacles sur leur chemin. Véritable *fille du feu,* Jacqueline illumine tout sur son passage. Leur promenade nocturne dans Paris prend rapidement un tour initiatique : Breton a l'impression de vivre une métamorphose, de se débarrasser des séquelles du passé, des souvenirs qui l'assombrissaient :

> J'en suis quitte brusquement avec des représentations antérieures qui menaçaient tout à l'heure de me réduire, je me sens libéré de ces liens qui me faisaient croire encore à l'impossibilité de me dépouiller, sur le plan affectif, de mon personnage de la veille. Que ce rideau d'ombres s'écarte et que je me laisse conduire sans crainte vers la lumière! Tournesol, et toi, grande nuit, chasse de mon cœur ce qui n'est pas la foi en mon étoile nouvelle!

Cet hymne au tournesol apparaît à l'occasion de l'évocation de la Tour Saint-Jacques que Breton a comparée dans un poème du *Revolver* à « cette espèce d'hélianthe connue aussi sous le nom de grand soleil ». Comme cette fleur qui se dresse, solitaire, sur un coin de terre ingrate, Breton se tourne en cette nuit du côté du soleil, du *feu* dont cette femme est la déesse même. Le tournesol est aussi, note Breton, le nom donné à un « réactif utilisé en chimie, le plus souvent sous la forme d'un papier bleu qui rougit au contact des acides » (bleu et rouge, couleurs de Paris...) : son nom est donc lié à une opération de *métamorphose,* répondant d'autre part à l'espoir de transmutation des métaux qui a présidé, entre autres, à la construction de la Tour Saint-Jacques. Tournesol, double symbole où le poète reconnaît et son élévation, son ascendance vers le soleil retrouvé, et sa métamorphose intérieure. Ce voyage initiatique, cette sortie des enfers intérieurs s'effectue (naturellement) la nuit : les deux promeneurs se dirigent ensemble vers *l'aube* (le prénom de la fille qu'ils auront). Il est la récompense accordée par la nature au comportement lyrique préconisé par le poète, contre l'attitude positiviste qui, croyant englober le réel, n'en saisit en réalité qu'une moindre partie.

Quelques jours après cette nuit, et bien qu'il lutte obscurément contre ce phénomène, Breton entend s'imposer à sa mémoire un poème écrit par lui onze ans plus tôt. Malgré la mince qualité littéraire de ce texte, il n'a jamais pu, note-t-il, le sacrifier comme beaucoup d'autres : il y ressentait un ton accoutumé, comme une sommation de l'avenir. Et voilà que soudain les qualités prophétiques du texte s'éclairent. Les coïncidences entre la nuit du Tournesol et ce poème justement intitulé *Tournesol* sont frappantes : il en fait le relevé systématique[4] et regrette au passage d'avoir apporté des corrections qui lui apparaissent, vu la fonction nouvelle du texte, comme des « fautes. » Regrets justifiés si on se réfère à l'exemple donné : « (les) survenants qu'on sait plus *dévoués* que les revenants » écrit Breton dans le texte définitif. Ce vers corrigé *(dangereux* a été remplacé par *dévoué)* de la seconde version n'a pas de sens, alors que le premier signifiait que ce qui *survient* dans l'existence (ici, une femme) est bien plus dangereux que ce qui *revient* (souvenir, amours passées...) Ce qui est parfaitement cohérent avec l'ensemble de la problématique de 1934.

Il faut reconnaître que les critiques les mieux inten-

---

4. Reproduit dans *Surréalisme, théories, thèmes, techniques,* p. 249 sqq., Breton est revenu à d'autres reprises sur le cas des textes et des œuvres prémonitoires (*cf.* en particulier *Perspective cavalière*).

tionnés envers Breton ont souvent hésité à l'accompagner sur ce terrain. Ainsi Victor Crastre déclare ne pouvoir « suivre Breton dans ce minutieux travail d'analyse », encore qu'il avoue que certains détails soient troublants : il ne peut s'empêcher d'y voir un retour dissimulé, une ruse de la transcendance. Au contraire ce qui nous trouble davantage, c'est que, de toute évidence, Breton ne soit pas allé jusqu'au bout de l'analyse. En dehors des coïncidences qu'il a relevées, le texte dans son détail, présente d'autres points de convergences dont il est nécessaire de risquer une présentation et une interprétation.

Les 13 premiers vers ont un rapport non seulement avec la promenade nocturne, mais aussi avec ce qui l'a précédée, la rencontre au Café des oiseaux. On rapprochera les pages où Breton montre Jacqueline dans ce cadre, décrit ses attitudes et les siennes, des vers suivants :

> Les torpeurs se déploient comme la buée
> Au Chien qui fume
> Où venaient d'entrer le pour et le contre
> La jeune femme ne pouvait être vue d'eux que mal et de biais

Pour les vers 12 et 13 :

> Les lampions prenaient feu lentement dans les marronniers
> Le bal des innocents battait son plein

le commentaire de Breton reste allusif. Par ironie, nous semble-t-il. N'est-il pas évident en effet que le double souvenir de Nicolas Flamel (*flamme,* feu, etc.) et de Jean Goujon (dont le nom et les Naïades suggèrent l'eau) répond, d'une part, à la fille du feu qu'il poursuit et, d'autres part, à l'ondine qui l'a annoncée un mois et demi avant? L'idée de « lampions » au vers suivant s'associe à celle de *flamme.* Le commentaire de Breton expliquant que la jeune femme portait pour surnom Quatorze Juillet dans le music-hall où elle s'exhibait dans un aquarium (retour au thème de l'ondine), nous laisse rêveur...

La dame sans ombre s'agenouilla sur le Pont-au-Change
Rue Gît-le-Cœur les timbres n'étaient plus les mêmes.

Ce texte des vers 14 et 15 est évidemment construit comme un rêve d'avertissement, comme une incitation à changer, à passer le pont. On retrouve dans les *Vases* cette obsession du pont à passer avec les mêmes sollicitations. Ceci correspond d'ailleurs parfaitement à la situation sentimentale du poète en 1934 ainsi qu'à la fin du poème :

Et pourtant le grillon qui chantait dans les cheveux de cendre
Un soir près de la statue d'Etienne Marcel
M'a jeté un coup d'œil d'intelligence
André Breton a-t-il dit passe

Nous ponctuons ainsi ce vers : « André Breton, a-t-il dit : passe ! » Passe le pont, suis la fée qui te guide, accepte la transformation... A propos de ce grillon, Breton avoue son embarras, puis fait appel à un souvenir culturel (Lautréamont). Regardons le vers de près : pourquoi ne pas rapprocher grillon (qui peut aussi être une forme du verbe *griller :* grillon [s]) du mot *cendre?* Rapprochement justifiable :

— la *fille du feu* rallume le gril là où il n'y avait plus que cendre dans le cœur du poète (Souvenons-nous des vers : « Les torpeurs se déployaient comme la buée / Au Chien qui fume »);

— « grillons », « délaissons les cendres du passé », cet enseignement est cohérent avec l'incitation à passer le pont, à croire de nouveau à l'amour, à franchir l'obstacle sexuel.

Ces remarques nous feront donc considérer ce poème comme une invitation au voyage, un départ vers une nouvelle existence. Ce qui éclaire l'étrangeté de l'expression initiale : « La voyageuse qui traversa les Halles à la *tombée de l'été.* » Eté, terme que l'on peut, dans ce contexte, aisément interpréter comme un participe passé : « à la fin de ce qui a été » (et au début de ce qui est ou sera).

Quelques remarques complémentaires sur la structure du poème : il est composé de deux parties distinctes, la seconde recouvrant et commentant la première (structure connue du rêve). Les vers 16 et suivants reprennent les éléments du premier vers, les diluent et les éclairent : La voyageuse/les pigeons voyageurs; Les Halles / une ferme prospérait en plein Paris; à la tombée de l'été / sur la voie lactée. Breton ne relève pas du tout ce phénomène, ce qui l'entraîne à des interprétations assez hasardeuses (ferme : Marché aux Fleurs?) Pourtant ce phénomène jette sur le poème une lumière nouvelle. Du changement souhaité, une purification est attendue. La nature triomphera de Paris, l'amour l'emportera sur les forces du désespoir.

Pourquoi Breton ne s'est-il pas livré à une réflexion plus approfondie de son poème? Aurait-il craint de sombrer dans les pièges spiritualistes? Même si on découvrait des coïncidences encore plus bouleversantes entre le poème et le vécu postérieur, cela ne donnerait pas un argument de plus au spiritualisme. Breton, après tout, connaît là une aventure que de nombreux hommes ont vécue avant lui. Combien de romanciers n'ont-ils pas construit leur œuvre sur l'intuition d'un retour étonnant des mêmes événements, à dix ou vingt années d'éloignement, dans une existence, et tout particulièrement dans l'existence sentimentale? Le seul problème qui se pose est de savoir si le Breton de 1934 traversait une crise similaire à celle de 1923. En ce domaine, il n'est pas difficile d'apporter une réponse affirmative. Quant aux rencontres qu'il fit avec les trois femmes de sa vie, il suffit de rapprocher *Nadja, l'Amour fou* et *Arcane 17,* pour établir les multiples similitudes dans les faits, dans sa façon de les vivre, dans sa manière de les décrire. Il est toujours merveilleux, de revivre avec une autre ce que l'on a vécu avec la première, de remonter le temps. A 20, à 30, à 40 ans, on aime toujours de la même façon, on aime toujours la même femme : les poètes l'ont assez dit...

Autre fait plus troublant (non dans le sens du merveilleux, mais de sa réduction) : Breton note que cette jeune femme, en fait, cherchait à le rencontrer, parce que ses livres lui avaient plu. Elle le connaît, si lui ne la connaît pas... Mettons-nous à la place d'une jeune femme qui a lu *Nadja,* qui cherche à attirer l'attention de son auteur, et qui sait très bien que la Tour Saint-Jacques exerce sur lui un attrait considérable. La part d'étrangeté disparaît sérieusement (comme si l'on admet l'hypothèse que Nadja a joué la comédie, commentant en actes l'épisode de *Poisson soluble,* ayant vécu dans le quartier magique, etc.). Les fées ne seraient-elles que des prestidigitatrices? Et si Jacqueline avait volontairement mis en scène *Tournesol*? Tout cela importe peu à Breton : il a vécu, une nuit, l'absolu du merveilleux, sans doute aucun, sans effort de rationalisation. L'émotion qui l'a saisi l'a transporté dans le pays de la beauté convulsive où l'on perd pied, où les catégories logiques s'écroulent. Même si le mystère s'explique par la suite, cela n'enlèvera pas qu'il a été vécu dans une totale innocence.

L'ascension

D'un voyage aux Canaries entrepris avec sa nouvelle épouse Breton rapporte la relation d'une ascension du Pic du Teide. Succédant à la promenade à travers Paris, précédant celle qu'il fera sur la plage du Fort Bloqué, celle-ci peut être considérée comme la partie centrale d'un triptyque, la partie la plus rayonnante. Non seulement parce que le bonheur physique et moral est atteint dans sa plénitude, mais aussi parce que s'illumineront aux yeux de Breton un certain nombre de certitudes philosophiques et idéologiques, qui jusque-là lui échappaient.

Ce paysage volcanique, riche en espèces végétales, semblant participer d'une vie sexuelle lourde, exubérante ou dissimulée (cactées éjaculant du lait, jardin climatologique étouffant et mystérieux comme les rêves), invite à remonter à la source des désirs les plus anciens, les plus ancrés dans le moi. Entre toutes, Breton élit la plante appelée *semper-vivum* dont le nom indique bien la ténacité à vivre dans les conditions les plus défavorables : cette plante se caractérise par « cette volonté désespérée d'aujourd'hui, qui peut être qualifiée de surréaliste, [...] d'opérer à chaque instant la synthèse du rationnel et du réel, sans crainte de faire entrer dans le mot *réel* tout ce qu'il peut contenir d'irrationnel jusqu'à nouvel ordre. » Ce pays de rêve lui apparaît bientôt, à cause de l'harmonie où vivent tous les individus qui le composent, comme un Eldorado, un paradis terrestre où l'Age d'or s'est perpétué [5]. C'est pourquoi l'homme s'y sent si près de ses origines, de ses instincts profonds. L'ascension du Pic, dans ces conditions, sera identifiée à une ascension vers le Point suprême où brille la faculté originelle dont nous entretiennent les Manifestes. L'amour s'y déploiera d'autant mieux que l'innocence de cette nature « vierge » (comme on dit) l'élève au-dessus des catégories du péché ou du mal. Non pas qu'en soient soudain exclus les aspects pervers : au contraire, Breton réaffirme son adoration pour *l'ombre vénéneuse,* indissociable de l'amour charnel. Mais en ce lieu peuvent se concilier Sade et le Cantique de Salomon. C'est cela l'innocence de l'amour...

Encore une fois, liberté sexuelle ne signifie pas, pour Breton, licence : il fait un éloge vibrant de la monogamie, où il associe les noms d'Engels et de Freud. Ascension spirituelle, sentimentale, philosophique, l'ascension du Teide se doit aussi d'être *morale,* c'est-à-dire unificatrice. Sa propre démarche, Breton la reconnaît dans le film de Dali et Bunuel, au titre si proche de ce qu'il ressent, *l'Age d'or :* « L'amour en tout ce qu'il peut avoir pour deux êtres d'absolument limité à eux, d'isolant du reste du monde, ne s'est jamais manifesté d'une manière aussi libre, avec tant de tranquille audace. » Egoïsme? Repli sur soi? Individualisme? Non :

> La recréation, la recoloration perpétuelle du monde dans un seul être, telles qu'elles s'accomplissent par l'amour, éclairent en avant de mille rayons la marche de la terre. Chaque fois qu'un homme aime, rien ne peut faire qu'il n'engage avec lui la sensibilité de tous les hommes.

S'émanciper, c'est émanciper tous les autres. Il faut au poète avoir joui à l'avance d'un monde autre pour projeter son désir, le rendre contagieux. Entendre un homme célébrer la toute-puissance de l'amour et prôner le plaisir dans une civilisation technicienne est en soi un scandale, un acte subversif. *Arcane 17* élargira ces perspectives, perfection-

5. Dans le détail, les choses sont moins simples : les différents degrés que franchit le couple dans son ascension sont aussi autant de difficultés vaincues.

nant leur aspect mythique (dimension essentielle, pour qu'une parole similaire soit entendue). Mais il faut bien voir comment dès *l'Amour fou* le prolongement mythique (ascension vers le Point suprême d'un couple ayant trouvé le salut physique) et le prolongement idéologique (discussion sur les théories marxistes de l'amour) fusionnent dans la pensée de Breton.

Au *sempervivum* qu'il identifiait au surréalisme Breton associe plus loin la *sensitive.* Cette plante qui doit son nom à la rapidité de ses réactions au moindre contact ou aux variations d'éclairement, il la compare d'autre part à la femme : elle représente la victoire de la *sensation* sur la raison, de la *surprise* sur le raisonnement déductif. La raison est simplificatrice. Au contraire, les éclairs de l'émotion, les illuminations de la sensation saisissent la réalité dans sa complexité et dans son unité. Plante de la femme, de l'émotion, plante de la poésie, la sensitive s'unira, dans le blason surréaliste, au sempervivum, pour exprimer, à côté de l'obstination, de la survie de l'occultisme réprimé, la jeunesse éternelle de l'adhésion vraie au mystère universel. Leur union est un commentaire symbolique du *Second Manifeste.* C'est tout un procès aux modes de la connaissance qu'intente ici Breton considérant qu'il ne peut y avoir de véritable découverte (même scientifique) hors des motivations du désir. Trouver est toujours se trouver : « Réalisez vos désirs pour vous réaliser, pour trouver le bonheur. »

Telles sont les leçons que retire Breton de cette ascension aux cimes du bonheur, accomplie sous la lumière unique de *l'amour fou* qui enfin éclairera l'homme sur son contact véridique avec la Nature. Parvenu au sommet du Teide, Breton évoque le Sade de *la Nouvelle Justine,* qui imagine le chimiste Almani en train de mêler son sperme aux coulées de l'Etna pour provoquer un tremblement de terre et répandre le mal sur la terre. Acte criminel, mais aussi acte amoureux. Acte fascinant surtout, parce que le désir humain et les pulsions de la nature y sont confondus de la façon la plus frappante : ce qui correspond à la constante obsession surréaliste de réunifier le moi instinctif et les profondeurs cosmiques. Toutefois la haine de Sade pour la nature, comme l'exaltation de Rousseau en sa faveur datent un peu. Elles figurent des tentations incomplètes pour enjamber un écart ressenti comme pénible et qu'il convient de combler :

> J'espère que l'homme saura adopter à l'égard de la nature une attitude moins hagarde que celle qui consiste à passer de l'adoration à l'horreur. Que, tourné avec une curiosité d'autant plus grande vers elle, il parviendra à penser d'elle à peu près ce que pensait d'un de ses contemporains Goethe lorsqu'il disait : « Ai-je pour Wieland de l'amour ou de la haine? — Je ne sais. — Au fond je prends part à lui. »

Prendre part à la nature, c'est la refléter en soi et se refléter en elle. Le miroir entre la nature et l'homme étant la femme : « Elle n'est sujette, la nature, à s'illuminer et à s'éteindre, à me servir et à me desservir que dans la mesure où montent et s'abaissent pour moi les flammes d'un foyer qui est l'amour, le seul amour, celui d'*un* être. » Si cette femme n'existe pas, les désirs ne peuvent se fixer, et l'homme ne peut découvrir à travers leurs structures, celles de l'univers :

> La nature me trahissait-elle? non, je sentais que le principe de sa dévastation était en moi. Il ne manquait qu'un grand iris de feu partant de moi pour donner du prix à ce qui existe.

Réalité du couple

On ne peut vivre éternellement sur les sommets. Il faut descendre et vivre sur les plages de l'existence, avec les discordes et les nécessités qu'implique la vie quotidienne. Toutefois dans ces caprices du sentiment, Breton refuse de voir les indices d'une déperdition de l'idée de l'amour dans le temps. C'est ce qui le décide à examiner de façon détaillée l'une de ces dépressions du sentiment, où il montrera que, moins qu'une crevasse dans l'amour, elle représente un *piège.*

Après avoir fait une longue narration d'une promenade où les deux époux se sont sentis si lointains l'un de l'autre, si désarmés pour se retrouver, Breton s'interroge ainsi : « Le miroir de l'amour est-il sujet à se brouiller du fait de circonstances étrangères à l'amour et à se découvrir d'un seul coup à l'expiration de ces circonstances? » Et il répond : « Oui. »

Dans ces circonstances peuvent intervenir toutes sortes de facteurs : la configuration des lieux, l'histoire des événements qui y eurent lieu, une certaine atmosphère, des souvenirs plus ou moins conscients... On sait que les mentalités populaires ont sacralisé certains châteaux prétendus hantés, certaines maisons appelant le crime. Chacun sait que toute géographie est empreinte de magie. Breton essaie de démonter la machination qui ce 20 juillet 1936, a été ourdie contre lui. Mais, ce qui nous retiendra plus que l'analyse qu'il fait, c'est cette remarque, sorte d'analyse dans l'analyse : « Bon gré mal gré, il faut reconnaître que ces deux livres semblent bien, dans l'élaboration de ce qui fut pour nous ce long cauchemar éveillé, avoir joué un rôle surdéterminant des plus décisifs » (les deux livres en question sont *la Renarde* de Mary Webb et *la Femme changée en renard* de David Garnett; ces deux titres ont un rapport direct avec la villa du Loch qu'habitait l'éleveur de renards Michel Henriot, assassin de sa femme). En fait, on peut se demander si ce n'est pas par ces deux livres qu'il fut inconsciemment amené à venir se promener dans ces lieux lugubres dont il connaissait parfaitement bien l'histoire. Il se défend d'y avoir pensé récemment. L'inconscient n'attend pas que l'on pense, pour penser de son côté... Pris ainsi, cet événement entre dans le cadre général des phénomènes de hasard objectif. Surdéterminés par leurs lectures les amants vont en un lieu où ils trouveront ce qu'ils attendent de lui : une crise de dépit amoureux. Quant aux motivations profondes, elles nous échappent, étant extérieures au dit du texte. Cette interprétation est la seule qui puisse nous empêcher de sombrer dans une conception idéaliste où l'on verrait la matière s'animer de façon inquiétante. La matière n'a pas d'intentions, mais l'inconscient, lui en a, et des plus subtiles, pour se manifester à nous.

Remarquons enfin au passage que la géographie de Breton obéit aux données élémentaires de son imagination :

l'ascension du Teide, marquant une progression, était placée sous l'ascendance du signe; la présence du *feu* volcanique la couronnait. En revanche, la promenade sur la côte, négative et morne, se fait dans un paysage plat, un paysage *maritime.*

La conclusion de *l'Amour fou* est un enfant, la fille que Breton appellera Aube. N'a-t-il pas constamment comparé sa mère à un aubier, surtout à l'époque du Teide où l'enfant fut conçu? Son surnom est Ecusette de Noireuil, ce qui rappelle la première image qui cerne le portrait de Jacqueline : « Son sourire à cette seconde me laisse aujourd'hui le souvenir d'un écureuil tenant une noisette verte. » Le livre est donc la préhistoire d'Aube (« Ces mots *l'amour fou* [...] ne feront que vous éclairer sur le mystère de votre naissance »). La lettre à Ecusette qui lui sert d'ultime chapitre se présente comme une défense de l'avoir engendrée sous l'exaltation : justification d'une certaine mauvaise conscience, d'un certain sentiment de culpabilité, d'autant plus que cette naissance le retient d'aller se battre pour la République espagnole.

Mais là n'est pas l'essentiel : le plus étonnant dans cette lettre est la volonté de Breton d'affirmer qu'Ecusette a été désirée par ses parents, qu'elle n'est pas venue par hasard. Mais alors, et le hasard objectif? Ce sera justement sa meilleure définition :

> Si j'ai aimé en vous l'accomplissement de la nécessité naturelle, c'est dans la mesure exacte où en votre personne elle n'a fait qu'une avec ce qu'était pour moi la nécessité humaine, la nécessité *logique* et que la conciliation de ces deux nécessités m'est toujours apparue comme la seule merveille à la portée de l'homme, comme la seule chance qu'il ait d'échapper de loin en loin à la méchanceté de sa condition.

Breton a toujours dit que le hasard proprement dit était la rencontre d'une finalité interne et d'une causalité externe, qu'il signifiait la rencontre de l'ordre naturel et du désir humain.

Du péché d'idéalisme

Dans une critique qui emprunte à Freud, à Sartre, à Lacan et à Simone de Beauvoir, Xavière Gauthier *(Surréalisme et sexualité,* 1971) s'en prend à la conception surréaliste de l'érotisme en général et à la sexualité de Breton en particulier, à son « ascétisme » déplacé à une époque où la révolution sexuelle, en grande partie liée à l'émancipation de la femme, renverse toutes les digues sociales et morales. Pourquoi la Révolution soviétique a-t-elle échoué? Parce que les femmes russes ont dû continuer de faire des enfants. Pourquoi la révolution surréaliste idéalise-t-elle la femme? Parce que l'idée de la sainte Vierge n'a cessé de l'obséder. Pourquoi Breton défend-il la seule sodomie parmi les différentes perversions? Parce qu'il est un homosexuel refoulé, d'où l'attrait qu'il exerce sur ses amis. En bref, pour Xavière Gauthier, dès que, pour un homme, une femme est autre chose qu'un vagin, c'est qu'il est castré. La conséquence étant qu'il est aussi incapable de faire la révolution, encore qu'on ne sache pas trop ce qu'est la révolution pour l'auteur. Apparemment, ce n'est ni Marx, ni Engels, ni Lénine : des réactionnaires qui s'ignoraient (peut-être Marcuse qui, comme on le sait, est en train de saper les bases de l'administration Nixon...). Bien entendu les surréalistes ne pensent qu'à une seule chose toute leur vie : faire l'amour avec leur maman. (« La mère et l'enfant, plus tard l'homme et la femme, seuls au monde, s'aiment d'un amour tout rond qui n'offre pas de prise au monde extérieur. C'est du moins le rêve de bonheur que ronronne la poésie surréaliste »). La théorie platonicienne de l'Androgyne primordial, la représentation des fantasmes dans les œuvres d'art, autant d'indices de cette relation œdipienne. L'écriture automatique : le « gazouillis du nourrisson » (« L'écriture automatique était la recherche des premiers grognements du bébé à sa mère »). Le bébé ne s'est pas arrangé en vieillissant. Breton ne sait ni écrire, ni penser (« L'écriture de Breton oscille constamment — et fâcheusement — de l'explication *prosaïque...* à quelque brumeuse allusion *poétique* [...]. Ainsi se succèdent et alternent, chez Breton, deux types d'écriture, dont l'une vient cacher les défaillances de l'autre. Quand le raisonnement devient difficile, il s'estompe et se perd dans l'opacité des *belles images* »). Aux défaillances sexuelles répondent ainsi les défaillances de la pensée. « Si le surréalisme, conclut X. Gauthier, a été quelque chose, c'est bien au niveau des perversions promues par ses peintres et quelques-uns de ses écrivains. [...] Le point d'impact du surréalisme, sa vérité, diraient certains, est situé exactement un peu en dessous du centre de la photo-montage de Pierre Molinier : *Sur le pavois.* Il est situé entre les fesses largement écartées d'une femme dont les jambes gainées de longs bas noirs se répètent et se multiplient. »

Le livre de X. Gauthier a connu un relatif succès dans la presse et dans l'opinion. Rien de plus réconfortant que sa thèse. Pourquoi se fatiguer à aller voir des Dali ou des Bellmer, quand il y a des sex-shops? Lire l'*Amour fou?* Allez donc, un missel fera l'affaire. Vous voulez faire la Révolution? Faites l'amour avec votre mère, votre sœur, votre frère ou la chèvre de votre voisin. Toute cette démagogie obéit en fait à un certain dogmatisme de la pensée qui consiste à abaisser tout ce qui fait entrave à sa propre idéologie. Les jésuites l'ont fait, et les staliniens. Il est normal que contre leur pourfendeur s'élève le confusionnisme intellectuel qui sévit dans les années 70 [6].

Sans revenir sur la longue démonstration que le lecteur trouvera dans notre premier ouvrage, concernant la conception surréaliste de l'amour, rappelons seulement que pour les surréalistes, même les plus récents, la sacralisation de l'amour va de pair avec la libération absolue de la femme. Pour simple témoignage, celui de Jean Schuster : « C'est à la libération intégrale de la femme qu'il faut aboutir, en commençant par la suppression des contraintes sexuelles et conceptionnelles. C'est à cause de ces contraintes que l'intégration de plus en plus massive de la femme dans le système salarial passe, aux yeux des sociologues réputés progressistes, pour libérante. Je dis que ces messieurs ont la vue déci-

---

6. *Le Deuxième sexe* de S. de Beauvoir ne tombe pas sous cette critique. Ici le projet est avoué : l'honnêteté intellectuelle est sauve, même si l'on n'est pas d'accord avec l'auteur.

dément ultra-courte. Nous avons, quant à nous, une idée un peu moins sommaire de la liberté, et nous ne croyons pas que la femme s'accomplisse en tant que telle en se soumettant, pour échapper, en principe, à la tutelle économique du mari ou de l'amant, à cette infamie qu'est pour tous le travail salarié » *(Archives 57/68).* Notons au passage que X. Gauthier reproche à Breton et à ses maîtresses de ne pas vouloir se mêler à la « classe travailleuse », de prôner l'oisiveté...

Mais cette libération sexuelle défendue par les surréalistes a des limites : c'est vrai. Souvenons-nous que Breton écrivait dans l'*Amour fou* que la beauté sera érotique - voilée. Chacun sait qu'un corps nu est moins excitant qu'un corps à peine voilé, que le désir se nourrit de l'obstacle à franchir. C'est ce que Breton explique à Guy Dumur dans un entretien de 1964, à propos de l'éducation sexuelle. Il rappelle d'abord que la pratique désordonnée de cette éducation a étrangement édulcoré le goût de vivre des enfants sur qui elle fut pratiquée :

> C'est que, sans doute par hâte d'en finir, on a arraché le voile et ainsi profané, faute des précautions requises, le lieu même où se tissent les rêves. Ici encore le mieux est de s'en remettre au principe ésotérique qui veut que tout ce qui est révélé soit aussi, de quelque manière, revoilé. De ce revoilement il me semble que la poésie seule peut faire les frais [...] Il faut veiller à ce que rien ne soit sapé de ce qui prend racine au plus profond dans le cœur de l'homme.

Ces phrases sont essentielles : si l'amour n'est plus le lieu de mystère où se nourrit le désir, si les rêves souterrains sont violemment éclairés, il n'y aura plus de raison pour que l'homme veuille sortir de l'ornière sociale. Le désir primitif sera scientifiquement mis en coupe réglée. Soit! la révolution sexuelle chère à X. Gauthier entraînera une intégration sociale sans retour. Pour Breton, la révolution du désir précède aussi la révolution sociale, non pas sur le plan des événements historiques, mais sur celui des événements psychiques. Il faut que l'on veuille personnellement changer, se modifier, pour s'intéresser de la même façon à autrui, à la collectivité. Marguerite Bonnet, dans « le Surréalisme et l'amour » *(Entretiens sur le surréalisme)*, situe bien les perspectives *morales* d'une telle attitude : « Dans un monde où l'amour sert aux marchands, à l'asservissement par les choses, où un érotisme appauvri se fige en support de la publicité, l'idée surréaliste de l'amour peut bien paraître anachronique : car, relevant d'une morale de l'excès et non du calcul, elle suppose avant tout dans les êtres une générosité au plus haut sens du terme et une surabondance de vie. »

Conclusion : qui écrit et pour qui?

Psychanalyse et écriture automatique

Breton a lui-même assez souvent rappelé quels liens unirent au départ la théorie freudienne et la découverte de l'automatisme pour que l'on se croie autorisé à appliquer à ses productions automatiques un traitement critique inspiré de la psychanalyse. Si le texte automatique émane en effet directement de l'inconscient, si le « flux » qu'il prétend capter au plus près de sa source vive et sans le modifier n'est rien d'autre que l'ensemble des processus primaires, il est des plus tentants de le considérer simplement comme un discours permettant, après un déchiffrement symbolique, d'accéder au plus intime de la personnalité de Breton. Celui-ci d'ailleurs ne s'est pas privé d'effectuer de temps à autre une telle lecture de quelque page qu'il avait antérieurement livrée à l'édition, comme il le fera aussi dans *les Vases communicants* à propos de ses rêves. A ce niveau, rien ne semble distinguer le poème automatique (ou presque : *Tournesol*) du récit minutieux d'un rêve. Ce que confirme aussi bien le reproche qui sera fait à Eluard de prétendre précisément maintenir une distinction de nature (et de qualité) entre ces deux catégories de textes.

Si nous avons pu noter que, dans *les Vases communicants,* l'auto-analyse à laquelle se livre Breton ne se poursuit jamais jusqu'à la révélation d'une scène primitive infantile — ce qui la condamne pour un psychanalyste à l'insuffisance —, il n'en va pas de même dans ses textes automatiques, ce qui inclinerait davantage encore à penser que l'inconscient y jouit bien de la possibilité de s'y révéler sans limite. Il suffit pour s'en convaincre de parcourir les notes marginales que Breton ajouta au premier exemplaire des *Champs magnétiques* (publiées dans le nº 7 de *Change*). On y constate par exemple que, au passage

> Je quitte les salles Dolo de bon matin avec grand-père. Le petit voudrait une surprise. Ces cornets d'un sou n'ont pas été sans grande influence sur ma vie. L'aubergiste s'appelle Tyran. Je me retrouve souvent dans cette belle pièce avec les mesures de volume. Le chromo du mur est une rêverie qui se représente toujours. Un homme dont le berceau est dans la vallée atteint avec une jolie barbe à quarante ans le faîte d'une montagne et se met à décliner doucement.

correspond une atmosphère d'enfance ainsi notée : « Saint-Brieuc jusqu'à l'âge de 4 ans. *Les Ages de l'homme* (ce chromo existe toujours) ». De même, « J'ai commencé à aimer les fontaines bleues devant lesquelles on se met à genoux » évoque pour Breton « la Bretagne »; et il note en face de « Debout sur la grande balançoire sombre, j'agite mystérieusement un grand feuillard de laurier » : « Mon plus lointain souvenir d'enfance, c'est vrai ». Plus loin, alors que le texte dit : « je commence à croire à des robes plus bleues devant le lit au-dessus de dentelle, ouvrage de ma mère », il confirme : « Ce dessus de lit m'a toujours tellement agacé. C'est paraît-il à cela que s'occupait ma mère quelques mois avant de me mettre au monde », etc...

Bien sûr, on peut argumenter pour savoir si de telles notations, dans la mesure où elles s'appuient sur des souvenirs clairs et apparemment faciles à retrouver, sont suffisantes pour que le texte automatique résulte bien d'une percée de l'inconscient hors de la réserve où nous le maintenons ordinairement. Il pourra sembler que Breton ne fait pas là autre chose (ces notes marginales ont d'ailleurs été rédigées en 1930) que dans *les Vases communicants,* où nous l'avons vu se contenter d'établir un parallélisme entre le contenu manifeste du rêve et une série de souvenirs, sans s'interroger sur les causes ni sur les modes de la transposition des seconds dans les premiers. Toutefois, c'est peut-être, non dans ce sens, mais en inversant la perspective qu'il faut interpréter ce décodage. Autrement dit, il faudrait admettre que c'est le texte automatique qui permet au contraire à Breton de retrouver les souvenirs d'enfance qui viendront à leur tour éclairer la raison d'être de chaque image. La construction des séries parallèles apparaît alors plus féconde que prévu, puisqu'elle ne joue plus sur deux domaines antérieurement acquis (la mémoire et le texte), mais qu'elle aboutit, en partant de l'ensemble premier qui est le texte, à construire un second ensemble de souvenirs, qui risquaient, en l'absence du texte qui motive leur recherche, de rester ignorés. Le scripteur qui veut rendre compte des éléments de son texte se trouve alors dans la situation du patient qui, après avoir énoncé le contenu manifeste de son rêve, est prié par l'analyste de chercher, dans ses souvenirs et par associations, ce qui aurait pu déterminer les différents éléments de ce contenu (à cette différence près que, dans le cas de l'automatisme, rêveur et analyste sont confondus en une seule et même personne).

De plus, et cela rejoint ce que nous soulignions à propos des *Vases communicants,* une auto-analyse, même partielle, des textes automatiques, ne se limite nullement à une révélation de ce qui, dans l'inconscient, concerne le passé personnel. Cet aspect est même sans doute le moins intéressant. Beaucoup plus riche apparaît ce qui, dans le texte automatique, informe sur l'avenir en dessinant les figures du désir. Car si le principe de réalité est déjà entré en jeu sur les événements passés (même si son action contraignante est dénoncée, ou altérée, par les modifications que, par exemple, le rêve distribue sur ce qui a déjà eu lieu), il n'a pas encore accompli sa tâche de restriction sur ceux qui ne sont encore — qui ont aussi la chance de n'être encore — que futurs, et qui, par ce privilège, apparaissent dans l'imaginaire comme expressions dominées par le seul principe de plaisir. Ainsi l'automatisme est-il plus éclairant de ce qui doit être que de ce qui fut : au lieu d'être simplement rappel du passé, il inaugure une certaine connaissance de ce que pourrait être l'avenir s'il n'obéissait qu'au désir du scripteur. C'est dire du même coup que l'analyse freudienne n'est plus compétente dans ce cas, puisque c'est au passé qu'elle accorde le plus grand rôle, ne considérant de l'avenir que ce qui sera réintégration de la personnalité dans le milieu social, et ménageant pour ainsi dire à l'avance un espace où pourra jouer le principe de réalité. On retrouve ainsi le reproche, toujours implicite chez Breton, adressé aux analystes en ce qui concerne leur rôle social favorisant la passivité et annulant finalement toute tendance a-sociale. L'automatisme, à l'opposé, se soucie peu de réconcilier les exigences du principe de plaisir avec celles du réel; il est tout entier orienté vers une exaltation du principe de plaisir lui-même, c'est-à-dire de ce qui dans l'individu se soucie le moins des contraintes sociales, le plus de la liberté.

Sans doute est-ce l'occasion de citer un témoignage récent de Philippe Soupault, qui tend à amoindrir dans une certaine mesure l'importance de la référence freudienne dans la pratique de l'automatisme, s'il est vrai que la lecture du livre de Janet, *l'Automatisme psychologique,* fut pour les futurs auteurs des *Champs magnétiques* une révélation véritable :

> C'est en effet Pierre Janet qui nous suggéra ce qu'il avait le premier désigné sous le nom d'écriture automatique. Pour le médecin que fut Pierre Janet ce n'était qu'une thérapeutique, pour nous c'était une méthode d'écriture. Nous rapprochions l'exemple donné par Pierre Janet de cette affirmation de Baudelaire... qui souhaitait « une prose poétique, sans rythme et sans rime, assez souple et assez heurtée pour s'adapter aux mouvements lyriques de l'âme » et aussi de cette exclamation du poète des *Illuminations :* « Je me flattais d'inventer un verbe poétique accessible, un jour ou l'autre, à tous les sens ». *(Collection Fantôme,* Galerie de Seine, 1973)

Soupault s'étonne d'ailleurs que Breton n'ait pas signalé cette influence dans ses *Entretiens.* Toutefois, son texte paraît indiquer que l'ouvrage de Janet fut découvert en 1919, alors que nous savons que c'est durant la guerre que Breton commença à s'intéresser aux techniques psychanalytiques. Il ne saurait donc s'agir d'affirmer une antériorité en faveur de l'influence de Janet. Par contre, il est fort concevable que, sur le moment, ce dernier ait un peu allégé l'impact de la théorie freudienne. D'autre part, il serait incongru de nier que cette dernière parût finalement la plus importante, sur le plan théorique, à Breton, ne serait-ce que, entre autres éléments, par l'importance qu'elle accordait à la sexualité. Il n'en reste pas moins que la psychanalyse orthodoxe n'admet pas que l'inconscient puisse illuminer le futur et le restreint à la possibilité de mieux connaître le passé et, éventuellement, le présent. Elle échouera donc nécessairement lorsqu'il s'agira de comprendre, *du point de vue surréaliste,* l'intérêt des expériences d'automatisme.

L'échec apparaît encore plus vraisemblable lorsque l'automatisme se complique d'une intention précise, comme cela eut lieu pour la rédaction de *l'Immaculée conception.* Dans ce cas, la lecture psychanalytique se heurte en effet à une difficulté préalable, constituée par le statut qu'il faut accorder à la décision d'écrire à la manière de tel ou tel malade mental. Il ne s'agit pas là en effet d'une intention qui pourrait dissimuler un phénomène de censure, puisque celle-ci est inconsciente alors que la décision est volontaire. De plus, l'emprunt stylistique est tel qu'il détermine bien le contenu, les images et les cellules narratives des différents textes, en sorte qu'il devient extrêmement délicat de prétendre les décoder pour y deviner, latente, une expression plus « personnelle », qui ne serait encore qu'un travestissement d'un contenu véritablement radical et inconscient. On aboutirait ainsi à une sorte d'analyse « au carré » — qui à l'arrivée ne renverrait qu'aux auteurs en s'éloignant complètement du texte. Une telle démarche ne ferait que grossir l'inconvénient majeur que l'on reconnaît en général à une lecture psychanalytique, à savoir son maintien sur la seule personnalité de l'écrivain au lieu d'une approche du texte lui-même.

L'Immaculée conception marque d'autre part un moment important de l'offensive qu'a menée Breton contre une dichotomie particulièrement ancrée dans la mentalité rationnelle : celle qui oppose la santé mentale et la folie. On sait qu'un autre point capital de cette offensive fut son intérêt passionné pour l'art brut. On pourra mesurer sur ces deux exemples à quel niveau se situe le désaccord entre Freud et Breton, en rappelant que, du point de vue freudien, on ne saurait jamais confondre le normal et le pathologique. Au contraire, Breton exhortera à ne pas perdre de vue « que sous d'autres ciels que le ciel vide d'Europe la parole sans cesse inspirée d'Antonin Artaud eût été reçue avec une extrême déférence, qu'elle eût été de nature à engager très loin la collectivité (j'ai en vue, particulièrement, l'accueil et le sort privilégiés qu'ont réservés à des témoins extraordinaires de sa trempe les populations indiennes). » Résumant de façon tout à fait orthodoxe les idées freudiennes; Sarah Kofman rappelle que « l'hystérie n'est qu'une caricature de l'œuvre d'art : s'ils peuvent se servir de modèle réciproque de compréhension, ils se distinguent l'un de l'autre comme le pathologique et le normal ». L'ambition de Breton et Eluard était au contraire de montrer qu'il n'y a pas de frontière inforçable entre l'état normal et l'état pathologique, mais aussi, complémentairement, que le texte « fou » et le texte « normal » se ressemblent et peuvent se confondre. *L'Immaculée conception* est de ce point de vue une machine de guerre anti-rationaliste dont l'action est double : elle conteste aussi bien l'isolement de la littérature que celui où est ordinairement maintenue la folie, pour montrer que les deux domaines communiquent parfaitement.

De façon plus simple encore, un élément supplémentaire dans le cas des *Champs magnétiques* aussi bien que dans celui de *l'Immaculée conception,* rend toute interprétation strictement psychanalytique très discutable, puisqu'il faudrait commencer par distinguer dans les textes ce qui appartient à l'inconscient de chacun des deux scripteurs. Si ce travail préalable est assez facile en ce qui concerne *les Champs magnétiques* (certaines confidences de Breton, la publication dans son volume de *Poèmes* d'extraits précis du livre, rendent aisé le repérage de ce qui lui appartient), il faudrait encore admettre par hypothèse que, en cours de rédaction, chaque scripteur ne subit aucune influence de l'autre. Or la façon dont Breton et Soupault ont, chacun de leur côté, rendu compte du déroulement de leur expérience, laisse au contraire entendre qu'il y eut jusqu'à un certain point fusion, ou, si le terme semble suspect de mysticisme, influence réciproque et profonde des deux personnalités.

Intérêt majeur pour l'avenir et non pour le passé,

volonté de mettre sans cesse en échec le principe de réalité, choix d'une « raison ardente » — qui sache faire siens certains délires — contre la raison étriquée, tels sont les principaux éléments théoriques qui obligent à considérer que les textes automatiques échappent à une lecture strictement analytique, nécessairement réductrice. Quant à la pratique, ce ne sont ni les interprétations, consternantes de pauvreté, du Dr Held, ni les revendications brouillonnes (qui participent plus de l'arbitraire et de la myopie intellectuelle, même dissimulés sous un voile « scientifique » et « matérialiste », que de la démonstration) de X. Gauthier, qui risquent de nous persuader de son efficacité. Il est à craindre en fait que, en présence des textes de Breton, les psychanalystes se heurtent à une difficulté que leur théorie ne leur permet pas de dominer correctement, et qui vient des connaissances (même si elles furent, d'après R. Held, tout à fait insuffisantes) que Breton avait des processus inconscients et de la symbolique du rêve ou des productions non dirigées. Breton entremêle étroitement dans ses ouvrages le contenu manifeste et ce qu'il a déjà décelé, par ses propres moyens, du contenu latent. Il devient dès lors tout à fait injustifié d'imposer à l'ensemble un traitement uniforme, et il y a dans ce qu'il écrit un jeu permanent sur l'activité symbolique et les processus primaires qui mène à une indifférenciation systématique — déjà réalisée dans le texte, et dont nous savons qu'elle fut un des buts fondamentaux du surréalisme — entre le conscient et l'inconscient. Démontrer que conscient et inconscient ne sont pas si clairement opposés que veut nous le faire croire la conception majoritaire de la raison n'est qu'un des buts de Breton, et il s'accompagne de la volonté complémentaire de faire admettre que l'opposition habituelle entre individuel et collectif n'a pas plus de consistance.

L'écriture collective

Dès le *Deuxième Manifeste,* Breton porte à l'actif du surréalisme d'avoir « fait surgir une curieuse possibilité de la pensée, qui serait celle de *sa mise en commun* ». Il ne s'agit pas encore, Julien Gracq a raison de le remarquer, d'une pensée qui communique universellement, et cette affirmation de 1929 n'est pas sans être accompagnée de quelque ambiguïté, puisque Breton rappelle dans le même texte que

> l'approbation du public est à fuir par-dessus tout. Il faut absolument empêcher le public d'*entrer* si l'on veut éviter la confusion... A bas ceux qui distribueraient *le pain maudit* aux oiseaux.

Commentaire de Julien Gracq : « De l'idée de cette société close, que si exactement autour de lui Breton déjà *conjure,* à l'idée de *société secrète,* il n'y a qu'un pas » (pas que, quelques années plus tard, Georges Bataille franchira avec la fondation effective d'une société secrète : *Acéphale*). Mais cette tentation du caché à tout prix, il convient aussi de la situer historiquement. Ne peut-on y voir en particulier une réaction de défense contre les membres du Parti communiste, qui n'auraient pas demandé mieux que de pouvoir surveiller de plus près par quelles manipulations, sans doute louches et inavouables, on pouvait transformer le pain des prolétaires en « pain maudit »? Plus sérieusement, il ne faut pas oublier que le *Second Manifeste* est innervé par un double mouvement de mise en garde : contre ceux qui sont en train de se perdre dans la littérature, et en sens apparemment contraire, contre ceux qui aimeraient que le mouvement surréaliste se fonde jusqu'à y disparaître dans le parti révolutionnaire officiel. Dans les deux cas, Breton veut avant tout protéger l'intégrité et la spécificité de son mouvement; et J.-P. A. Bernard a sans doute raison de suggérer que, en profondeur, l'une des raisons majeures du désaccord entre les surréalistes et le P.C.F. doit être cherchée dans le fait que les surréalistes étaient précisément inassimilables parce qu'ils se présentaient en groupe cohérent, doté de caractères propres (qui n'étaient pas exactement ceux du parti communiste), alors que les écrivains qui seront acceptés comme compagnons de route ou alliés objectifs seront des individus isolés avec lesquels l'alliance était plus facile.

De toute façon, c'est à une collectivité que Breton s'adresse dans le *Second Manifeste,* et c'est l'existence de cette collectivité qu'il faut maintenir, parce que c'est en elle que logent les espoirs de la pensée authentique. Nous n'évoquerons ici l'existence d'un groupe plus ou moins constitué autour de la figure centrale de Breton [1] que pour insister sur les formes d'activités que Breton y a systématiquement favorisées. Rappelons simplement l'attachement qu'il montra, même dans les moments les plus sombres (Jeu de Marseille) et jusqu'à la fin pour les jeux collectifs, l'importance qu'il témoigna aux « cadavres exquis », le grand nombre de déclarations et prises de position collectives qui furent énoncées sous formes de tracts, les recueils signés de plusieurs noms. On notera que Breton fut parmi les plus assidus dans cette dernière rubrique : *les Champs magnétiques, l'Immaculée conception, Ralentir travaux,* les *Notes sur la poésie* rédigées avec Eluard, l'*Art poétique* avec Schuster, etc... Il ne s'agit pas pour Breton de hausser jusqu'à son niveau des « dauphins » plus ou moins interchangeables, mais d'affirmer une communauté de situation et d'importance. Même modestie dans les collaborations qu'il accordera à certains journaux après 1945 : *Arts, Combat, le Libertaire...* Ce n'est jamais la voix d'un prétendu « pape du surréalisme » qui s'y fait entendre, mais bien plutôt celle du représentant d'un groupe qui tient à se mêler au concert des opinions plus ou moins autorisées, afin que « la vie y passe, avec ses brandons de partis-pris et les feux follets des phantasmes individuels... » (J. Pierre) [2].

On constate un semblable effacement dans les revues surréalistes qui se succèdent depuis la Seconde Guerre mondiale : Breton n'en est pas le directeur, il n'y tient pas une plus grande place que les autres membres du comité de rédaction (lorsqu'il fait partie de ce dernier). Ph. Audoin confirme que, lors de la préparation des expositions du groupe, Breton se montrait soucieux avant tout de donner une image collective du surréalisme, ne jouant que le rôle d'un coordinateur qui savait tirer le meilleur parti possible des propositions émanant des autres participants (malgré

---

1. La question a été largement abordée par J. Monnerot, J. Gracq, et, tout récemment, par Ph. Audoin. Nous en avons traité dans *le Surréalisme, théories, thèmes, techniques.*
2. Breton poussa même la discrétion jusqu'à ne publier que sous une signature collective des textes qu'il avait rédigés seul : par exemple *Boussole,* dans *Combat-Art* du 5 mars 1962.

l'animosité sensible qui traverse son texte, même témoignage chez Georges Hugnet[3]). Tous ces indices confirment que Breton fut bien, au sein de son groupe, l'anti-père qu'évoque Sarane Alexandrian, et nous verrons que l'expression doit être prise très au sérieux. En fait, tout se passe comme si l'activité de Breton pouvait être, grossièrement, divisée en deux aspects : l'un ouvert sur l'extérieur du groupe, sur les autres, tous les autres, qui se constitue progressivement par la publication des livres; l'autre, moins connu et moins facile à connaître, enclos dans la vie quotidienne du groupe surréaliste. Rien ne permet d'affirmer que le premier était, aux yeux de Breton lui-même, plus important que le second — et ce d'autant plus qu'il a suffisamment répété son mépris de la littérature et des livres. Mais ce second aspect est évidemment plus aisément abordable, puisque manifeste — dans les textes qui demeurent — cette trace livresque lui faisant courir le risque d'être déformé puisque les textes en question peuvent être intégrés au reste de la littérature, et reçus de telle façon que ce qui précisément les distingue de cette littérature se trouve effacé. On ne publie, dit Breton, que pour aller à la rencontre d'autres hommes, et en ce sens, il est concevable que la publication de chacun de ses livres ait représenté pour lui à la fois un espoir immense et la prévision d'une déception nécessaire. La question quelque peu angoissée, qui se devine derrière chaque texte, n'est rien d'autre que : qui va se montrer capable de m'entendre, et me répondre? Le livre est toujours un signe en attente de son destinataire, alors que, sur le plan de l'intimité, il a déjà apporté quelques lumières supplémentaires à son expéditeur.

Sans solliciter outrageusement les textes, on peut discerner chez Breton, même lorsqu'il ne s'agit pas de textes automatiques dont les différents sens, ainsi qu'il le rappellera à l'occasion de l'« affaire Aragon », ne peuvent être imputés à la responsabilité de l'écrivain, une tendance, sinon à l'anonymat complet (qui ne se réalisera qu'une fois, lors de la publication, sans nom d'auteur, de *l'Union libre*), du moins à un effacement de l'individualité, comme si Breton était

3. « L'exposition internationale du surréalisme en 1938 », dans *Pleins et déliés*.

toujours enclin à se fondre dans une collectivité plus ou moins large : effacement du moi qui est véritablement révolutionnaire, si on le situe dans le cadre général de l'idéologie majoritaire, peu disposée à recevoir et à admettre la légitimité d'une parole qui se présente, malgré les apparences, délivrée d'ancrage biographique précis. Bien qu'une lecture superficielle puisse être sensible, dans les livres de Breton, à ce qui le concerne en tant qu'individu, on s'aperçoit rapidement que ce n'est jamais lui qui se trouve à proprement parler en cause pour le lecteur : la personne de Breton, et en cela ses textes s'éloignent plus que jamais du journal intime, n'est là que comme lieu de rencontres éventuelles, comme espace ouvert aux différents courants de pensée qui viennent momentanément s'y inscrire et s'y combiner. Ce que nous rapportent *Nadja* ou *les Vases communicants* sur les activités des autres membres du groupe surréaliste n'a pas pour objet de faciliter la tâche des futurs historiens du surréalisme, mais témoigne de l'effervescence commune qui agite et assemble des individualités différentes. Ainsi, en dernière analyse, les éléments biographiques utilisés par Breton ne trouvent leur sens complet qu'une fois replacés sur l'horizon d'une circulation généralisée des significations, qui excède en toutes directions la personnalité unique.

On fausse donc radicalement le sens des textes lorsqu'on se contente d'y lire le relevé d'aventures personnelles; on le fausse aussi bien en y cherchant des solutions définitives, tant aux problèmes abordés par le surréalisme qu'à ceux qu'il ne cesse de poser. Déduire des ouvrages une vérité univoque du surréalisme serait trahir l'entreprise même de Breton, dont le rôle ne peut être saisi avec justesse qu'à la condition d'être situé dans une dialectique permanente de l'auto-affirmation et de l'auto-effacement. Breton est celui qui indéfiniment s'expose, mais de telle sorte que nous devons comprendre que ce n'est pas lui qui est à appréhender, mais ce qui se signifie à travers sa trajectoire biographique et textuelle. Ainsi, c'est par son écriture même que Breton conteste l'image traditionnelle de l'écrivain. Celui-ci se veut propriétaire d'une réalité et d'un sens, qu'il doit faire passer dans un texte, qui est donc toujours second par rapport à son contenu; Breton, au contraire, est un écrivain qui se trouve entraîné dans une quête permanente aussi bien d'un plus de réalité que d'un véritable sens, qui dépasse le bavardage quotidien. Le texte est alors premier : il est le moyen d'accès à cette réalité et à ce sens supplémentaires. Breton ne laisse à ses « successeurs » aucune leçon : rien d'autre que le souci de poursuivre la quête poétique.

Un auteur sans théologie

Malgré les nombreux points de désaccord que nous avons pu relever entre la théorie psychanalytique et les positions de Breton, il se trouve qu'une autre compatibilité se dessine entre les deux attitudes : à un niveau qui concerne non plus les détails de chaque appareil théorique, mais un fond commun qui est peut-être ce qu'il y a aujourd'hui de plus important par rapport à l'idéologie, toujours dominante, de la littérature comme expression et de l'auteur comme garant des « vérités » impliquées dans son texte.

Très généralement, *les Vases communicants* confirment en effet un des points fondamentaux de ce que l'on commence à savoir lire comme constituant une « esthétique freudienne » (Sarah Kofman) : s'il est possible d'opérer sur des textes poétiques un éclaircissement en ayant recours à une symbolique à fondement sexuel, c'est que l'œuvre d'art ne bénéficie d'aucun privilège par rapport aux autres modes de manifestation de l'inconscient (folklore, mythes, rêves, religions, etc...). Le dernier mot de Freud concernant le problème de la création littéraire réside peut-être dans une dénonciation de l'idéologie du « don » artistique. A la fin de son étude sur Léonard de Vinci, il admet que l'explication psychanalytique bute sur une difficulté insurmontable, qui est celle du biologique. Mais il déplace du même coup le mystère de la création artistique en le ramenant à celui de la procréation : « l'énigme de la création artistique est l'énigme même de la vie » (S. Kofman). En substituant ainsi la vie au « don » énigmatique, Freud démasque

> une conception de la paternité entachée du modèle théologique qui en est lui-même la projection idéalisée. Si la vie est le produit du hasard, ni l'artiste ne saurait

être le père de ses œuvres, ni le père être un Dieu, ni Dieu être un père : car le hasard ne fait qu'un avec la nécessité... et s'oppose à la finalité, au choix, à l'élection d'un être, de préférence à un autre, doué de dons exclusifs et privilégiés [4].

On comprend qu'inversement, tout écrivain qui refuse le hasard comme principe d'explication de ses capacités artistiques, rejetant ainsi l'explication psychanalytique, désire oublier que sa propre existence ne résulte elle-même que du hasard, et maintenir la présence rassurante de Dieu auquel il s'assimile en tant que responsable authentique du sens de ses œuvres. La paternité que l'écrivain revendique par rapport à son texte reflète ainsi sa dépendance par rapport à une transcendance.

Breton ne cesse de manifester l'attitude opposée, ce qui suffirait d'ailleurs à garantir la réalité de son athéisme — quoi qu'en prétende R. Held dont on admirera la subtilité des arguments (« Que sait-on de l'enfance de Breton? Peut-on affirmer qu'il n'a jamais communié? Qu'il ne fut jamais enfant de chœur? On ne plaisante pas. On ne sait rien de tout cela ») et qui semble retenir surtout de Freud l'idée que la personnalité est mécaniquement déterminée par les années d'enfance. Tout un versant de sa pratique scripturale va bien évidemment dans le sens de la plus grande confiance accordée au hasard : l'automatisme ne doit subir aucun contrôle, les phénomènes de hasard objectif sont ardemment attendus, puis inlassablement scrutés afin que s'en révèle le sens, l'existence quotidienne elle-même se définit comme attente de rencontres surprenantes et improbables, d'autant plus merveilleuses qu'elles sont imprévisibles. Un autre fait peut être interprété dans ce sens : le silence de Breton sur ses origines familiales, et en particulier sur son père, dont nous savons seulement, et grâce aux souvenirs de Philippe Soupault, qu'il goûta fort peu l'abandon des études médicales.

La première intervention de Breton, à l'ouverture des *Entretiens*, est pour constater :

---

4. *L'Enfance de l'art*, p. 226.

> qu'il est assez difficile de remonter le cours de sa propre sensibilité. On voit bien ce qu'on est *devenu,* au cours de la vie quels éléments ont marqué, mais ce qui se dérobe toujours, ce qui reste plus ou moins voilé, c'est ce qui a pu catalyser ces événements, c'est ce *quelque chose* qui a fait que la vie mentale a pris telle ou telle tournure.

On peut interpréter une telle déclaration comme une dénégation de l'importance de la figure paternelle, ouvrant à un déplacement de cette figure et à sa transposition à l'âge adulte dans un domaine autre, par exemple celui du sacré. Il nous paraît plus fécond d'y lire simplement que Breton perçoit son enfance comme incapable d'offrir une possibilité d'explication véritablement fondatrice de ce que sont devenues sa sensibilité et sa personnalité; et plus particulièrement dans cette enfance, son père comme sans influence réelle (tout au plus Breton admet-il, dans *le Surréalisme et la peinture,* qu'il trouvait un certain plaisir, comme tout enfant ou adolescent, à contredire les goûts paternels : ainsi lorsque, à la vitrine de la galerie Bernheim, il admirait d'autant plus les toiles de Matisse qu'elles semblaient scandaliser son père). En tout cas, Breton n'aurait pu affirmer que son père l'avait choisi tel qu'il était devenu.

On pourra objecter cependant que cette non-paternité de Breton par rapport à ses propres textes semble contredire l'admiration qu'il porta toujours à certains de ses prédécesseurs en poésie : Rimbaud, Lautréamont, et la liste habituelle... N'a-t-il pas en effet tendance à sacraliser leurs textes, à les considérer comme détenteurs d'une vérité définitive, et à les considérer finalement selon le vieux schéma du « père de ses œuvres »? La figure paternelle, quasiment absente de la biographie, ne resurgit-elle pas, avec une autre vigueur, dans l'espace des choix intellectuels?

Il faut s'entendre, et rappeler que ce qui semble avant tout admirable à Breton dans de telles œuvres, c'est qu'elles sont des modèles d'esprit de révolte (c'est-à-dire aussi d'esprit anti-paternel). Rappeler encore qu'il s'agit précisément de textes par rapport auxquels toute idée d'une descendance possible est parfaitement incongrue. Noter en troisième lieu que les deux exemples majeurs sont ceux d'écrivains qui ont témoigné d'une indépendance absolue à l'égard du sens et du destin de leurs textes : Rimbaud se détache souverainement de l'écriture, Lautréamont inverse le sens apparent des *Chants de Maldoror* dans ses *Poésies.* Ainsi, les figures que l'on pourrait superficiellement juger paternelles, dans les choix intellectuels de Breton, se révèlent être davantage des figures anti-paternelles. Et c'est Breton qui les élit, inversant la décision, qui passe ainsi du prétendu père au prétendu fils, ou plutôt qui est en réalité partagée d'égal à égal, comme dans une élection réciproque par-delà le temps et les différences de générations.

Cette égalité se confirme si l'on revient sur le cas de Jacques Vaché. En apparence, l'attachement dont témoigne Breton ne participe-t-il pas d'une véritable piété filiale? Le nombre d'allusions qu'il fit à leur rencontre, l'importance qu'il lui reconnaît dans son évolution intellectuelle peuvent être appréciés comme prouvant que Vaché a bien servi de substitut au père, qu'il s'est imposé comme un père répondant aux vœux du jeune André Breton. Mais, si l'on interroge cette paternité sur la relation de l'écrivain à son œuvre, on constate que c'est plutôt une caricature de père qu'offre Vaché, radicalement salué comme celui qui détourna du métier d'écrire et ne respectait pas même Rimbaud. Vaché, comme pseudo-père, n'autorise aucune croyance à la vocation d'écrire; bien au contraire, son seul enseignement interdit la croyance en une telle vocation en même temps qu'en la littérature. De ce point de vue, rien de plus éclairant que la façon dont est introduite dans *la Confession dédaigneuse* (1924) la seconde évocation de Vaché par Breton (la première avait été en 1918 la préface pour les *Lettres de guerre*) : « A ceux qui, sur la foi de théories en vogue, seraient soucieux de déterminer à la suite de quel trauma affectif je suis devenu celui qui leur tient ce langage, je ne puis moins faire, avant de conclure, que dédier le portrait suivant... » Il y a bien eu influence de Vaché, Breton l'a toujours admis, mais dont le sens résidait uniquement dans la dénonciation supérieure des illusions sur l'art, la poésie et la littérature. Ces lignes suivent immédiatement un paragraphe où s'affirme ce qui peut être considéré comme l'attitude définitive de Breton par rapport à ses propres textes :

> la signification profonde d'une œuvre n'est-elle pas, non celle qu'on croit lui donner, mais celle qu'elle est susceptible de prendre par rapport à ce qui l'entoure?

ce qui implique que le texte dispose, non d'un sens fixé une fois pour toutes et parfaitement dominé par son auteur, mais de capacités multiples de significations qui se dessinent par rapport à des contextes divers : le poème, la prose, sont disponibles pour des lectures variables, en fonction de ce qu'il leur arrivera de côtoyer — autres œuvres, ambiances intellectuelles, circonstances historiques qui leur apportent un éclairage inédit, etc... Ainsi, l'écrivain ne dispose pas définitivement de ce qu'il écrit : l'une des leçons fondamentales de l'automatisme est généralisable à tout ce qui s'écrit, et il faut réintroduire les effets de la coïncidence, du hasard, dans la lecture et le dévoilement du sens. Ce qui se révélera de « génial » dans un texte n'appartient pas forcément en propre à son signataire. Or, « pour l'artiste, reconnaître son génie comme dû au hasard, c'est perdre son identité comme assurée » (S. Kofman), et en effet, qu'est d'autre l'écriture de Breton qu'une quête de son être et de sa définition, transparaissant aussi bien dans la volonté scientifique — qu'est-ce que la pensée authentique? — du *Premier Manifeste* que dans le « Qui suis-je? » de *Nadja* qui ne cesse de résonner dans tous les textes postérieurs.

Mais si la situation de l'auteur comme « père de ses œuvres » se révèle, grâce à l'expérience archétypale de l'automatisme, dénuée de fondement, c'est, par une sorte de réaction en chaîne ou comme la chiquenaude initiale qui suffit à faire s'écrouler de proche en proche toutes les cartes du château, l'ensemble des acceptions de la « paternité » qui s'effondre. De même que Vaché n'est qu'une caricature de père spirituel puisqu'il n'a rien d'autre à enseigner que l'humour, Breton est un anti-père par rapport à ses textes. Mais aussi par rapport aux autres surréalistes, et par rapport à ses lecteurs : il ne jouit de la possession d'aucune vérité inébranlable; ayant fait l'expérience d'une absence de fondation paternelle, il lui devient impossible de désirer jouer le rôle du père auprès de ses « disciples » : ce qu'il fonde est une attitude interrogative, et non une appropriation. Considérer les textes de Breton comme des modèles serait donc un contre-sens total. La parole qui s'y avance en prenant tous les risques n'est garantie par rien d'autre que le mouvement qui l'a suscitée. Il appartient alors à chacun de ré-éprouver sa nécessité, ce qui n'implique aucune répétition, mais suppose seulement la poursuite de l'expérience :

> Il n'est pas d'épaules humaines sur quoi faire reposer l'omniscience. Cette omniscience, dont on avait voulu faire un attribut de « Dieu », on n'a que trop enjoint à l'homme d'y prétendre, dans la mesure où il se concevait « à son image ». Il faut en finir du même coup avec ces deux balivernes. Rien de ce qui a été établi ou décrété par l'homme ne peut être tenu pour définitif et intangible, encore moins faire l'objet d'un culte si celui-ci commande le désistement en faveur d'une volonté antérieurement divinisée. *(Prolégomènes à un troisième manifeste du surréalisme ou non)*

« Je prétends écrire pour les masses »

Si les affirmations du texte ne sont pas garanties par son rapport à l'auteur, c'est par les lecteurs seuls que leur efficacité pourra être vérifiée. Le souci que montre Breton de toucher ceux auxquels il veut s'adresser — bien qu'il puisse paraître partagé par tout écrivain — trouve chez lui une dimension nouvelle, dans la mesure où un livre sans public serait véritablement à ses yeux non seulement un livre ignoré, mais, plus radicalement, un livre inexistant : il marquerait l'échec d'une communication qui, bien que désirée avec passion, avorte. Cette recherche du récepteur prendra à certains moments une importance capitale, qui semble presque en contradiction avec l'appel lancé par le *Second Manifeste* pour une occultation du surréalisme.

Rien n'en témoigne mieux que ce que rapporte André Thirion sur les réunions du groupe surréaliste à l'automne 1931. Les questions débattues sont : « Pour qui écrivaient les surréalistes? Qui les lisait? Chacun était-il satisfait de son public? Ne fallait-il pas essayer de changer de public? ». Bien entendu, de telles questions demeurent d'actualité : il faut bien reconnaître que les lecteurs de Breton ne se recrutent pas en majorité au sein du prolétariat. On sait que la lecture, dans la mesure où elle suppose des loisirs suffisants, est pratiquée avant tout par les couches bourgeoises de la société. Et sans doute Breton est-il un transfuge de la petite bourgeoisie, selon la règle qui veut que les théoriciens les plus révolutionnaires proviennent en général de la classe dominante, qu'ils ne peuvent donc que trahir. On comprend qu'il veuille précisément non pas s'adresser à sa classe d'origine, puisqu'il en condamne les valeurs et les représentants, mais être lu également par ceux qui à ses yeux constituent les forces vives de la population. Il ne suffit pas d'appeler les enfants de la bourgeoisie à trahir à leur tour leur classe, encore faut-il que leur désir rencontre celui des masses pour que le texte révolutionnaire détermine des transformations véritables — faute de quoi ce texte est condamné à subir toutes les formes habituelles de récupération (liberté de pensée, mais sans conséquences, accordée par tradition à l'« avant-garde », réintégration dans l'esthétique, l'histoire littéraire, ou les débats intellectuels sans effet dans le concret, etc...). Thirion nous prévient qu'il n'est pas « certain que Breton ait sincèrement voulu répondre aux questions qu'il posait. Son entreprise relevait davantage de la provocation que de l'enquête. Il voulait secouer tout son monde, le faire sortir des confortables coquilles, obtenir du neuf, briser dans tous les cas les réserves qu'il sentait chez certains » (lorsqu'il était question d'un engagement politique plus poussé). On n'en est pas moins étonné d'apprendre que, par exemple, le 6 octobre 1931 — soit deux ans après le *Second Manifeste* —, alors qu'Eluard lui demandait s'il serait « capable de changer un texte pour le faire lire par telle ou telle personne », Breton ait pu répondre :

> Oui, je m'en crois capable, comme je ne veux donner aucune pâture aux aristocrates et aux bourgeois, je prétends écrire pour les masses... Mon rôle est de montrer comment, dans l'évolution qui a été la mienne, je puis être entraîné à une détermination purement communiste... Quitte à abandonner le surréalisme au besoin, il faut refaire le public à tout prix [5].

---

5. *Révolutionnaires sans révolution,* p. 323-324.

Il est délicat de faire dans une telle déclaration la part du défi et celle de la sincérité. Si l'on tient compte, entre autres circonstances, du fait que les deux premiers numéros du *Surréalisme au service de la révolution* se sont mal vendus (trois cent cinquante exemplaires environ, alors que *la Révolution surréaliste* dépassait le millier), on peut admettre que Breton a sans doute connu à cette époque une profonde inquiétude concernant la diffusion réelle des idées du groupe : d'où cette sorte de surenchère pour gagner *à tout prix* le public visé. On sait que de telles déclarations ne furent suivies d'aucune mise en pratique. Tout au plus peut-on constater que *les Vases communicants* sont un ouvrage en apparence plus « didactique », moins obscur et secret que *Nadja.* Mais il faut également admettre que sa lecture n'était assurément pas facile pour des « masses » peu informées de la psychanalyse.

En fait, même si l'on examine les textes qui prétendent à une efficacité immédiate (prises de position énoncées sous forme de tracts, notamment à l'occasion de l'Exposition coloniale ou quelques années plus tard, dans le cadre du mouvement *Contre-attaque*), on constate qu'ils tranchent en général sur les habituelles déclarations des partis politiques, tant par l'absence de slogans simplistes que par la complexité des analyses sur lesquelles ils prennent appui. Nous savons que Breton n'a pas rédigé lui-même toutes les déclarations en question, mais on pense bien qu'il participait à leur élaboration et que sa signature n'aurait sans doute pas été accordée s'il s'était trouvé en désaccord, non seulement avec les contenus, mais peut-être surtout avec le ton sur lequel elles étaient énoncées. Une comparaison, même rapide, entre les tracts les plus politiques et les formules à l'emporte-pièce, les analyses toutes superficielles qui envahissent à cette époque les pages de *l'Humanité,* montre que, au plus fort de l'engagement aux côtés du P.C.F., Breton ne peut renoncer à son habitude d'aller au fond des choses et de ne pas se contenter de la répétition pure et simple des formules rituellement garantes d'une attitude politique convenablement orientée. On peut déceler dans cette méfiance de Breton à l'égard des analyses toutes faites que lui proposaient les révolutionnaires officiels le reflet de son attitude anti-paternelle. Si le surréalisme se met « au service de la révolution », c'est, non pas pour imposer ses analyses et ses choix aux « masses », mais pour les leur proposer simplement d'abord. En sens inverse, l'organisation rigoureuse du P.C.F., sa prétention à toujours parler « au nom » du prolétariat et sa soumission aux exemples décidés de Moscou peuvent être interprétés comme constituant une attitude paternaliste et autoritaire que Breton n'aurait pu supporter. On sait trop bien aujourd'hui ce que finira par dissimuler l'expression « père des peuples » lorsqu'elle sera appliquée, laudativement, à Staline...

Quant à l'écriture elle-même, Breton n'admettra en réalité jamais qu'elle puisse se montrer servile (cf. notamment le manifeste *Pour un art révolutionnaire indépendant*), que ce soit pour vanter les charmes de la société soviétique (ou, plus généralement, socialiste), ou, dans d'autres circonstances, pour défendre la « patrie en danger ». De ce point de vue, le procès intenté à Barrès et les manifestations antipatriotiques des premiers âges du mouvement ne constituent nullement de simples « péchés de jeunesse », et Breton demeurera toujours fidèle à leur esprit. Une page d'*Arcane 17* précisera d'ailleurs ce qui dans l'« esprit français » lui paraît non seulement admirable, mais capable d'engager l'avenir : ce qui, « à de trop longs intervalles, s'est montré en France même tout de vie, de force, avec ce que cette vie et cette force impliquent de gravité, de goût de l'investigation et du risque, d'insatisfaction motrice et plus encore de *confiance* généreuse, indéracinable, soucieuse de rester ouverte à toutes les voies du progrès humain ». C'est de cet esprit-là que Breton suit la trace dans les Cahiers des Etats Généraux, les décrets de 93, le mouvement de Port-Royal aussi bien que dans l'Encyclopédie, chez Benjamin Constant ou Stendhal, « tout comme, au long du dernier siècle, il imprime sa marque authentique au mouvement ouvrier ». Il est clair en particulier que les « voies du progrès humain » ne rencontreront jamais celle du nationalisme, et que la poésie régresse dès qu'elle prétend servir ce dernier, à plus forte raison si, pour ce faire, elle en revient aux formes fixes sous prétexte d'enracinement dans le passé national ou de lisibilité. Sur ce point, Breton partage absolument l'opinion que Benjamin Péret fera connaître dans *le Déshonneur des poètes :* il n'y a pas d'engagement supportable, qui aille dans le sens du passé ou des fausses valeurs de l'esprit bourgeois. Le seul service auquel puisse se mettre le texte, c'est bien celui de la « liberté entière et agissante, même si cette liberté n'est pas évoquée sous son aspect politique ou social » : seule façon pour l'écrit, selon Péret, de « contribuer à la libération effective de l'homme ».

Dans les premières pages d'*Arcane 17,* Breton évoque l'émotion qui le saisit la première fois qu'il vit des drapeaux rouges « se déployer par milliers dans le ciel bas du Pré-Saint-Gervais ». Mais c'est pour ajouter aussitôt, et la correction nous indique où vont ses préférences, par-delà la « parenthèse » de l'engagement communiste, et telles qu'elles se manifesteront après la Seconde Guerre mondiale :

> Et pourtant — je sens que par raison je n'y puis rien — je continuerai à frémir plus encore à l'évocation du moment où cette mer flamboyante, par places peu nombreuses et bien circonscrites, s'est trouée de l'envol de drapeaux noirs... Autour des drapeaux noirs, certes, les ravages physiques étaient plus sensibles, mais la passion avait vraiment foré certains yeux, y avait laissé des points d'incandescence inoubliables.

Le drapeau rouge ne signale que « la revendication et l'espoir les plus raisonnables, les mieux fondés », alors que sous le drapeau noir se rassemblent, « plus rares », ceux capables de « se consumer sur place dans une attitude inexorable de sédition et de défi ». Cette dernière attitude « seule est marquée d'une infernale grandeur » :

> La poésie et l'art garderont toujours un faible pour tout ce qui transfigure l'homme dans cette sommation désespérée, irréductible que de loin en loin il prend la chance dérisoire de faire à la vie.

Il y a au cœur de la poésie un principe d'anarchie : elle ne peut que rejeter tous les ordres, même ceux qui pourraient sembler correspondre aux meilleures intentions, comme encore trop restrictifs et prudents.

Le mythe, l'utopie, l'inconscient collectif

Arcane 17 est l'ouvrage dans lequel Breton rompt le plus clairement avec les principes d'explication marxistes. Il lui apparaît que même le déterminisme dialectique est incapable de rendre compte des errances de l'histoire que le second grand conflit mondial manifeste pleinement. Aussi va-t-on constater dans *Arcane 17* le déploiement d'un autre mode de compréhension — la compréhension mythique — que quelques textes avaient déjà esquissé dans les années immédiatement antérieures.

> Pourquoi se refuserait-on à chercher chez les poètes, chez les artistes d'aujourd'hui ce qu'on a toujours trouvé à distance chez leurs devanciers, pourquoi leur évolution ne traduirait-elle pas en langage chiffré mais déchiffrable ce qui *doit* être, ce qui *va* être?... Je ne puis vous accorder que la mythologie soit seulement le *récit des actions des morts.* (*Max Ernst,* 1942)

> Devant le conflit actuel qui secoue le monde, les esprits les plus difficiles en viennent à admettre la nécessité vitale d'un mythe opposable à celui d'Odin et à quelques autres. Il est donc moins indifférent que jamais d'observer comment les mythes naissent et se propagent et c'est là un problème d'infrastructure dont peut-être la résolution intéresse au premier chef l'équilibre de demain. (*Autodidactes dits « naïfs »,* 1942)

Dans la revue *VVV,* à l'organisation de laquelle Breton participe à New York et dont le premier numéro sort au mois de juin 1942, de nombreuses communications furent consacrées à la recherche d'un mythe nouveau dans lequel l'humanité puisse engager son avenir. Le titre lui-même a été choisi pour faire allusion à une synthèse des vues « autour de nous » et « en nous », « qui traduise toutes les réactions de l'éternel sur l'actuel, du psychique sur le physique, et rende compte du mythe nouveau en formation sous le *voile* des événements ». Il s'agit, puisque l'explication économique des faits historiques se révèle insuffisante pour rendre compte des phénomènes dont l'homme est la victime (racisme, violence déchaînée, mystique du chef et de la race supérieure, etc...), de tenter une nouvelle interprétation du réel.

> L'impuissance du civilisé à dominer sa propre histoire ne proviendrait-elle pas du fait qu'il se trompe sur la *nature* des réalités auxquelles il croit avoir affaire? Si tels événements, tels cataclysmes, qu'il s'efforce de comprendre *comme s'il ne rêvait pas,* étaient justement à comprendre comme si nous rêvions — c'est-à-dire comme si la logique de semblables événements était, ainsi que celle des rêves, radicalement différente de celle à laquelle se réfèrent nos modes de penser habituels? (J.-L. Bédouin)

C'est précisément dans *VVV* que seront publiés les *Prolégomènes à un troisième manifeste du surréalisme ou non,* où Breton propose l'hypothèse des « Grands Transparents » (dont il trouvera un écho dans les toiles de Matta). Peut-être, comme l'affirmait déjà Novalis, l'existence humaine se déroule-t-elle « dans un animal dont nous sommes les parasites », et dont « la constitution détermine la nôtre et vice-versa ». La catastrophe historique qui submerge l'humanité oblige à admettre que tout ce que l'on pensait sur l'homme doit être révisé; il faut, pour que l'histoire redevienne vivable, que l'homme entreprenne de connaître les caractéristiques de cet « animal », c'est-à-dire sa propre structure, sa véritable constitution psychologique et physique. Mais il ne suffit pas de supposer l'existence des « Grands Transparents », il faut également leur fournir l'occasion de se révéler. Pour cela, Breton engage le surréalisme et ses compagnons dans un examen de ce qu'enseigne le passé humain sur le rôle et la signification des mythes. Car il ne saurait être question de répéter les erreurs anciennes en se rattachant à des constructions intellectuelles qui ont précisément démontré leur inefficacité. Ainsi tout mythe imprégné d'esprit chrétien apparaît démobilisateur, entraîne l'individu à « se sacrifier » en vain. Dans un premier temps, il convient donc de faire la part du positif et du négatif dans les mythes anciens : de ce qui est irrémédiablement mort et de ce qui pourra offrir à l'homme une chance de survie spirituelle. Lorsque Breton présente dans *VVV* les témoignages de R. Lebel, P. Waldberg et

G. Duthuit, c'est, significativement, sous le titre : « Vers un mythe nouveau? Prémonitions et défiances ». De 1942 à 1944, *VVV* recueille un grand nombre de matériaux, d'origines diverses (Caillois, Métraux, Seabrook, Lévis-Strauss, Rougemont, Duits, Carrington, etc...), qui orientent le surréalisme vers la pratique d'une mythologie expérimentale. Un jeu collectif consistera par exemple à classer « les personnages de la mythologie et des légendes... d'un commun accord en fonction de leur pouvoir d'attraction sur la sensibilité moderne ». Breton, pour sa part, se montrera particulièrement sensible, lorsqu'il en aura connaissance, aux katchinas indiennes : en apparence modestes poupées bariolées, en fait véhicules et condensation de légendes ancestrales toujours vivantes et actives. Par différentes références et activités, il s'agit globalement, ainsi que l'exprime J. B. Brunius, « de remplacer un mythe d'oppression par un mythe de libération... un mythe d'affranchissement moral et matériel où l'ordre et le désordre ne soient plus qu'une même activité ». Dans *First papers of surrealism* (octobre 1942), Breton met en scène un certain nombre d'éléments mythologiques (sous formes d'illustrations commentées de citations) sous le titre explicite : « De la survivance de certains mythes et de quelques autres mythes en croissance ou en formation », les rapprochements provoqués indiquant que doit exister pour l'homme une solution au conflit des forces qui l'aliènent, soit en le tyrannisant, soit en lui dissimulant ses propres pouvoirs.

C'est une considération sur les conséquences prévisibles des « malheurs du temps » qui introduit dans *Arcane 17* le recours au mythe de Mélusine, comme illustration de l'idée du *salut terrestre par la femme.*

> Dans le domaine social comme ailleurs, on peut espérer que de la confusion idéologique sans précédent qui marquera la fin de cette guerre surgiront un assez grand nombre de propositions radicales formulées *hors des cadres* et qui, bravant le grief d'ingénuité aussi bien que celui d'anticipation gratuite et sans conséquence, feront, devant la carence provisoire du langage de l'esprit, parler haut le langage du cœur et des sens.

Puisque la raison a une fois encore démontré son impuissance, il est temps que le cœur et les sens prennent la parole. Une orientation leur est immédiatement proposée — l'exaltation de la femme-enfant : « c'est son avènement à tout l'empire sensible que systématiquement l'art doit préparer ».

En ce qui le concerne, Breton évoque cet avènement en recourant au mythe de Mélusine, auquel il ajoute des éléments qui vont en corriger la leçon dans le sens de l'espoir. Telle qu'elle est transmise depuis le début du XIIIe siècle, l'histoire de Mélusine, fée d'apparence humaine qui, parce que son mari s'est montré incapable de respecter les conditions fixées lors de leur mariage, est condamnée à disparaître et à se lamenter, désormais séparée de ses enfants, se termine tragiquement[6]. Si, dans un premier temps, « Mélusine apporte la prospérité et... dans tous les cas apparaît comme l'avatar médiéval d'une déesse-mère, comme une fée de la fécondité », la trahison de son époux est suivie de conséquences néfastes pour ce dernier lui-même, qui « se retrouve plus ou moins gros-jean comme devant. La corne d'abondance est tarie », et c'est par la faute de l'homme qui a manqué de foi dans la femme. Il est possible que cette fin malheureuse témoigne historiquement du sentiment d'échec inévitable ressenti par les milieux « aristocratiques » qui accaparèrent la légende (d'abord populaire) à leur usage. L'addition par Breton d'un second cri, de renaissance victorieuse, de Mélusine, signifie en premier lieu que l'homme renonce à prétendre organiser la nature selon sa propre volonté pour confier désormais son destin à la femme. Mais cette nouvelle fin, heureuse — et qui est plutôt le commencement d'une activité du mythe que la fin d'une légende — pourrait signifier aussi la substitution, à l'échec aristocratique, d'une réussite enfin universelle. Ce second cri annonce l'apparition future d'une société sans classes.

On notera que le mythe de Mélusine n'a été que tardivement christianisé. La légende, si elle est éventuellement encadrée par une explication chrétienne (Mélusine est alors un démon succube), comporte en elle-même peu d'éléments

---

6. *Cf.* J. Le Goff et E. Le Roy-Ladurie : « Mélusine maternelle et défricheuse », *Annales,* mai-août 1971.

chrétiens, la femme-fée étant plutôt en relation avec une nature mystérieuse, mal connue, mais qui peut se révéler favorable à l'homme. « Les églises, à commencer par les plus belles, les démolir et qu'il n'en reste plus pierre sur pierre. *Et vive alors le mythe nouveau!* », s'exclame Breton dans la dédicace d'*Arcane 17* à Armand Hoog. Ce mythe nouveau, il est d'abord un mythe personnel (Mélusine apparaissait déjà dans *Nadja*) où viennent converger, ainsi que l'a montré Michel Beaujour, celui du château et celui de la femme médiatrice qui parcourent les textes antérieurs de Breton. Mais il est aussi proposé à l'appréciation de tous les hommes dans la mesure où il leur désigne une issue de secours : il faut remettre à la femme tous les pouvoirs, ainsi que le laisse deviner l'ouverture du livre, où, à l'île Bonaventure vient se substituer une diseuse de bonne aventure, ainsi que le prouve aussi la fusion qui s'opère entre le mythe égyptien d'Osiris et l'éclairage ésotérique qu'apporte la 17ᵉ lame du tarot. Tous ces éléments du texte, qui s'enracinent également dans l'histoire et la géographie propres à la situation de Breton, convergent dans une confiance absolue, quant à l'avenir de l'homme, placée dans la femme aimée. Isis rassembleuse des membres d'Osiris et Mélusine victorieuse s'articulent selon le rapport de l'ésotérisme universel et transhistorique aux particularités de la légende poitevine : dans les deux mythes, c'est un renouveau qui se dessine, dont la possibilité efface les catastrophes de l'histoire. Ainsi Breton se situe-t-il dans *Arcane 17* en marge de l'histoire, n'en retenant que certains éléments qu'il peut interpréter dans un sens favorable : l'événement proche est prétexte à une échappée onirique, qui marque non pas une fuite, mais une volonté de ressaisir ce qui, en secret, peut survivre des leçons positives d'un passé où l'homme avait placé son destin sous le signe des forces ascendantes et non sous celui des puissances de déclin. Ces leçons, Breton en relève les traces chez tous les grands voyants qui l'ont précédé : Hugo, Nerval, Rimbaud, etc... dont les textes assurent la permanence d'une trame ésotérique.

Contre toutes les forces d'asservissement, c'est l'espoir que chante *Arcane 17.* Espoir « insensé » si l'on veut, et d'autant plus que Breton en rédige le texte alors que l'issue de la guerre n'est pas encore connue. Espoir qui est bien placé sous le signe du drapeau noir, de l'exaltation qui ne s'embarrasse pas de prudence. Il n'est pas étonnant de voir apparaître dans ce contexte des allusions à Fourier, que Breton découvrit véritablement durant son séjour à New York : les solutions imaginaires prennent désormais l'avantage sur les raisonnements. La référence à Fourier trouvera toute son ampleur dans l'*Ode* qui lui sera dédiée à un moment où Breton, grâce à son approche des tribus indiennes, aura pu apprécier plus clairement encore quelles capacités de résistance la croyance à des mythes actifs offre à des populations qui, sans cela, seraient condamnées à la disparition. Dans les *Entretiens,* Breton affirmera fortement que

> le poète, l'artiste, seraient les plus inexcusables des hommes à vouloir se prémunir à toute force contre l'« utopie », alors que la nature de leur création même les porte à puiser dans le domaine indistinct où, au moins au départ, l'utopie est reine, quand elle s'avérerait capable en certains cas de fécondité sur le plan réel, susceptible de se dévoiler comme n'ayant pas été l'utopie.

Les constructions mythiques et utopiques s'élaborent en effet à partir des mêmes matériaux que les rêves et les poèmes : elles manifestent le désir, toujours écarté par ce qui ne se veut au contraire que rationnel ou raisonnable. Et il ne s'agit plus là d'un désir seulement personnel, mais bien de celui de toute une société, sinon de l'humanité tout entière. De même que le contenu latent du rêve nous renseigne sur la structure de l'inconscient du dormeur, le contenu latent des mythes peut nous éclairer sur l'inconscient collectif et l'importance qu'y a le principe de plaisir : y apparaissent en creux les lacunes du présent, l'attente dont vivent *malgré tout* les hommes. Faire naître un mythe nouveau, ce n'est donc pas imposer une construction inédite, mais favoriser la cristallisation de ce qui ne parvient pas encore à se faire connaître en clair. Les éléments d'un tel mythe, c'est en particulier dans ces espaces sensibles, révélateurs de la situation humaine, que sont les textes poétiques que l'on pourra commencer à les déceler — étant admis qu'est poétique tout texte où circule quelque chose des espoirs et des désirs de l'homme, qu'il s'agisse d'un recueil de poèmes au sens habituel ou d'un texte utopique. Si l'on nomme utopique ce qui est « sans lieu », cela ne justifie pas que cette absence de lieu doive durer, bien au contraire : car ce qui est sans lieu est aussi en quête d'un lieu de réalisation, et le scandale est bien que le désir soit condamné au mutisme et au refoulement parce que tout l'espace humain est envahi par ce qui lui est opposé.

« Tout ce qui se rapporte à l'auteur des *Quatre mouvements* m'apporte une bouffée de fraîcheur et de jeunesse dont laisse aujourd'hui tellement avide le socialisme *scientifique* avec son pédantisme, sa raideur cadavérique, sans parler des exactions monstrueuses qu'il a couvertes », confiera Breton en 1958 [7]. Les espoirs qu'il avait mis dans la reconnaissance due à Fourier étaient peut-être hâtifs : en 1965, la dernière exposition du surréalisme dont il surveillera l'organisation sera placée sous le signe de l'« écart absolu », rappel plus nécessaire que jamais en un moment où la technologie ne cesse de s'imposer avec les conséquences que l'on sait quant aux expressions du désir. D'*Arcane 17* à *l'Ecart absolu,* la position de Breton demeure invariable, par-delà les entreprises ponctuelles et les secousses de l'histoire (aventure des « Citoyens du monde », interventions politiques précises...) : la poésie doit prendre pour tâche de révéler dans le désir individuel ses dimensions universelles. Ce sera pour l'homme la seule force de résistance qui lui permettra d'inverser un désespoir en espoir infini.

« Le surréalisme est à la portée de tous les inconscients »

Confronté au texte de Breton, chaque lecteur est seul. Et l'on pourrait soutenir qu'il lui importe peu de savoir qu'à travers lui c'est toute une collectivité future que vise Breton,

---

7. Lettre à M. Sirot, citée dans le catalogue nº 8 de la librairie « Les Mains libres » (novembre 1973).

que la poésie a précisément pour but de l'ouvrir à la circulation générale du désir.

Nous avons admis que Breton n'écrit pas pour exposer sa seule subjectivité, que ses fantasmes personnels ne l'intéressent que tant qu'ils peuvent également être ceux d'autres individus, que la personne n'a de sens que par rapport à l'horizon du collectif, que, par exemple, les difficultés que rencontre l'amour ne présentent d'intérêt que si l'on sait y déceler le reflet d'une situation générale. « Si l'artiste est quelqu'un qui *exprime* ses fantasmes, si la relation est celle d'expression, l'œuvre n'intéresse que lui-même ou des gens qui ont une fantasmatique complémentaire et de ce fait s'y retrouvent » (J.F. Lyotard, *Dérive à partir de Marx et Freud,* p. 236). Breton déjoue sans cesse les pièges d'un tel exhibitionnisme de l'expression. S'il se met en avant, ce n'est que pour offrir un espace de rencontre aux idées qui agitent son époque, comme champ d'expérience ouvert aux différentes prises de position subjectives qui se contredisent brutalement, comme catalyseur éventuel, comme alchimiste des pensées, qui réserverait au lecteur la chance de percevoir, au-delà des oppositions immédiates, un point de résolution.

> Peut-être n'est-il donné à un homme d'agir sur la sensibilité des autres hommes pour la modeler, l'élargir, qu'à la condition de s'offrir lui-même en holocauste à toutes les puissances éparses dans l'âme de son temps et qui, en général, ne se cherchent les unes les autres que pour tenter de s'exclure. C'est en ce sens que cet homme est, qu'il a toujours été et que, par un mystérieux décret de ces puissances, il *doit* être tout à la fois leur victime et leur dispensateur. *(Arcane 17)*

Reste cependant à préciser comment, dans et par les mots, ce qui au départ est tout intérieur à Breton pourra trouver un répondant chez le lecteur. Une fois encore, c'est l'automatisme, et la théorie de l'image poétique qui en dérive, qui nous servira de fil conducteur. Il faut donc se reporter aux affirmations du *Premier Manifeste* sur cette question.

Retenons tout d'abord la fin des lignes de Reverdy que cite Breton : « Plus les rapports des deux réalités rapprochées (dans l'image) seront lointains et justes, plus l'image sera forte — plus elle aura de puissance émotive et de réalité poétique... » Quelques pages plus loin, Breton précise : « Si l'on s'en tient, comme je le fais, à la définition de Reverdy, il ne me semble pas possible de rapprocher volontairement ce qu'il appelle *deux réalités distantes.* Le rapprochement se fait ou ne se fait pas, voilà tout. » Les images véritables ne sont en rien préméditées, et il est faux de prétendre que « l'esprit a saisi les rapports » des deux réalités en présence.

> C'est du rapprochement en quelque sorte fortuit des deux termes qu'a jailli une lumière particulière, *lumière de l'image,* à laquelle nous nous montrons infiniment sensibles. La valeur de l'image dépend de la beauté de l'étincelle obtenue... Force est [...] d'admettre que les deux termes de l'image ne sont pas déduits l'un de l'autre par l'esprit *en vue* de l'étincelle à produire, qu'ils sont les produits simultanés de l'activité que j'appelle surréaliste, la raison se bornant à constater, et à apprécier le phénomène lumineux.

Et, quelques lignes plus bas, cette phrase capitale :

> L'esprit se convainc peu à peu de la réalité suprême de ces images.

Ainsi l'image véritable, que ne pourrait produire une activité réfléchie parce que ses référents lui apparaîtraient trop étrangers l'un à l'autre, impose, aussi bien au scripteur qu'au lecteur, l'impression d'une nécessité absolue. Ce qui en apparence se présentait comme le comble de la gratuité et de l'impossible se transforme en une proposition qui, d'une certaine façon, semble aller de soi. Comment une telle nécessité peut-elle se former?

Dans l'automatisme, c'est l'inconscient qui dirige le langage. Il nous faut donc admettre que c'est au niveau de ce qui se passe dans l'inconscient que nous pourrons trouver la solution. Dans *l'Instance de la lettre dans l'inconscient,* J. Lacan, bien qu'il estime que la théorie bretonienne de l'automatisme soit fausse, fournit des précisions qui peuvent s'avérer précieuses sur le rapport de la métaphore avec le travail inconscient :

> L'étincelle créatrice de la métaphore ne jaillit pas de la mise en présence de deux images, c'est-à-dire de deux signifiants également actualisés. Elle jaillit entre deux signifiants dont l'un s'est substitué à l'autre en prenant sa place dans la chaîne signifiante, le signifiant occulté restant présent dans sa connexion (métonymique) au reste de la chaîne. *Un mot pour un autre,* telle est la formule de la métaphore [...]. La métaphore se place au point précis où le sens se produit dans le non-sens...

et l'on sait que le même auteur a montré que, dans le rêve, le phénomène connu depuis Freud sous le nom de *déplacement* est précisément comparable au jeu métaphorique. On peut en déduire que, plus la métaphore est d'abord surprenante (plus elle place en contact inédit des signifiants habituellement tenus pour incompatibles), plus elle correspond dans l'inconscient producteur à un déplacement important. Mais un tel déplacement, le lecteur le connaît à son tour dans son inconscient, pour que le texte lui semble réellement signifier quelque chose, même si ce quelque chose demeure énigmatique et peu conceptualisable. On comprend alors que l'image puisse donner naissance à des interprétations divergentes selon les lecteurs, selon les déplacements qui peuvent s'effectuer sur le moment dans leurs inconscients respectifs. L'image véritable est donc nécessairement plurivoque, ouverte, en ce sens que ce qui trouve à se symboliser dans les signifiants auxquels elle recourt ne peut jamais être clairement explicité, puisque cette symbolisation, pour être réussie ou satisfaisante, c'est-à-dire pour donner l'impression d'une véritable nécessité, doit contourner la censure en opérant précisément des rapprochements en apparence gratuits et inexplicables. Pour que l'image soit forte, il est en effet nécessaire que son contenu latent — qui ne se révélera partiellement qu'au terme d'une analyse éventuellement longue — ne soit en rien prédéterminé.

En guise de contre-épreuve, on pourra relire les lignes que Breton consacre dans *les Vases communicants* à certains objets à fonctionnement symbolique imaginés par Dali, mais qui présentent ce caractère d'obéir à une signification volontairement choisie, puisqu'ils sont « destinés à procurer, par des moyens indirects, une émotion sexuelle particulière. » Sans doute le sens n'y circule-t-il encore qu'indirectement, à travers des symboles qui ne sont pas toujours aisément compréhensibles, et c'est pourquoi il n'y a pas lieu de « formuler la moindre réserve sur leur valeur explosive ou sur leur beauté. » Mais, dans la mesure où ils correspondent à une intention consciente, le processus symbolisant n'y est pas ouvert au maximum, il s'y trouve au contraire restreint pour obéir à une volonté de signification orientée, et c'est pourquoi « ils livrent à l'interprétation une étendue moins vaste [...] que les objets dans le même sens moins systématiquement déterminés. L'incorporation volontaire du contenu latent — arrêté d'avance — au contenu manifeste est ici pour affaiblir la tendance à la dramatisation et à la magnification dont se sert souverainement, au cas contraire, la censure. » De plus, puisque ce contenu est choisi en fonction des obsessions propres à Dali, ils échouent à déborder la subjectivité et se révèlent « d'une conception trop particulière, trop personnelle [8]. »

Le déplacement qui trouve à s'inscrire dans l'image véritable autorise le désir à franchir les barrières habituelles de la censure. Breton est donc parfaitement justifié d'affirmer que le scripteur ne saurait être tenu pour responsable de ce qu'il écrit, ou plutôt transcrit, lorsqu'il s'agit bien d'automatisme. Mais la satisfaction ainsi procurée à l'inconscient, la baisse de tension qui s'ensuit, trouvent leurs exacts correspondants chez le lecteur. Si l'on a fréquemment, à la lecture de textes automatiques, l'impression de se trouver sans transition transporté dans une autre atmosphère, c'est bien parce que l'image provoque dans l'inconscient du lecteur un déplacement comparable à celui dont dépend son apparition. Comparable, dans son fonctionnement, mais non automatiquement par les termes sur lesquels il joue.

8. On sait qu'effectivement, la paranoïa-critique de Dali ne produira plus, quelques années plus tard, que des œuvres narcissiques, inscrites dans une lassante répétition des symboles et des contenus latents (en fait vite devenus trop manifestes).

En aval aussi bien qu'en amont de la trace textuelle, un inconscient éprouve une satisfaction profonde à faire passer, malgré la censure qui toujours veille, une expression de son désir. L'impression d'évidence souvent ressentie en cours de lecture, le « comment n'y avait-on pas pensé plus tôt? » intérieur qui sanctionne la révélation métaphorique, n'indique rien d'autre que cette satisfaction obtenue indirectement par le désir. C'est dire aussi bien que toute lecture, à sa manière, réécrit. Elle est du moins un début d'analyse, elle met la lecture sur la voie de son propre désir en lui en révélant les multiples facettes.

Une telle approche justifie l'idée, fondamentale chez Breton, que le poème est justiciable d'une analyse tout comme un rêve, puisque de part et d'autre l'inconscient effectue le même travail. Elle confirme la similitude radicale entre activité onirique et activité poétique : toutes deux reposent sur la capacité, propre aux mots, de se substituer l'un à l'autre. Breton, dans les commentaires qu'il apportera au jeu de « l'un dans l'autre », insistera tout particulièrement sur cette possibilité qu'offre indéfiniment le langage de décrire un objet en recourant aux caractères d'un autre : ainsi il apparait qu'il n'y a pas véritablement d'arbitraire dans les images poétiques, qui ne font que fixer momentanément le glissement incessant qui s'effectue dans l'inconscient d'un signifiant à l'autre par rapport à un même référent.

Il se trouve alors, en ce qui concerne les relations entre psychanalyse et surréalisme, que ce n'est pas à la première qu'il faudrait demander de confirmer d'un point de vue théorique les positions de Breton : il conviendrait plutôt de chercher dans la pratique poétique une vérification expérimentale de certaines vues de Freud — notamment, que les langues « primitives » ne connaissaient sans doute pas l'expression de la contradiction, mais disposaient d'un vocabulaire où les notions qui sont opposées dans nos langues actuelles se trouvaient systématiquement confondues (ainsi l'adjectif latin *altus* qualifie aussi bien l'altitude de la montagne que la profondeur de l'océan) :

> Ce que Freud a demandé en vain au langage « historique », il aurait pu en quelque mesure le demander au

> mythe ou à la poésie. Certaines formes de poésie peuvent s'apparenter au rêve et suggérer le même mode de structuration, introduire dans les formes normales du langage ce suspens du sens que le rêve projette dans nos activités. Mais alors c'est, paradoxalement, dans le surréalisme poétique, que Freud... ne comprenait pas, qu'il aurait pu trouver quelque chose de ce qu'il cherchait à tort dans le langage organisé. (E. Benveniste, *Problèmes de linguistique générale,* p. 83)

Si Freud en effet ne comprenait pas la poésie surréaliste — *cf.* sa lettre du 20-7-1938 à S. Zweig, où il affirme que, jusqu'à sa rencontre avec... Dali, il était « tenté de tenir les surréalistes qui apparemment m'ont choisi comme leur saint patron pour des fous intégraux (disons à 95 % comme pour l'alcool absolu) » — c'est parce que, à ses yeux, la poésie peut au mieux être utilisée pour illustrer la science, mais elle ne saurait la remplacer. Au contraire, chez Breton, savoir théorique et pratique poétique fusionnent indissociablement et ne cessent de s'enrichir réciproquement. Alors que pour Freud, « la science est après tout le renoncement le plus complet au principe de plaisir dont notre activité psychique soit capable, » Breton conçoit la poésie, non seulement comme entièrement soumise au principe de plaisir, mais encore comme offrant la possibilité de constituer un nouveau mode de connaissance (qui corrige ce que la science a de trop froid) dans lequel le principe de plaisir puisse être précisément réintroduit.

Ce par quoi le texte surréaliste échappe finalement à l'emprise strictement psychanalytique, c'est son ouverture : les images y sont telles que leur sens symbolique est en effet indéfiniment renouvelable par chaque lecteur nouveau, chez qui elles résonneront de manière inédite. Une telle ouverture est maintenue parce que l'écriture prend tous les risques en refusant le sens prédéterminé. Ainsi le fantasme de l'auteur n'est-il pas seulement transposé dans une forme littéraire close; il devient, par les mots dans lesquels il se donne à deviner, producteur de signifiants aux référents variables.

> La relation véritable art-fantasme n'est pas directe, l'artiste ne produit pas au-dehors des systèmes de figures internes, mais c'est quelqu'un qui essaie de se battre pour délivrer *dans* le fantasme, *dans* la matrice de figures dont il est le lieu et l'héritier, ce qui est proprement processus primaire et qui n'est pas répétition [...]. Ce qui est tout à fait étonnant, c'est le niveau formel, c'est que la déconstruction opère, avec l'énergétique propre au processus primaire, sur ce qui, dans le fantasme, n'appartient pas vraiment au processus primaire, sur ce qui est déjà écriture produite par le refoulement. (Lyotard, *op. cit.)*

On notera enfin que, si le poème, comme le rêve, dépend de l'inconscient, l'image transgresse toutes les oppositions conceptuelles. La négation, d'après Freud, n'est introduite que par le travail de la censure entre l'inconscient et le préconscient, comme substitut, à un niveau supérieur, du refoulement. L'image poétique, qui semblablement ignore le principe de contradiction, nous permet d'une certaine façon d'accéder au « point suprême » désigné par le *Second Manifeste.* Etre fidèle à la poésie, c'est donc renforcer sa conviction d'un transrationnel qui échappe aux contraintes sclérosantes de la stricte logique, et toute image peut être lue comme la métonymie du « dépassement » des antinomies. N'importe quelle image authentique nous prouve que, si l'on en prolonge suffisamment l'esprit, une voie est ouverte pour venir à bout des vieilles dichotomies.

On ne s'est pas privé de juger qu'il y a là une preuve définitive de l'idéalisme de Breton. C'est réinstaurer au profit de l'écrivain un statut de sage supérieur que Breton refuse, admettre un peu vite (et selon un schéma qui, lui, est bien idéaliste) que le lecteur est nécessairement passif et qu'il se contente de consommer des textes. Le texte de Breton ne cesse de *travailler (dans) l'inconscient* du lecteur, en réveillant les désirs, parce qu'il parvient à les joindre et leur propose une possibilité de se faire connaître. Au lecteur ensuite de se montrer digne de l'occasion ainsi offerte...

« Il ne faut pas toucher au feu. » En effet, le feu, longuement, couve, puis il se répand.

Même si, à beaucoup près, la « bouche d'ombre » ne m'a pas parlé avec la même générosité qu'à Hugo et s'est même contentée de propos décousus, l'essentiel est qu'elle ait bien voulu me souffler parfois quelques mots qui me demeurent la *pierre de touche,* dont je m'assure qu'ils ne s'adressaient qu'à moi seul (tant j'y reconnais, mais toute limpide et portée à la puissance incantatoire, ma propre voix) et que, si décourageants qu'ils soient pour l'interprétation au pied de la lettre, sur le plan émotif ils étaient faits pour me donner le *la*.

Le la, 1960

Bibliographie

Par principe, cette bibliographie ne reprend aucun des titres déjà indiqués à la fin du volume *le Surréalisme, théories, thèmes, techniques,* paru dans la même collection : bien que cette première liste concerne le surréalisme en général, il est évident que la plupart des titres intéressent aussi l'œuvre de Breton. Pour la bibliographie des écrits de Breton, on consultera :

— Philippe Audoin : *Breton,* Gallimard, collection « Pour une bibliothèque idéale », 1970;

— Clifford Browder : *André Breton, arbiter of surrealism,* Librairie Droz, Genève, 1967, qui offre également un recensement important des études et articles (notamment de langue anglaise) consacrés à Breton.

Notre accord n'est pas acquis universellement aux ouvrages et articles énumérés ci-dessous; bien au contraire, certains représentent un point de vue en totale opposition avec le nôtre. Mais il nous a paru utile de composer un éventail des réactions (affectives, intellectuelles, politiques) provoquées par l'œuvre et la personne de Breton. Au lecteur d'y faire son choix.

Ouvrages à consulter

Apollinaire et les surréalistes (collectif), Minard, 1964.

Argellies, Dr. — *Médecine et surréalisme,* Paris, 1969.

Artaud, A. — *A la grande nuit, ou le bluff surréaliste,* chez l'auteur, 1927, repris dans le tome I des *Œuvres complètes,* Gallimard, 1956 et 1970.

Audoin, Ph. — *Les surréalistes,* Seuil, 1973.
Balakian, A. — *Surréalism, the road to the absolute,* New York, The Moonday Press, 1959.
Bancquart, M.-C. — *Paris des surréalistes,* Seghers, 1972.
Beauvoir, S. de — *le Deuxième sexe,* Gallimard, 1949, tome I : « Breton ou la poésie ».
Beguin, A. — *Poésie de la présence,* « André Breton, grandes orgues de l'amour humain », Seuil, 1947.
Belaval, Y. — *Poèmes d'aujourd'hui,* Gallimard, 1964, p. 39-59 : « Poésie et psychanalyse ».
Bernard, J.-P. A. — *le Parti communiste français et la question littéraire (1921-1939),* Presses universitaires de Grenoble, 1972.
Bonnet, M. — *André Breton et les critiques de notre temps,* Garnier, 1974.
Brée, G. et Guiton, M. — « The surrealist anti-novel », dans *The french novel from Gide to Camus,* Harcourt, Brace and World, New York, 1962, p. 134-140.
Camus, A. — *l'Homme révolté,* Gallimard, 1951, p. 115-127 : Surréalisme et révolution.
Champigny, R. — *Pour une esthétique de l'essai,* Minard, 1967.
Durozoi, G. — *Economie rationnelle et dépense poétique,* Courrier du Centre International d'Etudes Poétiques, nº 95, 1973.
Fortini, F. — *Il movimento surrealisto,* Garzanti, Milan, 1959.
Fowlie, W. — *Age of surrealism,* New York, Swallow press, 1950.
Garelli, J. — *la Gravitation poétique,* Mercure de France, 1966, p. 157 sqq : « Sur l'écriture automatique. »
Germain, A. — *De Proust à Dada,* Kra, 1925.
Held, R. — *l'Œil du psychanalyste, surréalisme et surréalité,* Payot, 1972.
Hercourt, J. — *la Leçon du surréalisme,* Genève, Les Editions du verbe, 1947.
Hugnet, G. — *Pleins et déliés,* Guy Authier, 1972.
Josephson, M. — *Life among the surrealists,* New York, Halt, Rinehart and Winston, 1962.
Jouanny, R.A. — *« Nadja » d'André Breton,* Hatier, collection « Profil d'une œuvre », 1972.

Kofman, S. — *l'Enfance de l'art,* Payot, 1970.
Legoutière, P. — *le Surréalisme,* Masson, 1972.
Lemaître, G. — *From cubism to surrealism in french litterature,* Harvard University press, 1941.
Lesage, L. — *J. Giraudoux, Surrealism and the german romantics,* University of Illinois press, 1952.
Meschonnic, H. — *Pour la poétique, I,* Gallimard, 1969.
Naville, P. — *La révolution et les intellectuels,* Gallimard, 1927.
Peignot, J. — *les Jeux de l'amour et du langage,* 10/18, 1974, chap. 14.
Pierre, J. — *le Surréalisme,* F. Hazan, coll. « Dictionnaire de poche », 1973.
Pieyre de Mandiargues, A. — *A cœur ouvert,* in *le Belvédère,* Grasset, 1958.
Sauro, A. — *le Surréalisme ou le bolchevisme en littérature,* Pironti, Naples, 1947.
Short, R. — *The political history of the surrealist movement in France, 1918-1940,* Brighton, 1965.
Thirion, A. — *Révolutionnaires sans révolution,* Laffont, 1972.
— *Les éboueurs ne sont plus en grève,* s.l., s.e., s.d.

Principaux articles

Alexandrian, S. — « Le rêve dans le surréalisme », *Nouvelle revue de psychanalyse,* n° 5, printemps 1972.
— « Breton découvreur et redécouvreur d'écrivains », *Magazine littéraire,* n° 64, mai 1972.
Alquié, F. — « Le surréalisme et la psychanalyse », *la Table ronde,* n° 108, décembre 1956.
Altmann, G. — « Sur Nadja », *l'Humanité,* 8-12-1928.
Artaud, A. — « Point final », *Magazine littéraire,* n° 61, février 1972.
Article anonyme sur Nadja (signé D.), *Variétés,* 15/8/28.
Augenot, M. — « Qu'est-ce que le surréalisme? » *Revue des sciences humaines,* n° 139, 1970.
Audoin, Ph. — « Toute une vie », *Magazine littéraire* n° 64, mai 1972.
Balakian, A. — « La langue surréaliste », *Actes du huitième congrès de langue et littérature de Liège,* 1960.

— « Des *Champs magnétiques* à *la Clé des champs* », *Cahiers de l'association internationale des études françaises,* n° 15, mars 1963.
Bataille, G. — « Le surréalisme », *Critique* n° 22, mars 1948.
— « La « vieille taupe » et le préfixe « sur » dans les mots surhomme et surréaliste », *Tel Quel* n° 34, été 1968 (repris dans le tome II des *Œuvres complètes,* Gallimard, 1970, avec un « Dossier de la polémique avec André Breton »).
Beaujour, M. — « The surrealist map of love », *Yale french studies,* n° 32, octobre 1964, p. 124-132.
Berne-Joffroy, A. — « La marquise sortit à cinq heures », *NRF* n° 7, septembre 1959.
Bonnet, M. — « Trotsky et Breton », in *Trotsky, Lénine,* P.U.F., 1970.
« Breton le poète à main armée », articles de G. Lapouge, M. Chaillou, J. Pierre, J.-M. Dunoyer, *le Monde,* 27/6/1970.
« Breton à la radio », *Tel Quel,* n° 13, printemps 1963.
Brun, J. — « Philosophie du surréalisme », *Preuves,* n° 69, novembre 1956.
Buin, Y. — « Les acquisitions fondamentales du surréalisme et l'humanisme révolutionnaire », *Clarté,* janvier 1964.
Carrouges, M. — « L'écriture automatique », *Cahiers G.L.M.,* n° 1, mai 1936.
— « Au seuil du hasard objectif », *Gradiva,* n° 2, novembre 1971.
— « Romantisme allemand et surréalisme », in *le Romantisme allemand,* coll. 10/18, 1966.
Cummings, R. — « Le Français moyen et les surréalistes », *le Journal littéraire,* 13/6/1925.
Crastre, V. — « Sur l'*Ode à Charles Fourier* », *Critique,* août 1949.
Crémieux, B. — « Sur *Nadja* », *Annales politiques et littéraires,* 14/9/1928.
Cuzin, F. — « Situation du surréalisme », *Confluences,* juin 1943, p. 507-524.
Daumal, R. « *Nadja,* d'André Breton », *Cahiers de l'Herne : Le Grand Jeu,* 1968.
Drieu la Rochelle, P. — « La véritable erreur des surréalistes »,

N.R.F. août 1925, p. 166-171.
— « Troisième lettre aux surréalistes sur l'amitié et la solitude », *les Derniers jours,* n° 7, 8/7/1927.

Dumur, G. — « L'auréole et la poussière d'André Breton », *le Nouvel Observateur,* 5/10/1966.

Dumont, F. — « Romantisme anglais et surréalisme », *les Lettres,* cahier spécial sur le romantisme anglais, 1946.

Duplessis, Y. — « De l'automatisme à la conscience selon le surréalisme et la parapsychologie », *Revue métapsychique,* mars 1967.

Durozoi, G. — « Un roman de la désaliénation », *Gradiva,* n° 5, 1974.

Estève, C. — « Nadja », *N.R.F.,* 1/11/1928.

Etienne, R. — « Arcane 17 », *Valeurs,* n° 5, avril 1946.

« C'était un nageur entre deux mots », entretien avec Michel Foucault, *Arts,* 5/10/1966.

Gracq, J. — Préface à *Henri d'Ofterdingen* de Novalis, Bibliothèque 10/18, 1967.

Hardré, J. — « Present state of studies on litterary surrealism », *Yearbook of comparative and general litterature,* n° 9, 1960, p. 43-66.

Hell, H. — « André Breton fidèle à lui-même », *Fontaine,* n° 55, octobre 1946.

Henein, G. — « Arcane 17 », *Valeurs,* n° 5, avril 1946.

Hollier, D. — « Le savoir formel », *Tel Quel,* n° 34, été 1968.

Hoog, A. — « Le roman surréaliste », *Inventario,* n° 5, octobre-décembre 1953.

Jaloux, E. — « Nadja », *Nouvelles littéraires,* 22/9/1928.

Laude, A. — « Quand les neveux de Marx et de Rimbaud ont pris congé de Moscou », *le Monde,* 19/2/1971.

Lebel, J.-J. — « le Grand Transparent », *la Quinzaine littéraire,* 15/10/1966.

Lecherbonnier, B. — *Surréalisme et poésie noire,*, in *Négritude africaine et Négritude caraïbe,* Ed. de la Francité, 1973.

Legrand, G. — « André Breton, les idées et les idéologies », *Magazine littéraire,* n° 64, mai 1972.

Lyotard, J.-F. — « Le travail du rêve ne pense pas », *Revue d'esthétique,* 1968, XXI, I.

Martineau-Genieys, C. — « Autour des images et de l'érotique surréalistes », *Annales de la faculté des lettres et sciences humaines de Nice,* n° 8, 1969.
Nelli, R. — « Des troubadours à André Breton », *Cahiers du sud,* n° 38, 1951.
Noël, B. — « La question », in *Change* n° 7 : « Le groupe, la rupture », Seuil, 1970 (repris dans *Le lieu des signes,* Pauvert).
Otahi, R. — « Hasard objectif et parapsychologie », *Revue métapsychique,* mars 1967.
Peyre, H. — « The signifiance of surrealism », *Yale french studies,* n° 8, 1951, p. 17-25.
Picon, G. — *« André Breton », le Monde,* 3/11/1966.
Pierre, J. — *« André Breton et Combat », Combat,* 9/11/1966.
Pierre-Quint, L. — « Une œuvre classique dans le surréalisme : *Nadja,* d'André Breton », *l'Europe nouvelle,* XI, 1928.
Rivière, J. — « La crise du concept de littérature », *N.R.F.,* février 1934.
Roudiez, L.S. — « The case of Louis Aragon and the surrealism », *French Review,* vol. XXVI, n° 2, décembre 1952, p. 96-104.
Roudinesco, E. — « L'autre de la théorie », *Action poétique,* n° 53, juin 1973.
Roy, C. — « Un professeur de morale », *le Nouvel Observateur,* 4/1/1971.
Saillet, M. — « La lampe dans l'horloge », *Mercure de France,* 1/12/1948.
Schmidt, A.-M. — « Destinée du surréalisme », *Revue des sciences humaines,* n° 45, janvier-mars 1947, p. 62-74.
Schuster, J. — « Sommeil d'or », *Magazine littéraire,* n° 64, mai 1972.
Sebbag, G. — « Un classique du surréalisme *(les Champs magnétiques) », la Quinzaine littéraire,* 15/4/1968.
Seghers, P. — « Quelques poètes » (sur *Arcane 17), Poésie 47,* n° 37, janvier-février.
Short, R. — « The politics of surrealism : 1920-1936 », *Journal of contemporary history,* 1966, I, 2.
Simon, P.-H. — « Nadja », *le Monde,* 11/9/1963.
Sollers, Ph. — « La grande méthode », *Tel Quel,* n° 34, été 1968.

« Soleil dans le Verseau », *l'Archibras,* n° 1, avril 1967.

Souday, P. — « Les Champs magnétiques », *le Temps,* 19/10/1922.

— « Le manifeste du surréalisme », *le Temps,* 13/11/1924.

Soupault, Ph. — « Que reste-t-il de nos amours? », *Réalités,* n° 166, novembre 1959.

Stoltzfus, B. — « Alain Robbe-Grillet and the surrealism », *Modern language,* vol. LXXVIII, n° 3, mai 1963, p. 271-277.

Thibaudet, A. — « Du surréalisme », *N.R.F.,* n° 138, mars 1925.

Thody, P. — « Lewis Carroll and the surrealists », *Twentieth century,* mai 1958, p. 427-434.

Tzara, T. — « Essai sur la situation de la poésie », *S.A.S.D.L.R.* n° 4, décembre 1931.

Vascaux, G. — « La haine », *Cahiers des Saisons,* n° 24, hiver 1961.

Vigée, C. — « L'intervention poétique et l'automatisme mental », *Modern language notes,* LXXV, février 1960.

Imprimerie BERGER-LEVRAULT, Nancy. – Juin 1974.
Dépôt légal 1974-2ᵉ. – Nº 779383. – Nº de série Editeur 6760.
IMPRIME EN FRANCE (*Printed in France*). – 35025-6-74.